PIERLUIGI ROMEO DI COLLOREDO MELS

ALBERT KESSELRING

UNA BIOGRAFIA MILITARE DELL'*OBERBEFEHLSHABER SÜD*
1885-1960

VOLUME II
1944- 1960

Esiste un tipo di generale per le avanzate gloriose, un altro per le ritirate armi in pugno. Rommel apparteneva al primo tipo, Kesselring al secondo. Dovette indietreggiare combattendo, dalla Sicilia fino all'Austria. Padroni dei cieli, in possesso di carri armati migliori e scorte illimitate di carburante e rifornimenti, con la popolazione locale al loro fianco, nel 1944 gli Alleati avrebbero dovuto conquistare l'Italia entro metà estate. Kesselring li costrinse a combattere centimetro dopo centimetro. Ma, a differenza di altri, non era un selvaggio. Era un uomo colto e amava l'Italia, appassionatamente. Hitler gli aveva ordinato di far saltare tutti i ponti sul Tevere.... Kesselring si rifiutò, facilitando l'avanzata delle truppe alleate...Kesselring ordinò al generale Schlemm di far uscire da Siena il I corpo paracadutisti senza sparare un solo colpo. Nulla doveva essere distrutto o danneggiato[1].

Frederick Forsyth

STORIA

ISBN: 9788893276559 prima edizione ottobre 2020
SPS-071-KESSELRING. Una biografia militare dell'Oberbefehlshaber Süd, 1943- 1945. Vol .2 by Pierluigi Romeo di Colloredo Mels
Editor: **Luca Stefano Cristini Editore per i tipi di Soldiershop serie Storia-** Cover & Art Design: L. S. Cristini e P. Romeo di Colloredo Mels

---

[1] F. Forsyth *Il veterano*, tr. it. Milano, 2002 ,Racconto: *Il miracolo* , p. 155

L'Autore desidera ringraziare l'amico Colonnello Stefano Manni dell'Isola, autore del ritratto di Kesselring riprodotto in copertina, eseguito appositamente per questo volume

INDICE DEL SECONDO VOLUME

7. ANZIO: *AUFTRAGSTAKTIK* E *BEFHELSTAKTIK*.   PAG. 5

8. LA STRAGE PARTIGIANA DI VIA RASELLA E LA RAPPRESAGLIA DELLE ARDEATINE   PAG. 21

9. DA ROMA ALLA LINEA GOTICA   PAG. 35

10. LA PROTEZIONE DEL PATRIMONIO ARTISTICO   PAG. 53

11. *ACHTUNG BANDITEN!* GUERRIGLIA E CONTROGUERRIGLIA   PAG. 67

12 *OBERBEFEHLSHABER WEST*: LA FINE DELLA GUERRA E IL PROCESSO DI VENEZIA   PAG. 81

13- IL MONUMENTO DEL CAMERATA KESSELRING   PAG. 99

CONCLUSIONI   PAG. 105

APPENDICI

I GENERALI DI KESSELRING   PAG. 145

FORZE TEDESCHE PRESENTI AL MOMENTO DELLO SBARCO DI ANZIO-NETTUNO, 22 GENNAIO 1944:   PAG. 153

ORDINE DI BATTAGLIA DELL' *HEERESGRUPPE* C AL 31 DICEMBRE 1944   PAG. 155

ELENCO DEI MILITARI DELL'11. *KOMPANIE*/ III. *POLIZEI- BTL.* "BOZEN" CADUTI NELL'ATTENTATO DI VIA RASELLA   PAG. 157

ORDINE DI OPERAZIONE CONTRO LE BANDE (1° OTTOBRE 1944)   PAG. 159

IL PROCESSO DI VENEZIA. LE MOTIVAZIONI DELLA CONDANNA A MORTE DEL FELDMARESCIALLO KESSELRING   PAG. 163

CRONOLOGIA DELLA VITA DEL *GENERALFELDMARSCHALL* ALBERT KESSELRING   PAG. 175

BIBLIOGRAFIA   PAG. 179

7.
ANZIO:
AUFTRAGSTAKTIK E *BEFHELSTAKTIK*.

Il fatto che si sia stato possibile mantenere il fronte italiano nelle condizioni in cui Kesselring riuscì a farlo, nonostante l'assoluto dominio del cielo da parte alleata, deve essere considerato dagli storici come il "massimo risultato conseguibile", perché un'operazione di occupazione con tale disparità di forze sarebbe stata impensabile come iniziativa militare sulle carte di qualsiasi generale. Probabilmente, il successo di insieme sarebbe stato più evidente se i combattimenti del mese di aprile 1945 si fossero potuti svolgere col libero gioco delle forze, senza impedimenti da parte del Comando supremo germanico.

La superiorità tedesca era anche nelle capacità dei subordinati: la concezione tattica seguita dall'esercito tedesco era la *Tattica dell'incarico, o compito* (*Auftragstaktik*) in antitesi alla *Tattica dell'ordine* (*Befehlstaktik*) in uso presso altri eserciti. La differenza di concezione e di esecuzione fra queste due tattiche è fondamentale: la prima esalta l'intelligenza e le capacità del soldato, la seconda tende a mortificarlo, rendendolo un passivo esecutore di ordini altrui.

Il poi generale Gerhard Muhm, che combatté nella campagna d'Italia come comandante della *1. Kompanie* del *I. Bataillon* della *29. Panzergrenadier-Division*, ricorda come

> Dal mio primo giorno di allievo ufficiale m'è rimasto come un tuono nell'orecchio l'espressione *Auftrag wiederholen!* ("Ripetere il compito", "Ripetere l'incarico") con cui i nostri superiori volevano che noi ripetessimo l'incarico che ci era stato assegnato per essere ben sicuri che noi avevamo capito. E dicevamo sempre *Auftrag* (incarico) e non *Befhel* (ordine)[2].

Con la *Auftragstaktik* si ordinava una missione e si lasciava all'esecutore libertà di esecuzione del compito affidatogli, per cui egli si sentiva responsabile delle azioni che gli dettavano la propria intelligenza, la propria intraprendenza e le proprie capacità. Un comandante nel dirigere un combattimento, oltre che dimostrarsi coraggioso, era anche in grado di riconoscere per tempo una situazione favorevole e sfruttarla: cosa che in guerra non sempre viene fatta.

In questo capitolo seguiremo l'esposizione di questi concetti, insieme ad esempi tratti dalla campagna d'Italia, fatta dal generale Muhm.

---

[2] Nato nel gennaio 1924, volontario nella *Wehrmacht* nel 1942 e nominato tenente nel 1943, Muhm durante la campagna d'Italia fu decorato di ambo le classi della *Eisernes Kreuz*. Entrato nella *Bundeswehr* della Repubblica Federale Tedesca e raggiunto il grado di colonnello, fu il primo ufficiale tedesco a frequentare la Scuola di Guerra italiana di Civitavecchia e ha ricoperto poi importanti incarichi presso vari organismi della NATO in Italia e in Germania. Abbandonato il servizio attivo per raggiunti limiti di età, insegnò Storia militare (campagna d'Italia) agli ufficiali della Scuola di Guerra canadese e svolse l'incarico di consulente storico-militare per l'Istituto statunitense Dmsi (*History Operation Research*) di Fairfax. Un aneddoto raccontatoci dal generale di divisione Roberto di Nardo, suo compagno alla Scuola di Guerra: nel corso di un *kriegspiele* svoltosi presso il lago Trasimeno venne chiesto dall'istruttore al Muhm come avrebbe impostato la difesa una data collina, al che egli rispose: *Con un una mitragliatrice*.
E l'istruttore: *Errore. Secondo i manuali di tattica è impossibile difendere quella quota con una sola arma.*
Muhm, di contro: *In guerra, io l'ho difesa con una mitragliatrice*.

Scrive Frido von Senger und Etterlin, il difensore di Cassino:

> I compiti operativi costringevano i comandanti a decisioni più o meno autonome. Nelle esercitazioni gli ufficiali imparavano ad agire di loro iniziativa e ad ambire le responsabilità [...] Questo metodo si limitava a dare soltanto le direttive più indispensabili per l'esecuzione di un determinato incarico, per cui il comandante incaricato poteva, entro certi limiti, scegliere liberamente i mezzi e le tattiche che più gli convenivano.

Ogni comandante di unità combattente doveva avere l'autorità e la capacità di variare di continuo le idee sulla situazione tenendo conto sia delle intenzioni e delle possibilità del nemico sia delle sue stesse possibilità. La sua volontà nell'agire doveva essere diretta dal compito (*Auftrag*) che gli era stato assegnato e dalle possibilità dei suoi uomini.
Nella concezione tedesca, a chi riceve un compito deve essere dato il tempo necessario per eseguirlo. Scrive Muhm:

> Quanto più è alta la posizione di chi riceve un compito tanto più tempo deve essergli concesso per la sua esecuzione perché le situazioni cambiano di continuo e richiedono il tempo adeguato.
> Un subordinato non ha piacere di eseguire un ordine rigido. Solo la sua volonterosa collaborazione nel quadro e nella visione di un compito superiore rende possibile superare le difficoltà più gravi di un esercito moderno e ottenere i risultati ottimali.

Un incarico poteva – se necessario – essere dato come ordine (*Befehl*).
Ancora il generale von Senger:

> Nell'Esercito tedesco i quadri di ogni grado erano ben addestrati al comando. C'era una lunga tradizione. Lo stato maggiore tedesco era senz'altro superiore a tutti gli altri stati maggiori per quanto riguardava la rapida e precisa valutazione delle situazioni, le decisioni, che non si prestavano a dubbie interpretazioni, e gli ordini, che venivano espressi con concisa chiarezza. Tutti gli ufficiali erano sottoposti a un continuo addestramento grazie alle esercitazioni sul terreno e con i quadri, e ai viaggi a scopo didattico, in maniera da acquistare una perfetta padronanza dei problemi che avrebbero dovuto affrontare un giorno. I compiti operativi erano sempre concepiti in maniera tale da costringere il comandante interessato a decisioni più o meno autonome.
> A questo scopo le esercitazioni in tempo di pace prevedevano spesso situazioni un tantino "forzate": alla comparsa di un "nuovo nemico", il tema prevedeva un'interruzione dei collegamenti o cose simili, che in realtà era spesso accaduto.

La libertà nell'esecuzione di un compito assegnato e l'addestramento all'iniziativa personale diventeranno il segno speciale e la forza dell'esercito tedesco. Quanto più l'addestramento e l'istruzione dei comandanti a tutti i livelli progrediva verso la *Auftragstaktik*, tanto più la truppa si sentiva sicura nell'esecuzione rapida ed elastica dei suoi compiti di combattimento.

> I comandanti superiori potevano contare sul coraggio nell'esecuzione dei compiti, scrive Muhm, e il vantaggio della posizione poteva essere sfruttato dai comandanti inferiori, cosa che si presenta spesso sui campi di battaglia ma che non viene adeguatamente riconosciuta e messa a profitto. E infine era possibile ridurre il nemico al proprio volere. In breve, oltre alle forze materiali ci si poteva assicurare molte premesse per un futuro successo.
> L'unità della condotta dei comandanti – che non conoscevano l'esistenza di Comandi

speciali – e la libertà di decisione davano a essi la possibilità di agire di propria iniziativa nell'eseguire il compito loro assegnato.

Uno degli esempi della differenza tra la tattica tedesca e la *Befehlstaktik* è dato dal fallito sbarco alleato ad Anzio nel gennaio 1944.

Il 22 gennaio 1944 gli Alleati sbarcarono ad Anzio. L'invasione aveva l'obiettivo di aggirare le difese tedesche sulla Linea Gustav e favorire l'avanzata verso Roma. L'operazione tuttavia fallì e le forze alleate rimasero circoscritte alla zona di Anzio fino alla fine di maggio.

Il 22 gennaio 1944 le forze alleate sbarcarono ad Anzio (Operazione *Shingle*), o più esattamente a Nettunia, come si chiamava allora il comune nato dall'unione amministrativa di Nettuno ed Anzio, 62 km a sud di Roma. L'invasione aveva l'obiettivo di aggirare le difese tedesche sulla Linea *Gustav* e favorire l'avanzata verso Roma.

Le forze di invasione dell'Operazione *Shingle* consistevano in 40.000 soldati e 5.000 veicoli sotto il comando del Maggior Generale John P. Lucas, comandante del VI Corpo d'Armata statunitense . Gli alleti sbarcarono in tre punti diversi: le forze britanniche a 9.7 km a Nord di Anzio (*Peter Beach*), le forze americane del Nord-Ovest attaccarono il porto di Anzio (*Yellow Beach*), mentre quelle del Sud-Ovest sbarcarono vicino a Nettuno, a circa 10 km ad est di Anzio (*X-Ray Beach*, tra Nettuno e Torre Astura), mentre unità di *Commandos* e *Rangers* sbarcavano direttamente nel porto di Anzio impadronendosene.

Lo sbarco fu un completo successo, e non incontrò alcuna opposizione poiché le sole unità tedesche presenti in zona erano piccoli presidi di genieri, immediatamente sopraffatti nel porto dai *Rangers*.

Certo, l'idea di una manovra aggirante via mare era stata presa in considerazione da Kesselring, senza però certezze sul dove potesse avvenire, e così le prime ondate di sbarco angloamericane arrivarono a riva quasi indisturbate.

Kesselring venne colto di sorpresa da luogo dello sbarco, malgrado fosse conscio che gli Alleati sarebbero potuti sbarcare in qualsiasi punto del litorale laziale, a nord di Minturno e a sud di Civitavecchia, anche perché considerava troppo inclemente la stagione. Si è detto che ciò derivasse da informazioni, volutamente errate, fornite in proposito dall'*Abwher* dell'ammiraglio Canaris, ma prove non ne esistono. Si aggiunga che era appena stato necessario inviare riserve sulla Gustav, per arrestare gli assalti del X° Corpo britannico sul Liri avvenuti proprio in previsione dello sbarco[3].

A parte poche incursioni diurne della *Lutwaffe* il 23, il problema maggiore per gli alleati fu la pendenza di *Peter Beach* che spinse il generale Lucas a reindirizzare i mezzi da sbarco britannici direttamente su Anzio.

Alla mezzanotte del giornodel 22 erano sbarcati circa 3.000 veicoli e 36.000 uomini Nel porto di Napoli erano pronte per la seconda ondata,la 45a Divisione di fanteria e la 1a divisione corazzata USA.

La 3.a Divisione americana si attestò a sud est presidiando il canale Mussolini mentre la 1.a inglese occupava la zona verso nord ovest Anzio.

Il primo contatto tra i due eserciti avvenne due giorni doipo lo sbarco, la mattina del 24

---

[3] Alexander il due gennaio aveva disposto di *esercitare la massima spinta possibile verso Cassino e Frosinone poco prima degli sbarchi, per attirare qui le riserve nemiche eventualmente utilizzabili contro le forze sbarcanti, e poi aprire una breccia in questo fronte, attraverso cui sfruttare ogni occasione per unirsi rapidamente con le truppe dell'operazione anfibia.*

gennaio quando una pattuglia da ricognizione britannica partita dal Cavalcavia di Campo di Carne in direzione Albano superò il terrapieno – cavalcavia (che oggi corrisponde al sottopasso della Pontina) e nei pressi della stazione di Campoleone fu bersagliato dai tedeschi che sparavano da Aprilia; gli inglesi che non conoscevano le costruzioni monumentali di stile razionalista scambiarono il Municipio di Aprilia per una fabbrica: di qui l'appellativo che identificò la cittadina come *The Factory*: i britannici risposero al fuocoe poi ripiegarono.

Lucas, sbarcando, si attenne agli ordini ricevuti di difendersi nella testa di ponte per evitare un'altra Salerno, piuttosto che puntare direttamente su Roma, praticamente indifesa.

Le disposizioni date a Lucas da Clark oltretutto non erano chiare. In inglese l'ordine di Clark suona così:

> Fifth Army will launch attacks in the Anzio area:
> (a) to seize and secure a beachhead in the vicinity of Anzio;
> (b) advance on the Colli Laziali.

Ossia:

> La Quinta Armata attaccherà nella zona di Anzio per
> a) stabilire e rendere sicura una testa di sbarco nelle immediate vicinanze di Anzio
> b) avanzare verso i Colli Laziali [sic per Albani].

Nel testo inglese, come si può vedere, viene usata la preposizione *on* per definire l'azione intorno ai Colli Albani: come avrebbe dovuto dunque comportarsi Lucas non era chiaro: *advance on the Colli Laziali* poteva significare nella sua ambiguità tanto avanzare *e conquistare* i Colli quanto avanzare *verso* i Colli.

Se egli fosse stato un generale tedesco, è il commento di Muhm, attenendosi alla *Auftragstaktik* e sfruttando gli enormi vantaggi tattici e strategici fornitigli dalla sorpresa, dalla mancanza di difese sulla via di Roma e dalla assoluta superiorità di uomini e di mezzi, avrebbe conquistato la città eterna e colpito alle spalle l'intero schieramento difensivo tedesco di Cassino. Ma Lucas non era tedesco, appunto.

Agli statunitensi l'operazione *Shingle*, pensata per colpire alle spalle la linea Gustav dove i tedeschi soprattutto attorno a Cassino opponevano una feroce resistenza, non piaceva affatto: temevano interferisse conlo sbarco in Francia per cui stavano già radunando le forze, mentre Churchill invece premeva per una operazione di alleggerimento in Italia; per lui l'Italia restava il *ventre molle* della *Festung Europa*.

Gli alleati per sfruttare il vantaggio iniziale avrebbero dovuto lanciarsi fuori dalla testa di ponte, osare un rapido attacco ai Colli Albani e alle statali 6 e 7, Casilina e Appia, che portavano verso Roma.

Il generale John P. Lucas non provava entusiasmo per l'operazione. Già in fase organizzativa scrisse sul suo diario:

> L'intera faccenda ha un forte sapore di Gallipoli, e a quanto pare lo stesso dilettante di allora siede sulla panchina dell'allenatore.

Era un chiaro riferimento allo sbarco nei Dardanelli voluto da Churchill, allora primo lord dell'Ammiragliato, durante la Prima guerra mondiale e trasformatosi in un sanguinoso disastro. Per di più anche i suoi superiori, a partire dal generale Clark, gli suggerirono in modo chiaro di andarci cauto:

> Non mettere fuori la testa Johnny. Io l'ho fatto a Salerno e sono finito nei guai.

Dal punto di vista degli americani abituati ad agire in forte vantaggio, numerico e di mezzi, il ragionamento non faceva una grinza. Solo che così rallentato il *blitz* di Churchill si rivelò un *boomerang*.
Il quale Churchill, da parte sua, avrebbe gettata la colpa del fallimento su Lucas.

> A questo punto venne il disastro ed il fallimento del primo scopo dell'impresa.
> Il generale Lucas si limitò ad occupare la testa di sbarco e a far scendere a terra veicoli e rifornimenti. Nessun generale tentò di proseguire l'azione intrapresa dal comandante della spedizione. (...) La testa di sbarco si rafforzava, ma l'occasione preparata con tanti sforzi era perduta per sempre.

A questo si sommarono una serie di errori tattici come sottovalutare il ruolo di alcuni incroci fondamentali come quelli di Campoleone e Cisterna.
Ad ogni modo Kesselring non perse la testa, accorgendosi degli errori commessi dal nemico, come scrisse nelle proprie memorie:

> Le prime ore del 22 gennaio 1944, giorno dell'invasione ad Anzio e Nettuno furono piene di preoccupazione. Già al mattino ebbi la sensazione che il pericolo peggiore era passato. A parte l'avanzata esitante delle truppe che erano sbarcate, ciò era dovuto soprattutto a von Pohl, che, su mio ordine diretto, circondò la testa di sbarco con un anello delle sue batterie che sarebbe difficilmente potuto venir penetrato dai carri. Nel frattempo battaglione dopo battaglione veniva radunato e posto agli ordini del generale Schlemmer, il cui compito era quello di spingere tutte le truppe in arrivo quanto più a sud fosse possibile per aiutale la *Flak* a rallentare o fermare l'avazata nemica. Ogni metro per me era importante. Quest'ordine, come mi resi conto sul posto nel pomeriggio, era stato comprensibilmente e arbitrariamente alterato ad Anzio ed a Roma, ciò che ostacolò i miei piani per immediati contrattacchi. Ma quando percorsi il fronte io mi sentii sicuro che gli alleati avessero perso un'occasione irripetibile di catturare Roma e di sfondare la porta del fronte del Garigliano. Fui certo che il tempo era nostro alleato.

Commenta Bitner nella sua analisi del comando di Kesselring ad Anzio,

> The first and most obvious evidence of his concern about the possibility of an amphibious operation was the establishment of reserves at Rome. To support the availability of these reserves, and to prepare for a landing anywhere on the coast of Italy, Kesselring developed five contingency plans to meet the most likely Allied amphibious moves. These actions indicate the seriousness with which Kesselring dealt with the possibility of an amphibious landing, particularly in the area of Rome. He realized the military and political importance of the city, and once he had Hitler's approval for his defensive concept, was committed to maintaining a defensive line south of Rome as long as possible. An Allied landing to assist taking the city would of course destroy Kesselring's intentions concerning holding the Gustav Line, and would have to be dealt with as quickly and as effectively as possible — hence he established the strongest possible reserve force which he could afford around Rome.
> German intelligence estimates, both the German High Commands's and Army Group C's, pointed to the possibility of an Allied landing. Both estimates, however, predicted the landing at a later time than it actually came. Kesselring, basing his defensive reor-

ganization plan to deal with a strong Allied offensive along the Gustav Line in conjunction with an amphibious operation, was caught in the middle of that reorganization, because he based his timetables on the accuracy of the estimates. Kesselring's personal estimate was that the landing and the offensive along the Gustav Line would most likely come at the same time, and that Clark would probably not initiate a landing until the offensive was successful in order to get his forces within supporting distance of the beachhead.

Kesselring reagì immediatamente allo sbarco, facendo affluire dall'Italia settentrionale e dalla Francia meridionale quante truppe fossero disponibili.
In un paio di giorni Kesselring mobilitò quanto possibile: prima inviando tempestivamente dei piccoli *Kampfgruppe* formati da ogni reparto disponibile contro le esitanti avanguardie alleate, e poi facendo affluire mezzi più potenti, quali carri armati, aerei con bombe telecomandate, e infine arrivarono intorno al 5 febbraio 1944 anche due cannoni ferroviari da 280 mm a lunghissima gittata, soprannominati dai tedeschi *Robert* e *Leopold* e dagli alleati *Anzio Annie* e *Anzio Express*, arrivati da Milano via Roma, che vennero posizionati nei pressi di Ciampino e nel territorio di Marino . La zona di fuoco fu individuata nella stazione di Ciampino stessa dove era disponibile lo spazio sufficiente per allestire la piattaforma girevole sulla quale il pezzo d'artiglieria poteva ruotare per il necessario puntamento, mentre per il ricovero venne scelta la galleria di Colle Oliva, sulla linea Ciampino - Frascati, in prossimità di Villa Senni, nel territorio di Grottaferrata. Il convoglio militare poteva trovare sicuro riparo dalle ricognizioni e dalle incursioni aeree alleate in tale galleria, poco distante da Ciampino, dalla quale usciva per prendere la propria posizione di fuoco e tirare sulle truppe alleate in tutta l'area del fronte, a circa 40 km di distanza. Le truppe alleate, colpite dal sibilo dei proiettili, soprannominarono i pezzi anche *Whistling Willie*.
Nel gioco di stallo i tedeschi ebbero il tempo di far convergere verso sud gli uomini della 14. *Armee* che presidiava l'Italia settentrionale. Così in appena una settimana i 61.000 anglo-americani sbarcati si ritrovarono di fronte 71.500 tedeschi. La testa di ponte finì sotto assedio, ed a salvarla fu solo la quasi totale superiorità aerea e particolarmente navale alleata[4].
Kesselring pianificò un contrattacco nel settore britannico della testa di ponte allo scopo di dividerla in due; nell'organizzazione sorsero contrasti con Mackensen.
Kesselring e Mackensen si accordarono circa la direttrice dell'attacco e sulla quantità di forze necessarie per avere successo. Come ricorda Bitner nel suo studio, i due erano in disaccordo, tuttavia, sui tempi dell'attacco. Kesselring avrebbe voluto iniziare il prima possibile mentre Mackensen desiderava assicurarsi che l'attacco fosse ben preparato. Kesselring non riuscì ad imporre il proprio punto di vista a Mackensen; questi, da parte sua, ritenendo che Kesselring non avesse più fiducia in lui, presentò le sue dimissioni. Kesselring le respinse e permise a Mackensen di sviluppare i propri piani autonomamente secondo i principi dell'*Auftragstaktik*, dando il via alle operazioni *Fischfang* e *Seitensprung*. Malgrado non riuscisse a spingere Lucas ad inviare in linea le proprie riserve, il contrattacco ebbe buoni risultati. Kesselring chiese a Mackensen di impiegare immediatamente le riserve della 14. *Armee*, ma questi fece presente, con meraviglia di Kesselring, come non fosse stato ancora necessario impiegare tutte le unità di prima linea, e che intendeva mantenere intatte le proprie riserve per impiegarle per sfruttare un

---

[4]Bitner, op. cit., pp.31 segg.

eventuale successo, Kesselring approvò.

Gli alleati non attaccavano più ma si difendevano soltanto. La linea allestita da Lucas andava dal torrente Moletta al Canale Mussolini: a più riprese, per l'intero mese di febbraio, i tedeschi cercarono di eliminare la testa di ponte di Anzio e di ributtare in mare gli alleati, malgrado che Kesslring, in seguito obbligato a destinare truppe anche alla linea *Gustav*, risultasse verso la fine di febbraio in inferiorità numerica.

In un ordine del giorno emanato alla fine di gennaio Adolf Hitler esortò le proprie truppe ad eliminare quello che definì *l'ascesso a Sud di Roma*.

Il *Führer* considerava lo sbarco alleato come l'inizio dell'invasione dell'Europa e i più alti gradi della gerarchia militare tedesca consideravano la battaglia di Anzio-Nettuno come una irripetibile occasione per dimostrare la possibilità di contrastare e respingere qualsiasi operazione anfibia alleata.

Kesselring pianificò come primo passo dell'offensiva l'eliminazione del saliente di Campoleone e la distruzione mediante accerchiamento della 3d *Infantry Brigade* britannica schierata al vertice di esso. A questo scopo vennero destinate unità della 65. Infanterie- Division, del 1. *Fallschirm-Korps* di Schlemm, che avrebbero attaccato sul lato ovest della via Anziate, ed elementi della 715. e 71. *Infanterie-Division* e della 3. *Panzergrenadier- Division*, del LXXVI. *Panzerkorps*, che vformarono il *Kampfgruppe Graser*, che avrebbero investito le posizioni britanniche all'estremità Nord del saliente e sul suo lato orientale.

Nelle prime ore della notte del 3 febbraio reparti di fanteria germanica iniziarono movimenti di infiltrazione attraverso le posizioni della 24th *Guard Brigade* schierata a cavaliere della via Anziate a protezione dei fianchi occidentale ed orientale della strada.

Alle 23, con il massiccio fuoco di artiglieria e l'appoggio dei carri armati, l'attaco tedesco ebbe inizio e proseguì con violenza per tutta la mattinata del 4 febbraio.

Nonostante la strenua resistenza dei battaglioni delle Guardie britanniche, attestati sui poggi ai lati della strada, che videro l'annientamento degli uomini dei *Grenadiers Guard* su poggio del Buonriposo, le unità tedesche riuscirono ad occuparne le posizioni ponendo sotto il loro fuoco la rotabile ed isolando virtualmente la 3rd *Brigade*. Il generale Penney, resosi immediatamente conto del pericolo, chiese immediatamente a Lucas l'autorizzazione ad impiegare la 168th *Brigade* appartenente alla 56a divisione britannica, sbarcata come rinforzo solo il giorno prima, per un contrattacco volto a liberare il passaggio sulla strada Anzio-Albano e consentire così il ripiegamento della 3d *Inf. Brigade* dalle sue posizioni a Sud di Campoleone.

Il comandante del VIth *Corps* acconsentì ed alle sedici del pomeriggio, con l'appoggio dei carri armati del 46th *Royal Tank Regiment*, la 168th *Brigade* contrattaccò con successo le unità tedesche non ancora completamente consolidate sulle posizioni da poco raggiunte.

La via Anziate venne riaperta per il tempo sufficiente al ritiro delle unità che erano state temporaneamente tagliate fuori e la 1a Divisione fanteria si attestò a difesa di Aprilia. Nonostante il terreno guadagnato e l'eliminazione del saliente la manovra di accerchiamento tedesca non era riuscita in pieno e i battaglioni inglesi riuscirono ad esfiltrare dalla sacca; ma la 3rd *Brigade* aveva subito gravissime perdite ed un logoramento tale che si rese necessario il suo ritiro dalla prima linea.

In generale tutta la 1a Divisione britannica vedeva ormai grandemente calata la sua capacità operativa a causa delle perdite subite e della stanchezza dei suoi uomini.

La battaglia stava vedeva in quei primi giorni di febbraio il passaggio dell'iniziativa dalla parte tedesca con gli alleati ormai relegati in una fase difensiva particolarmente critica.

Il 5 febbraio un attacco notturno condotto probabilmente da un battaglione di fanteria rinforzato da carri armati venne lanciato contro il settore della 3ª Divisione fanteria statunitense. Furono investite le linee tenute dal 30° Reggimento fanteria americano, che dopo un iniziale ripiegamento riguadagnò le proprie posizioni già prima dell'alba del sei..

Tuttavia era ancora il settore centrale, lungo il quale passava la strada Anzio-Albano, quello destinato ad essere il teatro delle principali operazioni. L'abitato di Aprilia e i suoi sobborghi est ed ovest erano tenuti dalla 1a divisione di fanteria e dalla 168th *Brigade* della 56ª Divisione britannica. Ad ovest il fianco sinistro di questo dispositivo difensivo era stato rilevato dal 157° Reggimento carri della 45a Divisione americana e si appoggiava al corso del fosso della Moletta.

Su questo settore la notte del 7 febbraio le unità di Mackensen sferrarono un nuovo e violento attacco. La 65. *Infanterie- Division* tedesca si mosse contro il fianco destro di Aprilia e il *Kampfgruppe Graser*, rafforzato da ulteriori reparti della 715. contro quello sinistro e il terreno pianeggiante di fronte la città. Iniziata con la consueta tattica di infiltrazione l'operazione germanica investì con rinnovata violenza i già esausti battaglioni inglesi.

I tedeschi ripresero *The Farm*, come gli inglesi chiamavano Aprilia, e Carroceto, eliminando il saliente britannico, tagliando in due lo schieramento alleato e arrivarono a un passo dal circondare l'intera testa di sbarco.

Pur non riuscendo a sfondare completamente le difese i tedeschi guadagnarono terreno nonostante la tenace resistenza delle truppe britanniche ed in particolare sul fianco destro, dopo una accanitissima lotta, si impadronirono dell'importante altura chiamata Poggio di Buonriposo.

La mattina dell' 8, proprio per cercare di riconquistare la quota, il generale Penney lanciò un contrattacco con la 3d *Inf.Brigade* appoggiata da unità corazzate. Protrattosi per tutta la giornata il contrattacco fallì e la situazione di Aprilia, minacciata su entrambi i lati, divenne molto critica. La stessa notte dell'otto il gruppo di combattimento *Graser* rinnovò il suo attacco che, dopo sanguinosi combattimenti, portò le unità tedesche ad impadronirsi di Aprilia nella serata del 9 febbraio. Con la conquista di questo importante bastione lungo la via Anziate i germanici portarono a compimento il secondo passo della loro offensiva ed iniziarono di nuovo a concentrare le forze in previsione di quello che doveva essere il colpo decisivo. All'alba dell'11 febbraio gli alleati tentarono di sferrare un contrattacco congiunto con le unità britanniche rinforzate da reparti della 45th *US Division* americana e da carri armati ma, condotto con forze insufficienti, esso fallì e il giorno successivo essi dovettero ritornare sulle posizioni di partenza.

La situazione della testa di ponte e di tutto il 6th *Corps* diventava sempre più grave e Kesselring iniziò ad emanare gli ordini ed ammassare le truppe per una nuova grande offensiva che avrebbe dovuto portare alla distruzione della testa di sbarco e che venne denominata operazione *Fischfang*,

L'asse di penetrazione sarebbe stato nuovamente quello centrale, lungo la via Anziate, al fine di tagliare definitivamente in due il perimetro alleato. A tale scopo vennero destinati reparti di sette divisioni: la 65. *Infanterie- Division* ed elementi della 4. *Fallschirmjäger-Division*, cui erano aggregati i paracadutisti italiani del battaglione *Nembo*, del 1. *Fallschirm- Korps*, avrebbero attaccato ad ovest della strada mentre la 715., la 114. *Jäger- Division*, la 3. *Panzergrenadier*ed elementi della divisione corazzata *Hermann*

Goering, sotto il comando del LXXVI. *Panzerkorps*, dovevano agire ad est della stessa. Queste forze sarebbero state poste in prima schiera rinforzate anche dallo speciale reggimento *Infanterie Lehr*, spedito in fretta dalla Germania sul fronte di Nettunia , e avrebbero formato la prima ondata della controffensiva. In riserva, pronte a sfruttare il successo, vennero schierate la 26. P*anzerdivision* e la 29. *Panzergrenadier- Division.*

Sul fronte anglo-americano era stata predisposta una linea fortificata, denominata *linea di difesa finale*, posta immediatamente dietro le posizioni tenute in quel momento e considerata a tutti gli effetti come l'ultima barriera prima delle spiagge. Nel settore centrale, quello destinato a sopportare il nuovo attacco tedesco, la spossata 1a Divisione di fanteria britannica era stata sostituita dalla 45ª Divisione statunitense, passando in riserva, mentre la 56ta Divisione britannica era ora schierata ad ovest appoggiata al corso del fosso della Moletta.

La 3a Divisione statunitense, rinforzata dalla 1st *Special Service Force,* formata da canadesi e statunitensi continuava a difendere il settore occidentale della testa di ponte lungo il canale Mussolini.

Dopo quattro giorni di preparazione l'offensiva tedesca ebbe inizio.

Alle 06.30 del 16 febbraio le posizioni della 45ª furono investite da ondate di fanteria urlante dopo essere state pesantemente martellate dal fuoco di preparazione dell'artiglieria germanica. Per tutta la giornata gli attacchi si succedettero senza sosta ma, efficacemente contrastate dai concentramenti di fuoco dell'artiglieria alleata, le azioni delle unità attaccanti non portarono ad uno sfondamento I tentativi furono rinnovati durante la notte ed in questa fase la 715. tedesca riuscì ad aprire un varco tra il 157th e il 179th *Tank Regiment* della 45ª statunitense proprio lungo la strada Anzio-Albano.

All'alba del 17 febbraio l'attacco proseguì e unità della 715. e 65. e della 114. *Jager*, cercarono di allargare la breccia dopo l'intervento in appoggio condotto da trentacinque velivoli della *Luftwaffe*.

Già nelle prime ore della mattinata le difese statunitensi si trovarono sotto una fortissima pressione per alleviare la quale intervennero massicciamente i bombardieri del *12 Air Support Command.*

Per tutto il giorno le difese alleate furono sottoposte a nuovi pesanti colpi da parte delle truppe di Mackensen, i quali portarono a sostanziali guadagni di terreno ed all'accerchiamento di un battaglione del 157th *Tank*

Disperati contrattacchi furono lanciati dalla 45th britannica la notte del 17 e confusi e selvaggi combattimenti si accesero nel settore davanti il *Flyover*, "il cavalcavia", un ponte posto all'incrocio tra la via Anziate e una strada laterale, punto che diventerà il simbolo emblematico di quelle drammatiche ore.

Nel frattempo, durante questi avvenimenti, il generale Clark dispose il trasferimento del generale Truscott dal comando della 3rd alla posizione di vicecomandante del VIth *Corps*: era l'inizio del siluramento del gen. Lucas.

Infatti lo stato di profondo *stress* psico-fisico di Lucas e quello che venne giudicato come un suo insuccesso nel raggiungere gli obiettivi assegnatigli inizialmente avevano portato a questa decisione. Per evitare un plateale rimozione il comandante della Quinta Armata aveva deciso di aspettare il superamento della crisi prima di procedere ma desiderava che Truscott potesse far sentire la sua energica influenza nel quartier generale del corpo già in quella delicatissima fase, cosa che non mancò di avvenire puntualmente.

Il 18 febbraio l'offensiva della 14. *Armee* proseguì violentissima per tutta la mattina ed il pomeriggio cercando di sfondare il cuneo che si era creato in direzione Sud nelle difese avversarie. Furono immesse in linea la 26. *Panzerdivision* e la 29. *Panzergrenadier-Div.* per realizzare lo sfondamento.

Sul versante alleato i logori battaglioni della *1st Infantry Division* britannica vennero gettati anch'essi nella fornace. Il fuoco di sbarramento delle artiglierie anglo-americane provocò gravi perdite tra gli attaccanti ed intorno al cavalcavia si ebbero aspri scontri corpo a corpo.

Nella notte la battaglia proseguì ed alle quattro del mattino del 19 essa raggiunse il suo culmine nel momento in cui le forze germaniche lanciarono un ultimo attacco sotto un vero uragano di granate dell'artiglieria alleata. Esausti e decimati i reparti germanici dovettero alla fine arretrare rinunciando alla speranza di sfondare in maniera definitiva. Sfruttando l'occasione favorevole il VIth *Corps* lanciò a sua volta quella stessa mattina del 19 febbraio un attacco contro il fianco occidentale del saliente tedesco condotto dalla 1a Divisione Corazzata USA, rinforzata dal 30th *US Inf. Regiment* distaccato dalla 3a Divisione.

Questa azione si svolse con successo e spezzò definitivamente l'impeto offensivo delle forze tedesche risolvendo la grave crisi.

Alla fine, solo la soverchiante potenza dell'aviazione alleata con le sue numerose missioni e il tiro devastante dei cannoni navali riuscirono a bloccare l'avanzata di Mackensen.

Come preannunciato dal precedente provvedimento del generale Clark, passato il momento più critico, il 22 febbraio il generale Truscott venne nominato comandante del VIth *Corps* al posto di Lucas il quale venne definitivamente allontanato.

Il 29 febbraio Mackensen lanciò di nuovo all'attacco le sue truppe in un ultimo tentativo di spezzare le difese avversarie. Questa volta lo sforzo venne esercitato sul fianco destro alleato, e presero parte all'operazione unità della divisione corazzata *Hermann Goering,* della 26. *Panzerdivision* , delle divisioni di fanteria 362. e 715. ma dovettero fermarsi di fronte alle difese approntate da Truscott e soprattutto di fronte al totale dominio alleato dell'aria: sfortunatamente per gli uomini Mackensen il 2 marzo il cielo si schiarì e 241 B24 *Liberator*, 100 B17 *Flying Fortress*, 113 P38 *Lightining*, 63 P47 Thunderbolts scaricarono su di loro una quantità inaudita di bombe, che sgomentò persino gli stessi soldati alleati che lo videro da terra.

Il 3 marzo nel corso di una riunione al bunker del Monte Soratte, Kesserling comunicò ai suoi sottoposti la decisione di sospendere l'offensiva sul fronte di Anzio ed incaricò il generale Westphal, suo capo di Stato Maggiore, di recarsi a restenburg da Hitler per spiegarne le ragioni. Il 6 marzo Westphal fece rapporto al Führer, spiegando che la 14. *Armee* non poteva più compiere nessun altro attacco importante contro la testa di sbarco.

Al termine della riunione, il generale Jodl, capo dell'OKW disse a Westphal che dpoteva considerarsi fortunato, perché Hitler non lo aveva fatto impiccare.

Kesselring, come a Cassino, era spesso sul campo di battaglia. Bitner scrive in proposito:

> In air battle situations, Kesselring has been seen to be a commander who constantly observed combat operations by flying with the attack formations, by landing frequently to encourage the troops, and to lead by example. Did these attributes extend to the battlefield?
> Following the failure of the first day's efforts to force Lucas to commit his reserves, Kesselring urged the immediate commitment of the Fourteenth Army's second wave

> forces, in order to force Lucas to commit, and to provide impetus to the drive. Mackensen declined the advice because he had not yet used all of his first wave units, and desired to retain the second wave for exploitation. Kesselring respected Mackensen's decision, and did not interfere with the battle. He did tend to follow his old habit of visiting the troops, however, and in a visit on the first day got himself involved in a controversy concerning artillery.
> Kesselring continued his constant visits with troops-, but tended not to interfere in the internal operations of the Fourteenth Army command structure [...]. Other than providing logistical support to Mackensen, and making suggestions, he did not influence the outcome of the battle[5],

fedele sempre al principio dell'*Auftragstaktik*.
Anche se i tedeschi non attaccavano più, la questione per gli anglo-americani era divenuta sopravvivere, non certo sfondare. Gli attacchi alleati, come quello dei *Rangers* statunitensi del 30-31 gennaio precedente contro Cisterna di Littoria, spesso fallirono, con gravi perdite. I 767 uomini che vennero mandati all'attacco di Cisterna con armi leggere e controcarro individuali, percorrendo un tratto asciutto del Canale Mussolini, si trovarono contro i carri della *Hermann Göring*. Solo sei di loro riuscirono a tornare oltre le linee. E le perdite alleate continuarono molto a lungo prima con dei feroci contrattacchi tedeschi pensati per dividere in due la testa di ponte (le già citate operazioni *Fischfang* e *Seitensprung*) che spazzarono via la 24ª Brigata della Guardia britannica a Campoleone, e poi con uno stillicidio di piccole operazioni di logoramento.
Ancora il 26 maggio il tentativo alleato di uscire dalla sacca con l'operazione *Buffalo* fallì miseramente.
Così alla fine lo stesso Churchill ammise, prendendosela con Lucas:

> I had hoped that we were hurling a wildcat onto the shore, but all we got was a stranded whale.

Una frase diventata famosa nella storia del conflitto. Kesselring da parte sua parlò del più grande campo di prigionia autosufficente d'Europa.
Shingle era costata agli alleati, senza risultati apprezzabili, 7.000 morti, e 36.000 feriti e dispersi. Kesselring aveva sì fallito nel tentativo di tagliare in due la testa di ponte con il contrattacco del 16 febbraio 1944 ad Anzio, l'operazione *Fischfang*, ma la controffensiva contribuì a creare uno stallo strategico, che fu in realtà una vittoria per i tedeschi.
Scrisse Churchill:

> All'inizio di marzo, il maltempo provocò una sosta generale nelle operazioni. Il quinto elemento di Napoleone - il fango - bloccò entrambi gli avversari. Non riuscimmo a sfondare il fronte principale a Cassino, così come i tedeschi avevano fallito il tentativo di gettarci in mare ad Anzio. Quanto a effettivi, la situazione era poco brillante per gli uni e per gli altri. Noi disponevamo allora in Italia di 20 divisioni, ma sia gli americani sia i francesi avevano subito perdite gravissime. Il nemico aveva a sud di Roma 18 o 19 divisioni, oltre ad altre 5 nell'Italia settentrionale, ma esse pure erano stanche e logorate[6]. Non si poteva ormai più sperare di rompere l'accerchiamento dalla testa di sbarco, né vi era alcuna prospettiva di un congiungimento a breve scadenza tra i due settori sino a che il fronte di Cassino non fosse stato sfondato.

---

[5] Bitner, op. cit., p.81.
[6] In realtà erano 19 in totale.

Da febbraio a maggio, Kesselring riuscì a bloccare gli alleati sia sulla linea Gustav che sul litorale di Anzio.

Kesselring aveva dichiarato a Hitler di poter arrestare gli alleati a sud di Roma durante l'inverno: i suoi sforzi riuscirono a bloccarli efficacemente anche per tutta la primavera. Le decisioni critiche prese in gennaio e febbraio come reazione allo sbarco alleato permisero ai germanici di contenere con successo il nemico in entrambe le aree di Cassino e di Anzio- Nettuno sino a fine maggio; Roma venne evacuata solamente il 4 giugno.

La propaganda alleata dell'epoca e poi del dopoguerra con film e libri ha un bell'esaltare reparti speciali come la 1st *Special Force* canadese- americana o i *Rangers*: fatto sta che non sfondarono e condussero solo azioni di pattuglia contro tedeschi ed italiani; giacchè tra i reparti inviati frettolosamente come rinforzi vi furono i primi reparti della RSI ad entrare in linea, portandosi, per ammissione dei tedeschi- che non se ne fidavano, inserendoli in linea intervallati con reparti germanici- e degli alleati, piuttosto bene, non solo quando veterani come i paracadutisti del battaglione *Nembo* del reggimento *Folgore* o le SS italiane del II./81. *Waffen Grenadier-Regiment d. SS*, molti dei quali militi della MVSN reduci dalle campagne di Grecia e Jugoslavia, ma anche le reclute volontarie male addestrate e peggio armate[7] del battaglione *Barbarigo*- già *Maestrale*- della Xa *Flottiglia MAS* che seppero supplire con un affrettato addestramento in linea e un morale assai elevato alle carenze iniziali, tanto da ottenere in quel tipo di impiego, gli stessi risultati delle truppe speciali alleate.

Merita qui di essere citata la testimonianza di Pio Alessandro Filippani Ronconi, già granatiere della Compagnia Volontari Universitari del 3° Granatieri di Sardegna e combattente in Africa Settentrionale nella divisione *Brescia*, poi ufficiale delle SS italiane, che a Nettuno venne ferito guadagnandosi la *Eiserne Kreuz II kl.*, brano che fa giustizia della marea di menzogne ancor oggi ripetute sull'argomento da una storiografia faziosa e inattendibile sia pure imposta come verità indiscussa:

> La divisa era quella propria ai reparti di assolto italiani (colore grigioverde), giubba da paracadutista senza colletto e solino, calzoni da sei serrati alle caviglie, berretto alpino tedesco col *Totenkopf* a coccarda e l'aquila romana col fascio sulla sinistra del berretto, idem sulla giacca; i gradi, per ufficiali e sottufficiali, quelli germanici sulle spalline, per i graduati sul braccio; cinturone, quello delle SS germaniche con la divisa *Meine Ehre Heißt Treu*e ("il mio onore si chiama fedeltà"); il colore delle mostrine e dello sfondo per i gradi era rosso per i reparti "dipendenti", *Waffen-Einheiten*, nero per i reparti a tutti gli effetti delle SS, *SS-Einheiten*, cioè quelli che avevano dato prova di valore al fronte e quindi erano SS vere e proprie, totalmente equiparati a quelli germanici.
>
> Il battaglione fu approntato il 12 marzo 1944, con un organico di 650 uomini, cioè 32 ufficiali, 93 sottufficiali e 525 uomini di truppa, ai quali ultimi si aggiunsero una decina di ragazzi "clandestini" dai 14 ai 16 anni, che cercammo di rimandare a casa o negli Istituti dai quali erano scappati per venire a combattere. Cacciati, ritornavano, magari portandosi appresso qualche parente maschio, come il quindicenne Giorgio Viti, oppure, fra una fuga e l'altra, andavano a intrufolarsi come "mascotte" in un reparto germanico di paracadutisti, come i quattordicenni Angelo Cera e Gino Marturano, che affrontò

---

[7] I primi pezzi d'artiglieria del Gruppo *Da Giussano* (poi *Colleoni*) furono due cannoni da montagna austriaci da 75 donati dal generale Ugo Bignami, direttore del Museo Storico dei Granatieri di Sardegna, eroe della Grande Guerra e MOVM..

straordinarie avventure belliche, più adatte ad un vecchio soldato che a un giovinetto. Qualcuno ancora di questi ragazzi, a guerra finita, come il quattordicenne Luciano Trevisan, finì assassinato dai partigiani comunisti.

Che si trattasse di un reparto di assalto o, se fosse il caso, di un "reparto suicida" lo dimostrano le parole rivolteci dal generale Emilio Canevari al rapporto ufficiale, nella caserma della Bicocca, alla vigilia della partenza: "Signori Ufficiali, non un passo indietro! Voi non andate per fare bella figura, ma solo a morire! Da come vi comporterete in combattimento dipenderà se i Tedeschi riarmeranno un esercito Italiano". Fu come buttare un secchio di benzina sul fuoco languente: approssimativamente armati e sommariamente equipaggiati, partimmo come furie vendicatrici da Milano (Scalo Greco) il 13 marzo 1944 alle ore 7 per Littoria (ora Latina), dove si giunse una settimana dopo con un viaggio lentissimo in attesa di altre unità con cui formare la Kampfgruppe al comando dell'Oberführer Diebitsch, unità che non arrivarono mai perchè distratte in altri compiti o distrutte in altre azioni sulla strada verso il Sud.

La 1a Compagnia, alla quale io appartenevo, al comando del capitano Buldrini, entrò in linea presso Cisterna, nel settore del 2o Battaglione SS-*Panzer-Grenadiere Rgt.* 35, la 2a e la 3a Compagnia si andarono a sistemare a Cisterna-Canale Mussolini (oggi Canale Italia) e Borgo Podgora, nel settore tenuto dal o Battaglione *SS-Panzer-Grenadiere Rgt.* 36; in particolare, la 2a Compagnia diede il cambio a una Compagnia del Barbarigo, che aveva subìto perdite ingenti.

Il terreno fangoso, con l'acqua a 60 cm. di profondità, la necessità di costruire i trinceramenti, di notte, per una guerra di posizione, rendeva assai dure le condizioni di vita.

Ho sotto gli occhi il testo del rapporto ufficiale del Capo di S.M. (Stato Maggiore) del generale Karl Wolff, Comandante generale delle SS in Italia, che era il colonnello Eugen [Corrodi] von Elfenau, noto per essere pochissimo tenero nei riguardi degli Italiani. Il testo è uno stupefacente inno al valore italiano: dopo aver sommariamente descritto vari episodi di combattimenti da arditi, specialmente dei due nuclei della 1a Compagnia (uno dei quali comandato da chi vi parla), che le meritarono ben due volte la menzione sul Foglio d'Ordini del LXXVI Corpo d'Armata tedesco (14a Armata), il von Elfenau dichiara, parlando dell'offensiva anglo-americana e del ripiegamento: "*...sulla linea di resistenza i nostri uomini rimasero sino all'estremo limite delle loro possibilità, sparando sino all'ultima cartuccia sulle fanterie americane che seguivano i carri armati; respinsero i carri armati in combattimento ravvicinato scagliando fino all'ultima bomba a mano contro i cingoli e le feritorie dei carri stessi... Il nemico il 23 maggio sera raggiungeva la via Appia, i resti dispersi del Battaglione cercarono di riunirsi per formare piccoli centri di resistenza... Fino alla mezzanotte del 24 maggio mantenne un caposaldo sulla via Appia, all'incrocio con il canale delle acque medie, per consentire ad un Battaglione di Cacciatori appiedati della Luftwaffe di ripiegare da Littoria senza correre il pericolo di rimanere circondato...*" (e oltre) "*Il Battaglione è rimasto ininterrottamente in linea esattamente per nove settimane ... distinguendosi particolarmente, oltre che per eccezionali fatti d'arme, anche per aver saputo tenere il suo vasto tratto di fronte a quasi cinque chilometri fino all'estremo limite delle proprie possibilità. Esso ha servito egregiamente a rinforzare e sostituire unità germaniche particolarmente provate nei duri combattenti controffensivi del febbraio per il rimpicciolimento della testa di ponte di Nettuno...*" (e infine, è sempre un colonnello tedesco che parla) "*la formazione del 2o Battaglione in oltre due mesi di duri combattimenti contro un nemico assai superiore di armi e mezzi, ha saputo far rifulgere in pieno le doti di valore, di coraggio, di spirito di sacrificio, di abnegazione più assoluta del soldato d'Italia di tutti i tempi ... ha assolto compiti che richiedevano audacia, valore e sprezzo della vita da parte di tutti, ha tenuto posizioni difficilissime e fondamentali contro le quali invano, fino allo sfondamento del fronte, si è accanita la strapotenza e l'urto del nemico. Esso ha avuto perdite complessive del quasi 70% degli effettivi ... Questo Battaglione che ha ottenuto* *di sostituire con il nero delle SS tedesche il rosso delle mostrine delle SS italiane, che ha riscosso ammirazione illimitata da parte di tutti gli ufficiali tedeschi alle cui dipendenze fu in combattimento, questo Battaglione, avanguardia delle nuove truppe italiane, che non ha mai chiesto nulla ma che ha sempre dato tutto… che due volte è stato menzionato sul Foglio d'Ordini tedesco di Corpo d'Armata, ha scritto una delle più belle pagine di gloria degne in tutto delle più alte tradizioni guerriere della vera Italia…"*[8]

In concomitanza dell'inizio dell'offensiva alleata sui due fronti di Nettunia e di Cassino, si ripeté, come all'indomani dell'otto settembre, il tentativo alleato di decapitare l' *Oberbefehlshaber Süd*, ospitato nelle gallerie scavate nelle viscere del Monte Soratte.

Alle 15.30 del 12 maggio 1944, 236 bombardieri B 17 *Flyng Fortress* decollati dalle basi americane intorno a Foggia iniziarono a sganciare le loro bombe sulla monte cantato da Orazio. La tattica adottata esattamente come a Frascati fu quella del *firestorming*, la "tempesta di fuoco", con lo sgancio di grappoli di bombe perforanti, seguite da materiale incendiario. L'obiettivo dei bombardieri statunitensi erano i quattro chilometri di tunnel scavati dal genio Militare nelle viscere del monte per ospitare Benito Mussolini in caso di necessità e che ospitavano il comando di Kesselring dal settembre 1943.

Le bombe sganciate dai B17 fecero tremare il Soratte, e distrussero molte case della vicina Sant'Oreste. I tedeschi, su 980 militari, ebbero un centinaio di vittime, ma le fortificazioni non subirono danni significativi,: le gallerie subirono dei danneggiamenti parziali in aree anche vaste ma per lo più prossime agli ingressi esterni, mentre l'intero complesso ipogeo più in profondità resistette, garantendo la sopravvivenza alla maggior parte dei soldati tedeschi che vi trovarono rifugio. tanto che il Quartier Generale del Soratte venne evacuato solo il 3 giugno, alla vigilia dell'occupazione di Roma Prima di partire i tedeschi inondarono le gallerie di benzina e appiccarono il fuoco. Per entrare, i britannici dell'8a Armata dovettero aspettare che il rogo si spegnesse da solo, cinque giorni più tardi.

Tornando all'offensiva alleata, malgrado il successo, vide ancora una volta il mancato sfruttamento del successo, ciò che fu una costante della condotta alleata: si pensi all'incredibile lentezza dell'avanzata nemica, il rovinoso sbarco di Anzio-Nettuno, il monotono dissanguarsi a Cassino, il mancato accerchiamento di Valmontone, il mancato sfruttamento della vittoria nell'inseguimento nell'Italia centrale, il mancato sfondamento del fronte appenninico in Toscana.

Se avessi i loro mezzi conquisterei l'Italia in una settimana – commentò Kesselring, educato alla *Auftragstaktik*.

Alexander ad Anzio non comprese l'impossibilità che un singolo Corpo d'Armata potesse spaventare un esercito dotato di forte motivazione al combattimento ma anche di grande mobilità sul terreno, oltretutto guidato da un grande comandante quale Kesselring. Alexander aveva tentato una vittoria per *manovra* come riuscì al grande condottiero italiano Montecuccoli nella campagna del Reno nel 1675 contro il Maresciallo francese Turenne [9]: ma non solo Alexander non era Montecuccoli, soprattutto il Feldmaresciallo Kesselring sfortunatamente per lui non era Turenne, era Kesselring.

---

[8] http://uncrsimilano.blogspot.com/2013/03/la-29a-divisione-granatieri-ss.html
[9] F. Di Santo, *Il Maresciallo Harold Alexander nella Campagna d'Italia*, Rivista Militare 2 (2011), p. 89

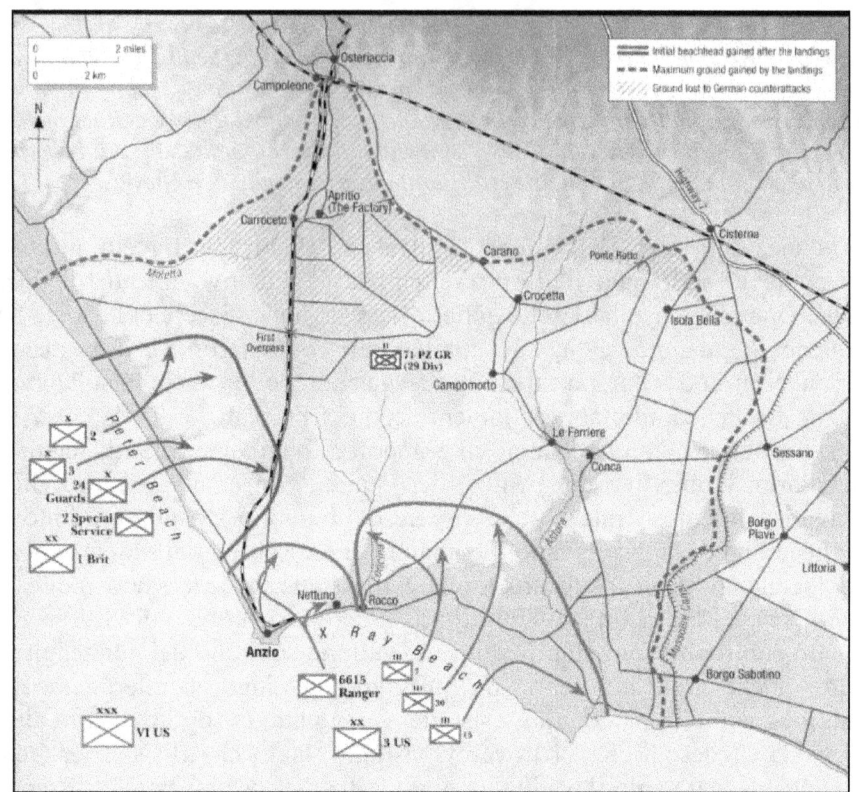

Lo sbarco anglo- americano ad Anzio e Nettuno, 22 gennaio 1944

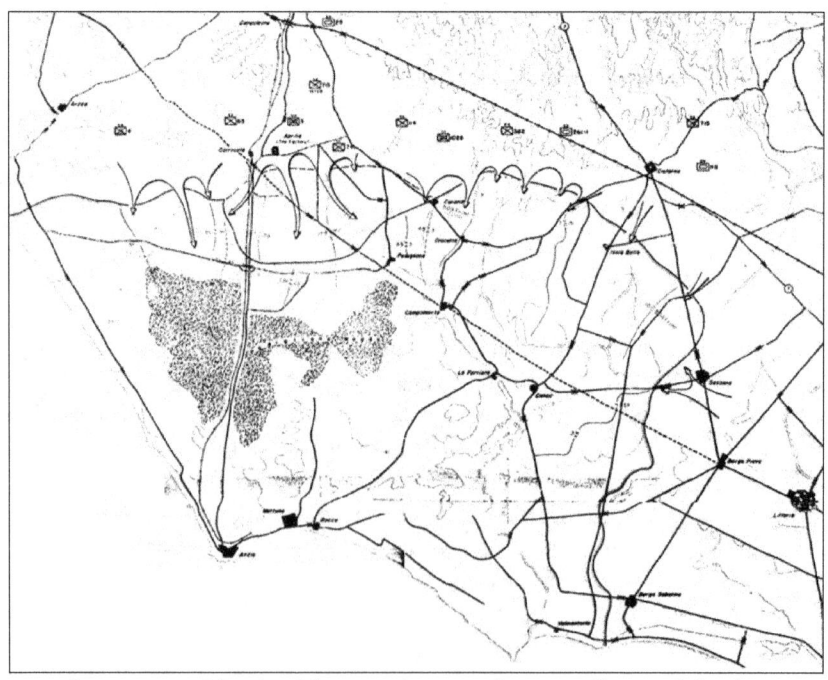

I contrattacchi tedeschi contro le teste di ponte alleate ad Anzio.

8.
LA STRAGE PARTIGIANA DI VIA RASELLA E LA RAPPRESAGLIA DELLE ARDEATINE

Il 23 marzo 1944, anniversario della fondazione dei fasci di combattimento, i *gappisti* organizzarono un attentato contro i soldati tedeschi in Via Rasella a Roma, a causa del quale morirono 33 militari germanici; per rappresaglia furono uccisi 335 prigionieri. L'attentato -autorizzato dal comunista Giorgio Amendola, ma non come si è detto, dal socialista Sandro Pertini, che in realtàvi si oppose, venne compiuto da un drappello di almeno 12 gappisti al comando di Carlo Salinari e comprendente Rosario Bentivegna e Carla Capponi, Franco Calamandrei, figlio di Piero, quello della famosa epigrafe contro Kesselring, Mario Fiorentini, Franco Ferri, Raul Falcioni, Francesco Currelli, Silvio Serra, Fernando Vitaliano, Pasquale Balsamo, Guglielmo Blasi (che più tardi, arrestato, confesserà e denuncerà i compagni).

Furono utilizzate due bombe a miccia ad alto potenziale collocate in un carrettino della nettezza urbana, confezionate complessivamente con 18 chilogrammi di tritolo frammisto a spezzoni di ferro; dopo le esplosioni furono lanciate alcune bombe da mortaio.

Rosario Bentivegna (o chi per lui: le memorie dei dirigenti comunisti erano solitamente scritte da giornalisti scelti dal partito) ricordò come segue gli attimi precedenti l'esplosione dell'ordigno da lui nascosto in un carretto da spazzino, cercando di ammantare di epicità il far esplodere un ordigno nascosto in un carretto della nettezza urbana:

> Venivano su cantando, nella loro lingua che non era più quella di Goethe, le canzoni di Hitler[10]. 160 uomini della polizia nazista con le insegne dell'esercito nazista, i rappresentanti di coloro che rastrellavano i cittadini inermi, gli assassini di Teresa Gullace e Giorgio Labò.
> Le divise, le armi puntate, il passo cadenzato, persino la carretta su cui era piazzata la mitragliatrice, le voci straniere, tutto era un oltraggio al cielo azzurro di Roma, agli intonaci, ai sampietrini, al verde che il parco di Palazzo Barberini riverberava dolce sulla via Rasella. Era un oltraggio che si ripeteva, da millenni e nei millenni; e il *Vae victis* di Kesserling [sic!!] non aveva di fronte, a rintuzzarlo, che le armi e il coraggio dei partigiani. Oggi, il nostro tritolo.
> Venivano su cantando, macabri e ridicoli e i segni di morte che avevano indosso erano, stavolta, i segni della loro condanna[11].

L'imboscata uccise sul colpo ventisei uomini dell'11 compagnia del III° battaglione del *Polizeiregiment Bozen*, formato da altoatesini di lingua tedesca, tutti optanti italiani arruolati in seguito all'occupazione tedesca delle province di Trento, Bolzano e Belluno,

---

[10] In realtà la canzone *Hupf meine Mädel*, Salta ragazza mia, era un'aria di operetta. rialente agli anni '10.

[11] Per meglio inquadrare il personaggio, Bentivegna dopo la liberazione di Roma insieme all'inseparabile Capponi assassinò a sangue freddo il tenente della Regia Guardia di Finanza Giorgio Barbarisi, partigiano, reo di aver strappato un manifesto comunista (l'affissione era stata proibita dalle autorità alleate), sostenendo che il Barbarisi fosse un *fascista* che lo aveva minacciato con la pistola: le foto del cadavere lo mostrano con ancora la giacca della divisa piegata sul braccio destro e la fondina chiusa. Il tenente ebbe la *Bronze Star* americana alla memoria; al Barbarisi sono intitolati il pattugliatore PV6 e l'Accademia di Bergamo della Guardia di Finanza, il Comando Legione Emilia- Romagna di Bologna, oltre al I° Corso straordinario "S.ten. G.M. Barbarisi" per Luogotenenti del 2018.

avvenuta dopo l'8 settembre del 1943 e alla creazione dell'*Operationszone Alpenvorland*. All'inizio della guerra gli uomini del *Bozen* avevano prestato servizio militare nel Regio Esercito; una volta sotto controllo tedesco, erano stati inviati a Roma perché sapevano l'italiano venivano utilizzati principalmente per compiti di guardia a caseme e depositi. Inoltre portavano sì la divisa tedesca, ma con *litzen* in campo verde e l'aquila tirolese sul braccio anziché quelle nere delle SS e la *Reichsadler*, non infrangendo così lo *status* di Roma come città aperta: insomma non erano, come ha preteso la storiografia ufficiale, *SS naziste* al comando di Herbert Kappler: nonostante che dal febbraio del 1943 Himmler, in qualità di Capo delle SS e della Polizia, avesse emanato un decreto secondo il quale i *Polizeiregimenter* dovevano essere rinominati SS- *Polizeiregimenter*, per le unità sudtirolesi ciò avvenne con molto ritardo. Ad esempio, il *Polizeiregiment Alpenvorland* ricevette la qualifica di SS solo il 29 gennaio 1945, mentre il *Bozen* la ebbe il 16 aprile 1944, quindi dopo i fatti di via Rasella.

Il trasferimento del terzo battaglione a Roma avvenne dal 12 al 19 febbraio 1944, in condizioni difficili a causa delle contemporanee operazioni per le prime due battaglie di Cassino e per lo sbarco di Anzio, su richiesta del comando di Kesselring.

Teoricamente alle dipendenze dell'*Hohere SS- und Polizei Führer in Italien* Karl Wolff in quanto unità di polizia, nell'assolvimento dei compiti di sorveglianza a Roma il battaglione era sottoposto al comandante militare della piazza, il generale della Luftwaffe Kurt Maelzer. Nel settembre 1946, l'SS- *Obergruppenführer* Wolff dichiarò:

> Per il desiderio del Feldmaresciallo [[Albert Kesselring] avevo messo a di- sposizione da poco tempo un battaglione di Polizia ordinaria molto giovane e formato di recente, il battaglione Bolzano, costituito da tedeschi del Sud Tirolo, al fine di svolgere i compiti propri della Polizia ordinaria e di proteggere il Vaticano. Durante il periodo della sua utilizzazione questo battaglione venne tolto al mio comando e alla mia giurisdizione, essendo completamente sottoposto alla 14. *Armee*. A causa della sua natura e per il suo particolare utilizzo esso figurava come unità non combattente.

I compiti di guardia a cui era destinato il *Bozen* erano stati fino a quel momento svolti dal *Wachzug der 2. Fallschirmjäger-Division* e dal *Fallschirmjäger-Bataillon "Schirmer"*, truppe scelte ben più utili al fronte.

Il battaglione *Bozen*, ridotto a sole tre compagnie, venne accasermato nelle soffitte del Palazzo del Viminale, già sede del ministero dell'Interno.

Gli incarichi operativi furono così ripartiti: alla 9. Kompanie fu affidata la sorveglianza dei lavori di allestimento di strutture difensive ad Albano Laziale; la 10. fu impiegata nel centro della città per la guardia agli stati maggiori tedeschi, al Vaticano e agli edifici pubblici: secondo Katz (autore di parte e spesso inesatto, tanto che confonde il *Bozen* con un'unità di SS), questa compagnia, in attesa di essere trasferita nella zona dei Castelli Romani per contrastare i partigiani, sarebbe stata impiegata nella capitale in rastrellamenti per il lavoro obbligatorio e sarebbe stato un suo motociclista a uccidere Teresa Gullace il 3 marzo; mentre l'11. Kp fu posta in riserva. In base al processo di rotazione delle unità, il 24 marzo l'11. avrebbe dovuto sostituire la 10., la quale sarebbe quindi passata in riserva.

Non svolgendo particolari incarichi oltre al servizio di guardia al ministero dell'Interno, l'11ª Compagnia fu sottoposta per oltre un mese a un'attività addestrativa supplementare di marcia e di tiro, in attesa di dare il cambio alle altre due compagnie. Gli uomini della truppa ricoprivano tutti il grado di '*Unterwachtmeister*', il più basso dopo quello di allievo. Quasi ogni mattino i *Bozen* marciavano fino al campo di esercitazioni e al poligono di tiro di Tor di Quinto, nei pressi del Foro Mussolini, per poi fare ritorno verso le 14:00 seguendo sempre lo stesso percorso: piazza del Popolo, via del Babuino, piazza di Spagna, via Due Macelli. Giunti all'incrocio con via del Tritone, sebbene questa strada fosse più comoda per raggiungere via delle Quattro Fontane, il maggiore Hans Dobek (per errore spesso chiamato *Dobbrick* dai *guardiani della memoria*, comandante del battaglione che seguiva spesso gli spostamenti dei suoi uomini, ordinò che la colonna continuasse lungo via del Traforo per poi svoltare a via Rasella, per evitare il traffico del centro. La colonna marciava con alla testa il comandante della compagnia, il sottotenente Walter Wolgasth di Amburgo, divisa in tre file con un sottufficiale davanti a ognuna; gli uomini più alti erano nelle prime file, in modo da dare un'impressione di forza. La marcia era spesso accompagnata dal canto *Hupf, mein Mädel*, imposto dal maggiore Dobek, intonato molto controvoglia dai militari altoatesini, che si sentivano ridicoli. La deflagrazione fu violentissima, aveva fatto tremare tutto l'isolato ed era stata udita nell'intero centro di Roma: 26 uomini erano morti sul colpo, un mezzo blindato in coda alla colonna era andato distrutto, era bruciato e le fiamme avevano lambito i muri delle case mentre uomini agonizzanti si contorcevano al suolo; c'era sangue dappertutto, con gli schizzi che sulla facciata di Palazzo Tittoni avevano raggiunto il secondo piano.

Arthur Atz, un contadino di Caldaro che all'epoca aveva 24 anni ed era il più giovane dell'11 compagnia, ricordò:

> Come ogni giorno, per tutto il mese, eravamo stati a sparare al poligono di tiro. Tornavamo in città, al Vicinale, dove avevamo alloggio. Era l'ultimo giorno. Io marciavo in testa al 1° plotone. Quella Via Rasella è una strada stretta. Sono passato accanto al carretto per la spazzatura, carico di esplosivo. Ero da quella parte, ma non ho notato niente di particolare. Pochi metri dopo c'è stata l'esplosione che ha sventrato il 2° e 3° plotone. Tutto divenne scuro per la sabbia sollevata. Tegole e vetri erano andati in pezzi. Si vedeva poco. C'erano i feriti ed i morti per terra, ma noi non potevamo prestare loro soccorso perché i partigiani sparavano da tutte le parti.

L'esplosione uccise anche sette civili che stavano passando nella via[12], tra cui – certamente – un ragazzo, Piero Zuccheretti, e Antonio Chiaretti, partigiano di *Bandiera Rossa*, movimento considerato trotzkysta dal P.C.I.. Gli attentatori, prima di fuggire, lanciarono sui feriti e sugli agonizzanti quattro bombe da mortaio
; i corpi erano in gran parte mutilati e immersi in due dita di sangue. In preda al panico, i *Bozen* si misero a sparare contro le finestre con i loro fucili '91 lunghi, gli stessi con cui gli italiani avevano combattuto i loro padri nel 1915: l'armamento del *Bozen* era raccogliticcio, in gran parte preso agli italiani dopo l'otto settembre.
Scrisse Eugen Dollmann:

> Quando arrivai, da solo, sul posto lo spettacolo era raccapricciante: mi permetto di dire che nel giudicare la reazione tedesca non bisogna perdere di vista l'impressione destata da una strage così tremenda. Qua e là giacevano disperse membra umane, in ogni dove

---

[12]Cifra riportata sul sito istituzionale dell'Arma dei Carabinieri:*Nell'attentato erano morti anche sette civili italiani (fra i quali un bambino)*, cfr "Le Fosse Ardeatine", su
http://www.carabinieri.it/arma/ieri/storia/vista-da-2015/fascicolo-32/le-fosse-ardeatine

si erano formate grandi pozze di sangue, dei feriti agonizzavano, l'aria era piena di gemiti e dalle case si continuava a sparare[13].

I feriti gravissimi furono molti, alcuni dei quali morirono poco dopo, portando il totale dei caduti a 32; un altro soldato morì il giorno successivo. Altri feriti morirono per le conseguenze dell'attentato, portando il totale dei caduti ben oltre la quarantina entro l'estate[14].

Kesselring al processo di Venezia che lo vide imputato anche per l'eccidio delle Ardeatine, testimoniò come il comandante del battaglione *Bozen* si fosse rifiutato di impartire ai suoi uomini l'ordine di ubbidire

> Poiché i suoi uomini erano cattolici e, per di più, delle classi più anziane, i quali non sarebbero riusciti ad imporsi di eseguire gli ordini.

A rifiutarsi non furono solamente i soldati dell'11 compagnia, ma anche quelli della 9 e della 10, tutti altoatesini che componevano il III° battaglione del *Bozen*. Poco tempo dopo, con un decreto del 16 aprile 1944, il battaglione venne ribattezzato *SS Polizeiregiment Bozen* e completato con altri rimpiazzi.

Il I. *Bataillon* del *Bozen* fu poi inviato in Istria e impiegato inella lotta antipartigiana; il II. *Bataillon* fu inviato a Belluno sempre in funzione antipartigiana- oramai, dopo via Rasella, gli animi si erano comprensibilmente induriti.- ed alcuni uomini furono coinvolti nel massacro della valle del Biois nel Cadore, dove vennero uccise circa 40 persone. Unitamente al *Bozen* anche il *Brixen*, reggimento di polizia composto da sudditi italiani sudtirolesi, al termine dell'addestramento dall'ottobre del 1944 al febbraio del 1945 e prima di essere inviato in provincia di Belluno, fu chiamato al giuramento ufficiale: *Per il popolo, il Führer e la patria.* Fra lo stupore delle autorità presenti e degli ufficiali, le truppe del *Brixen* si rifiutarono di giurare fedeltà ad Hitler. Determinante in questa scelta fu l'appartenenza di alcuni esponenti di punta al gruppo indipendentista tirolese *Andreas- Hofersbund* e la forte motivazione religiosa delle truppe di formazione cattolica. Gli ufficiali tedeschi dopo aver disarmato e rinchiuso gli uomini nelle camerate, minacciandoli di decimazione, fecero ripetere il giuramento. Il *Brixen* tacque anche in questa seconda occasione. Venne inviato al fronte in Alta Slesia, contro l'Armata Rossa ormai incontenibile, come vera e propria carne da cannone.

Il generale Kurt Maelzer, comandante militare della città, voleva radere al suolo l'intero blocco di case fra via Rasella e via Quattro Fontane. Möllhausen e Dollmann, collaboratore del generale Wolff, comandante delle SS e della Polizia in Italia, si opposero. Maelzer, furioso, si appellò al maresciallo Kesselring, che gli diede del pazzo.

Si formarono così due partiti: quello che voleva una rappresaglia diffusa contro la popolazione civile e quello dei *moderati*.

Hitler ordinò di passare per le armi 50 italiani per ogni caduto tedesco; Kesselring si oppose, invocando la riduzione del rapporto a 10 a 1. La formula adottata, alla fine, , dopo ore di discussione,fu quella di Kesselring: dieci italiani per ciascuno dei morti tedeschi, da scegliere fra coloro che erano già stati condannati a morte o erano comun-

---

[13] Eugen Dollmann, *Roma nazista*, nuova ed. Milano 2002, p.179.
[14] Quando nei giorni successivi morirono altri dieci feriti, portando il totale a quarantadue, il generale von Mackensen e Kesselring nascosero la notizia a Berlino per evitare che la rabbia di Hitler si scatenasse del tutto.

que passibili di una tale condanna. Himmler, da parte sua, invocò la deportazione dell'intera popolazione maschile romana, ma Kesselring obiettò che l'operazione avrebbe comportato l'uso di migliaia di uomini e di camion da sottrarre al fronte di Anzio e Cassino, e che se Himmler avesse voluto era pronto ad abbandonare il fronte per impegnare le divisioni nella scorta ai deportati, Himmler, capita l'antifona, abbandonò il progetto . Möllhausen, nel frattempo, continuava a ripetere che

> La Germania non poteva trattare Roma come un agglomerato di selvaggi; mai la storia glielo avrebbe perdonato.

Nella notte tra il 24 ed il 25 marzo i tedeschi prelevarono dal carcere di Regina Coeli e dal quartier generale di via Tasso 335 prigionieri politici, teoricamente persone *Toteskandidaten*, in realtà spesso arrestate per piccole infrazioni, semplici sospettati. Furono portati alle vecchie cave di pozzolana sulla Via Ardeatina, fra le antiche catacombe di Domitilla e di San Callisto, poco oltre il *Quo vadis*; lì furono giustiziati con due colpi alla nuca ciascuno, dopo esser stati fatti inginocchiare. L'Hauptsturmführer Erich Priebke spuntava i nomi dall'elenco delle persone rastrellate; fu alla fine di questo lugubre conteggio che si rese conto che i prigionieri erano 335, e non 330. Alle sette di sera era tutto finito. Subito dopo vennero fatte brillare delle mine, chiudendo in questo modo quella parte della cava nella quale i cadaveri erano ammucchiati fino all'altezza di un metro.

Fra i giustiziati vi furono anche 75 ebrei utilizzati per riempire le liste in mancanza di abbastanza condannati a morte, sui quali non pendeva nessuna accusa se non la religione professata, a differenza di chi era coinvolto in attività di spionaggio o di sabotaggio a danno delle Forze Armate germaniche e quindi consapevole di quale potesse essere il proprio destino.

Il Comando tedesco annunciò l'avvenuta rappresaglia con un comunicato rimasto tristemente famoso:

> Nel pomeriggio del 23 marzo 1944, elementi criminali hanno eseguito un attentato con lancio di bombe contro una colonna tedesca di polizia in transito in Via Rasella.
> In seguito a questa imboscata, trentadue uomini della polizia tedesca sono stati uccisi e parecchi feriti. La vile imboscata fu eseguita da comunisti-badogliani. Sono ancora in atto le indagini per chiarire fino a che punto questo criminoso fatto è da attribuirsi a incitamento angloamericano.
> Il Comando tedesco è deciso a stroncare l'attività di questi banditi scellerati. Nessuno dovrà sabotare impunemente la cooperazione italo-tedesca nuovamente affermata. Il Comando tedesco, perciò, ha ordinato che per ogni tedesco ammazzato dieci comunisti-badogliani saranno fucilati.
> Quest'ordine è già stato eseguito.

A stilare la lista italiana degli ostaggi destinati alle Fosse Ardeatine fu il direttore del carcere di Regina Coeli Donato Carretta il quale, come ricordò Massimo Caprara, all'epoca segretario di Palmiro Togliatti, venne linciato alla vigilia della propria testimonianza al processo contro Kappler, dopo essere stato aggredito da una falsa madre di un martire delle Ardeatine, proprio nel momento in cui Carretta estraeva la propria tessera del P.C.I. clandestino. La lista preparata a Regina Coeli venne modificata aggiungendo alla lista altri due nominativi di *Giustizia e Libertà*, per la precisione Vincenzo Saccottelli e Salvatore Canalis (ai numeri 27 e 40 della lista), e uno di *Bandiera Rossa*,

Emidio Micozzi (numero 21). Qualcuno, probabilmente il commissario Raffaele Alianello, sostituì poi a nove cognomi chiaramente ebraici altrettanti nomi di condannati per reati comuni, che non avrebbero dovuto essere inclusi nelle liste.

Non sarà inutile riportare parte di uno scritto di Massimo Caprara, all'epoca segretario di Palmiro Togliatti, sull'argomento, dato che proprio la strage avvenuta come rappresaglia per l'attentato di via Rasella sarà determinante per la condanna a morte di Kesselring al processo di Venezia del 1947[15]: Caprara sottolinea come nessuna delle vittime delle Ardeatine

> Apparteneva al Partito comunista italiano, che pure contava a Roma di un forte apparato militare e di consistenti complicità coperte... Nessun comunista si trovò in carcere a Regina Coeli o nel luogo di detenzione esattamente in quei giorni della strage e della rappresaglia. Vi si trovarono invece tutte persone che il P.C.I. considerava nemici esecrandi, da mettere fuori combattimento,

il che alla luce dell'appartenenza al P.C.I. di Carretta e del suo linciaggio a freddo, fa pensare a rapporti di *do ut des* tra i vertici clandestini comunisti e via Tasso, con il possibile scambio di informazioni e di nomi di partigiani di tendenze avverse al P.C.I., monarchici e soprattutto *trotzkisti* (il partito di Togliatti era semplicemente uno strumento del P.C.U.S. e dei servizi militari sovietici, come lo era stato in Spagna al momento dell'epurazione di anarchici e, anche lì. *trotzkisti*, avvenuta per ordine di Stalin nel 1937: Luigi Longo, Pietro Secchia, Ilo Barontini, Vittorio Vidali, maggiori responsabili delle esecuzioni spagnole, erano ufficiali del G.R.U.) passati ai nazisti in cambio dell'immunità. Come ricorda Caprara, sul numero 7 del gennaio 1944 de *L'Unità*, la direttiva era stata tempestivamente data:

> Si invitano i compagni a smascherare e colpire gli agenti trotzkisti, ossia di *Bandiera Rossa*, nel Partito, nel Sindacato, nelle formazioni armate, ovunque essi si annidano.

Per il giornale comunista i membri di *Bandiera Rossa* erano

> ...rettili abietti da schiacciare senza pietà nell'interesse non solamente del Partito e della classe operaia ma dell'umanità intera. [...] prendendo ad esempio quanto hanno fatto i compagni russi nella loro lotta per l'annientamento del trotskismo[16]

Per quanto riguardava i monarchici, l'esponente partigiano Carlo Andreoni disse a Giorgio Amendola che

> Il vero nemico per noi sono i monarchici. I tedeschi se ne andranno al momento opportuno, e non occorre rischiare le nostre forze contro di loro. Sarà al momento della ritirata dei tedeschi che dovremo scattare, per imporre una soluzione socialista. E allora ci troveremo contro i monarchici e tutte le forze dell'apparato militare, che vorranno assicurare "l'ordine" nel momento del trapasso. Perciò dobbiamo concentrare i colpi contro di loro, adesso che abbiamo le mani libere e possibilità di azione[17].

---

[15] Massimo Caprara, nato in una famiglia borghese napoletana, aderì al P.C.I. clandestino e divenne segretario di Palmiro Togliatti, incarico che ricoprì per oltre vent'anni, poi sindaco di Portici e deputato comunista; nel 1969 uscì dal P.C.I. e aderì al gruppo del *manifesto*. Fu direttore de *L'Illustrazione italiana* e collaborò con Il Politecnico edi Elio Vittorini e con *Il Giornale* di Indro Montanelli.
[16] "Quinta colonna trotskista", *l'Unità*, edizione meridionale, n. 7, gennaio 1944
[17] G. Amendola, *Lettere a Milano*, Milano 1973, p.243.

Andreoni, fuoriuscito dal PSIUP, dirigeva il foglio clandestino *Il partigiano*, su posizioni di estrema sinistra rivoluzionaria Sul secondo e ultimo numero del *partigiano* monarchici e militari erano considerati nemici quanto i fascisti:

> A Brindisi, sede della profuga dinastia, il popolo lavoratore ha dei nemici più subdoli e vili dei nemici di Verona [dove si svolgeva il congresso del Partito Fascista Repubblicano, ndA] e li combatterà con le stesse armi e con la stessa decisione.

Amendola scrisse poi di aver contestato le tesi di Andreoni, il quale, morto da tempo non poteva replicare: ma da bravo comunista, ovviamente mentiva, visto che il 13 dicembre 1943 il medesimo Amendola, nell'illustrare alla direzione milanese del partito gli ostacoli verso l'insurrezione finale, bollò il Fronte militare clandestino, rappresentante del Regno d'Italia, i cui vertici sarebbero morti alle Ardeatine, *in primis* il colonnello Lanza di Montezemolo, come

> Una organizzazione reazionaria che cerca di inquadrare i carabinieri [eterna bestia nera dei sovversivi nostrani, ndA] e gli ex ufficiali e che si propone di lottare contro i tedeschi ma di assicurare l'"ordine" e di impedire l'intervento popolare nella lotta.[18]

Dopo tali premesse, si legga la testimonianza di Caprara:

> A Roma, alle ore 15 e 52 del 23 marzo 1944 passarono cantando puntualmente come ogni giorno *Hupf meine Mädel*, Salta ragazza mia i riservisti altoatesini del Battaglione *Bozen*, aggregato al *Polizei Regiment* della Wehrmacht. Trentatré di essi vennero fatti letteralmente a pezzi da un'esplosione dinamitarda. Fra i morti, una salma a lungo nascosta, quella di un bambino di 13 anni, tagliato in due dalla deflagrazione. Inoltre, due altre persone furono estratte dal cumulo delle vittime, alle quali dopo molto tempo vennero dati un nome e una qualifica: si tratta di Antonio Chiaretti e Enrico Pascucci, entrambi appartenenti al gruppo clandestino politico militare anticomunista denominato Bandiera Rossa. Si accertò che erano state vittime di un tranello, attirate sul posto e a quell'ora da altri militanti antifascisti. L'orrendo massacro avvenne in via Rasella, che sbuca nella centralissima Piazza del Tritone. La reazione efferata, purtroppo prevedibile in una capitale dichiarata "città aperta", inchioda barbaramente "l'atto di guerra" di via Rasella, come tale definito nell'anno 2001 dalla Suprema Corte di Cassazione della Repubblica, nell'oscuro ipogeo delle Fosse Ardeatine. Vi vennero fucilati 335 cittadini italiani da parte dei reparti agli ordini del colonnello nazionalsocialista Kappler, il 24 marzo.
> Scorrere i loro nomi è utile: circa 30 appartengono al Centro militare clandestino di tendenze monarchiche guidato dal colonnello Giuseppe Cordero di Montezemolo del Comando supremo italiano; 52 appartengono al Partito d'Azione e alle formazioni di Giustizia e Libertà; 75 sono artigiani, commercianti e intellettuali di religione ebraica; 68 militavano in *Bandiera Rossa*. Nessuno apparteneva al Partito comunista italiano, che pure contava a Roma di un forte apparato militare e di consistenti complicità coperte. Molti militanti e confidenti erano stati già arrestati, indiziati e, alcuni, tristemente perseguitati. Nessun comunista si trovò in carcere a Regina Coeli o nel luogo di detenzione esattamente in quei giorni della strage e della rappresaglia.
> Vi si trovarono invece tutte persone che il P.C.I. considerava nemici esecrandi, da mettere fuori combattimento: comunque. Soprattutto sono considerati nemici giurati gli appar-

---

[18]L. Longo, *I centri dirigenti del P.C.I. nella Resistenza*, Roma, 1973, p. 240.

tenenti a Bandiera Rossa. Essi sono valutati, senza mezzi termini, puramente "*trotzkisti*": i peggiori avversari di Stalin. Leone Trotzkji, ebreo, fondatore dell'Esercito rosso, era stato, infatti, prima condannato, poi esiliato, braccato in tutto il mondo dalla polizia sovietica, per essere assassinato a Città del Messico da un esecutore di origine italo-spagnola, nel 1940, dopo una spietata caccia durata vent'anni. Dopo la guerra civile spagnola del 1936-38, nella Roma di quegli anni feroci, continuava il massacro. L'apparato comunista organizzò e seppe cogliere l'occasione di via Rasella e le sue conseguenze.
L'attentato venne escogitato, pensato e previsto dai membri comunisti della rete romana: Giorgio Amendola, che ne è il più alto in grado, Mauro Scoccimarro, Antonio Cicalini, di sicura scuola moscovita, oltre a minori ma preziosi collaboratori, infiltrati, delatori, confidenti nelle organizzazioni fasciste, nelle istituzioni carcerarie, nei presidi sanitari e polizieschi del fascismo. Amendola propose il luogo, l'ora e le modalità dello scoppio di via Rasella. Gli altri uomini d'azione, responsabili di settore e soprattutto dei Gap, il sistema terroristico facente capo al P.C.I., cioè i Gruppi d'Azione Patriottica, perfezionarono e operarono il resto. Nel suo volume «*Lettere a Milano*», al quale andò come onorificenza il premio Viareggio per la saggistica del 1974, Amendola rivelò che era stata sua l'iniziativa della designazione del luogo e del reparto tedesco da attaccare. Egli ne parla espressamente nelle pagine 290 e 291. Una volta messo in pratica l'attentato in via Rasella, si tratta di compilare, mercanteggiare, correggere e definire le liste dei fucilandi per il comando della *Wehrmacht* che le aveva sollecitamente chieste.
Furono allora mobilitati tutti gli addetti ai rapporti di *intelligence* mantenuti dalla Federazione del P.C.I. con la Direzione di Regina Coeli, la Questura di Roma, la divisione della polizia politica del Ministero italiano degli Interni, l'Opera Volontaria di Repressione Antifascista (OVRA), tutto il sistema spionistico esistente a Roma. Il teste principale di questo turpe mercato venne opportunamente liquidato a tempo debito. Donato Carretta, direttore di regina Coeli, venne linciato tra l'aula del Palazzaccio, le scale di Ponte Umberto e le onde del Tevere alle 9 di mattina del 18 settembre 1944.
Gli altri collaboratori furono l'ex comunista Guglielmo Blasi, divenuto informatore della polizia militare tedesca, il tipografo autodidatta Giulio Rivabene, di cui Amendola puntualmente scrive nel suo libro nello spazio dedicato ai militari corrotti. Nel numero 7 del gennaio 1944 de «*l'Unità*», la direttiva era stata tempestivamente data: *Si invitano i compagni a smascherare e colpire gli agenti trotzkisti, ossia di Bandiera Rossa, nel Partito, nel Sindacato, nelle formazioni armate, ovunque essi si annidano*. Nel giornale clandestino milanese del dicembre 1943, «*La nostra lotta*», Pietro Secchia aveva dato il via al circuito malsano di informatori, gestori, operatori dell'infame reperimento dei fucilandi della "strage cercata" di via Rasella.
L'attentato che provocò quella carneficina fu voluto per un solo scopo. A Roma ormai le formazioni della Resistenza che non riconoscevano il Cln avevano la maggioranza. Ed erano a buon punto le trattative avviate dalla federazione Repubblicana Sociale [sic per Fascista repubblicana, ndA] con Kappler perché i tedeschi lasciassero Roma senza spargimenti di sangue. Ma nel voler far fallire questo accordo c'era un interesse del P.C.I., per fini di politica interna" (Roberto Guzzo, fondatore dei gruppi Bandiera Rossa, cit. in Pierangelo Maurizio, *Via Rasella, cinquant'anni di menzogne*, Maurizio Edizioni, Roma 1996, pag. 69*)*[19]

Dal punto di vista militare, dopo la durissima rappresaglia, i gappisti non ebbero più il coraggio di compiere altri attentati sino all'occupazione alleata di Roma nel giugno 1944. La strage di via Rasella era stata militarmente inutile: i romani non si erano ribellati, la battaglia per Roma non era stata accorciata di un sol giorno ed anzi i tedeschi

---

[19] M. Caprara, *La strage cercata di via Rasella*, reperibile su https://www.riscossacristiana.it/la-strage-cercata-di-rasella-di-massimo-caprara/.

avevano posto fine allo stillicidio di attentati.

Nel 1984 Norberto Bobbio ebbe a definire la strage di via Rasella *il più grosso errore della Resistenza* non solo perché porterà alla tremenda carneficina delle Fosse Ardeatine, ma perché segnerà di lì in poi una recrudescenza nel sistema repressivo tedesco, un cambio di atteggiamento nei confronti delle popolazioni più indifese, culminato nelle stragi, San Terenzo, Vinca, Monte Santa Giulia, Benedicta, Marzabotto e Sant'Anna di Stazzema, *in primis*. **Bobbio aggiunse:**

> Sarà lecito almeno dire, [...] senza timore di essere accusati di essere fascisti o amici dei fascisti, che quei trentadue soldati tedeschi morti in quell'agguato erano soggettivamente innocenti?

Nel 2008 venne pubblicato postumo il saggio *Anatomy of Perjury: Field Marshal Albert Kesselring, Via Rasella, and the GINNY Mission* dello storico americano Richard Raiber che afferma, riguardo l'attentato di via Rasella che tale operazione non ottenne alcun risultato tangibile, poiché il reparto colpito non era di SS. Tale operazione non provocò un'insurrezione, ma un'atroce rappresaglia e spinse i tedeschi a inasprire ulteriormente le misure repressive contro la già sofferente popolazione romana, timorosi che l'azione fosse collegata a un'offensiva alleata, da Anzio e Nettuno. Peraltro il libro non può essere accusato di simpatie vesso Kesselring, che accusa di spergiuro durante il processo contro il generale Anton Dostler, svoltosi a Roma nel febbraio 1946, per la fucilazione di 15 sabotatori statunitensi dell'O.S.S. sbarcati in Liguria negli stessi giorni dei fatti di via Rasella per far saltare una galleria ferroviaria (*operation GINNY*).

Dostler durante il dibattimento accusò Kesselring di aver dato l'ordine di esecuzione, ma questi al processo negò e venne creduto dalla giuria, mentre Dostler venne fucilato. Raiber nel suo saggio cerca di dimostrare come Kesselring fosse in realtà in Liguria in quei giorni, di rientro da una licenza in Germania, e che abbia di conseguenza mentito. In realtà è certo che il Feldmaresciallo fosse in visita sul fronte di Cassino, e una volta rientrato al proprio QG del Soratte dovette occuparsi della questione dell'attentato e della rappresaglia, come testimoniato da *tutti* i testimoni, da Westphal a Dollmann agli stessi Kappler e Priebke durante i processi, e come è documentato anche dalle fotografie scattate nell'occasione. Le tesi esposte da Raibner a nostro parere non reggono. Si tratta di uno dei tentativi del nuovo revisionismo di certa storiografia recente (di cui è esponente l'inglese Sangster) che mira ad accusare Kesselring di essere stato un criminale di guerra, contestando le tesi opposte di autori come Macksey, con lavori sovente imprecisi e abborracciati- Sangster parla di una città chiamata *Versilia City*, qualunque cosa sia!- nell'intento di dimostrare che tutti i tedeschi erano nazisti e criminali, e come la denazificazione non sia andata volutamente a fondo.

Paolo Simoncelli, titolare della cattedra di Storia Contemporanea presso la facoltà di Scienze Politiche alla *Sapienza* di Roma, che già fu di Renzo De Felice, ha sostenuto che la rappresaglia si sarebbe potuta evitare. In due suoi articoli del 2009, riportando anche la testimonianza del medico Vittorio Claudi, morto nel 2006, di aver visto affisso un manifesto in piazza Verdi a Roma, nel quale vi sarebbe stata da parte del comando tedesco una richiesta di consegna dei responsabili dell'attentato prima di effettuare il massacro[20].

---

[20]'P. Simoncelli, *Via Rasella, partigiani avvisati? Ecco la prova'* e *Il manifesto «scomparso»*, *Avvenire* rispettivamente il 17 e 18 marzo 2009

Già all'indomani della resa di Roma, Kesselring emise il seguente proclama:

> Roma, 11 settembre 1943. Il Comandante in capo tedesco del Sud, Mar.llo KESSELRING, ha emanato la seguente Ordinanza:
> 1) Il territorio dell'Italia a me sottoposto è dichiarato TERRITORIO DI GUERRA. In esso sono valide le LEGGI TEDESCHE DI GUERRA.
> 2) Tutti i delitti commessi contro le Forze Armate Tedesche saranno giudicati secondo il DIRITTO TEDESCO DI GUERRA. (...)

Va detto che tale ordinanza rimase in vigore per Roma dall'11 settembre al 22 settembre 1943, ed ebbe termine con la costituzione del Governo fascista repubblicano il 23 settembre 1943 e poi della Repubblica Sociale Italiana.

Storicamente insostenibile è pertanto la tesi secondo cui i partigiani ignorassero le conseguenze dei loro attentati, prevedibili nonché già previste nei vari bandi di Kesselring del '43, ed anche misure analoghe, con la medesima proporzione di uno a dieci, erano state applicate dagli italiani in Balcania, in Grecia ed in Corsica prima dell'armistizio del 1943. A proposito della controversa questione relativa alla diramazione o meno del comunicato alla popolazione e agli attentatori di Via Rasella prima che partisse l'ordine di rappresaglia, valga su tutte la testimonianza di Indro Montanelli:

> Il comando tedesco non aveva alcun bisogno di diramare comunicati. Nel momento in cui occupò le nostre città, esso affisse sui muri e fece pubblicare su tutti i giornali il bando che annunciava la rappresaglia di dieci ad uno per ogni attentato di cui non si trovasse il colpevole. Gli attentatori di via Rasella quindi sapevano benissimo, senza bisogno di alcun comunicato, che oltre trecento innocenti avrebbero pagato per loro. E non è vero che, se si fossero dichiarati colpevoli, la rappresaglia sarebbe forse stata ugualmente eseguita. I tedeschi sapevano che il carabiniere D'Acquisto mentiva confessandosi colpevole di un attentato cui era totalmente estraneo. Ma fucilarono soltanto lui: gli innocenti furono salvi.

In ordine all'esimente del diritto di rappresaglia, occorre considerare le analisi che sul punto sono state svolte dai vari tribunali militari che si sono occupati di eccidi ad opera dei tedeschi, negando la sussistenza della invocata esimente difettandone i presupposti di applicazione. Ergo, la rappresaglia in quanto tale è considerata pacificamente quale istituto legittimo di diritto internazionale bellico. Le condizioni per la sua applicazione sono le seguenti:
1) lesione di un diritto o di un interesse delle Stato;
2) proporzionalità rispetto all'offesa arrecata;
3) attuazione senza violazione dei più elementari diritti umani (leggasi modalità attuative non connotate da violenza gratuita).
Si deve ricordare tuttavia come i tribunali italiani abbiano riconosciuta l'azione di via Rasella come *un legittimo atto di guerra rivolto contro un esercito straniero occupante e diretto a colpire unicamente dei militari*[21], senza considerare l'articolo 3 del Regolamento annesso alla Convenzione dell'Aja, il quale dichiara che gli appartenenti alle forze armate delle parti belligeranti hanno diritto, in caso di cattura, al trattamento di prigionieri di guerra, precisa che sono prigionieri di guerra i membri delle altre milizie e

---

[21] Tribunale di Roma, sentenza 9 giugno 1950; Corte di Cassazione, sentenza numero 17172 del 7 agosto 2007.

i membri degli altri corpi volontari, ivi compresi quelli di resistenza organizzati, appartenenti ad una parte in conflitto e agenti fuori e all'interno del loro territorio, anche se questo territorio è occupato, purché queste milizie o corpi volontari, ivi compresi i movimenti di resistenza organizzati, adempiano le condizioni seguenti:

a) avere a capo una persona responsabile per i suoi subordinati;
b) avere un segno distintivo fisso e riconoscibile a distanza;
c) portare apertamente le armi;
d) conformarsi, nelle loro operazioni, alle leggi e agli usi di guerra.

Orbene, anche se quella da spazzino- indossata dagli attentatori- è effettivamente una divisa, non crediamo rientri nei casi di cui al suddetto articolo 3 del regolamento; né pare che i magistrati italiani abbiano considerato che un trattato internazionale sottoscritto dall'Italia è legge dello Stato; perdipiù le norme di diritto internazionale convenzionale, una volta adottato l'ordine di esecuzione del trattato, diventano efficaci nell'ordinamento italiano e prevalgono sulle norme interne .

Il Tribunale Militare di Torino ha escluso (esaminando il caso di Piazzale Loreto a Milano, quando vennero fucilati quindici sospetti partigiani in seguito ad un attentato contro una camionetta tedesca che distribuiva pane alla popolazione civile, uccidendo un sottufficiale tedesco e quattordici civili italiani; morirono nove donne e tre bambini di 13, 12 e 5 anni, e undici donne milanesi in fila per il pane; trattandosi perlo più di vittime italiane il plotone d'esecuzione fu composto da legionari della *Muti*, ciò che provocò la reazione indignata di Mussolini, che quando ne venne informato, esclamò: *Da quando in qua i fascisti prendono ordini dai tedeschi?* protestando immediatamente con Kesselrig e Wollf) il contrasto tra Stati sovrani in quanto i GAP *non avevano alcun riconoscimento internazionale, da risolversi con norme di diritto internazionale bellico* e pure la lesione diretta, in quanto le vittime non erano tedesche. Nel caso di Via Rasella, applicando i medesimi principi, non si sarebbe potuto attribuire la natura di atto di guerra all'azione dei GAP, e pertanto negare per altro verso l'invocata esimente; l'aver invece attribuito la natura di *atto legittimo di guerra* all'iniziativa terroristica dei GAP equivale alla loro equiparazione ad "esercito combattente" riconducibile ad uno Stato avversario[22]. E' pacifico che la storia la scrivano sempre e solo i vincitori, e che le sentenze dovessero sanzionare l'applicazione delle rappresaglie, magari con contraddizioni eclatanti quali quelle prima evidenziate. In considerazione della qualifica di "legittimi belligeranti" ai GAP, sarebbero state sanzionabili solo le eccedenze di rappresaglia (cioè gli uccisi eccedenti la proporzione del 10 a 1), ma le affermazioni delle sentenze sul punto dovevano ineluttabilmente sanzionare in termini globali l'eccidio, spogliandolo di quel crisma di legalità che il diritto internazionale di guerra attribuiva alla rappresaglia e che i bandi di Kesselring avevano applicato nell'intero territorio di occupazione con riferimento ad ogni azione ostile a danno delle truppe tedesche (e dal 1944 anche delle FFAA della R.S.I.).

Le considerazioni più significative sull'argomento restano,più che le sentenze politicamente corrette dei tribunali, i versi seguenti, scritti da Corrado Govoni in memoria del figlio Aladino, partigiano "trotzkista" di *Bandiera Rossa*, già ufficiale dei Granatieri e

---

[22]Sentenza Tribunale civile di Roma 9 giugno 1950 - Attentato di via Rasella, https://it.wikisource.org/wiki/Sentenza_Tribunale_civile_di_Roma_9_giugno_1950_-_Attentato_di_via_Rasella

Medaglia d'oro alla memoria, ucciso il 24 marzo 1944 alle Ardeatine:

Il vile che gettò la bomba nera
di via Rasella, e fuggì come una lepre,
sapeva troppo bene quale strage
tra i detenuti da Regina Coeli
a via Tasso, il tedesco ordinerebbe...[23]
di mandante e sicario unica mira.
Chi fu l'anima nera della bomba?
Fu Bonomi, o Togliatti? O fu Badoglio?
Tacciono i vili. In gola han l'osso orrendo
della Fossa carnaia ardeatina
per traverso: non va né su né in giù.[24]

Per non lasciar dubbi sulle responsabilità dei comunisti, Govoni scrisse in in un altro componimento:

e se ci fu qualcuno
che sicuro tramò nell'ombra,
con la rampante via Rasella,
e per suoi vili inconfessati fini
armò gelide mani fratricide
perché volle la sua bandiera,
più che del vostro silenzioso sangue di martiri,
di quello accusatore di voi vittime rossa[25]...

---

[23]C. Govoni, *Aladino*, Roma 1948.
[24]*La fossa carnaia ardeatina*, 1944
[25]*Aladino. Lamento per mio figlio morto*, 1946

23 marzo 1944. Il Generalleutnant *Richard Heidrich, comandante della* 1.Fallschirmjäger.Division *(in primo piano) ed il* Generalfeldmarschall *Albert Kesselring ispezionano il* Fallschirmjäger.Regiment.1 *comandato dall'*Oberst *Karl-Lothar Schulz (sulla sinistra) sul fronte di Cassino. Questa foto smentisce la tesi dello storico americano Richard Raiber che sostenne che Kesselring fosse invece in Liguria, dove avrebbe ordinato l'esecuzione di incursori statunitensi delle missione GINNY II presi prigionieri, gettando poi la colpa sul gen. Dostler, per questo fucilato dopo la guerra.*

9.
DA ROMA ALLA LINEA GOTICA

Nella campagna d'Italia, l'esempio più alto di *Auftragstaktik* è rappresentato dalle disposizioni emanate dal Feldmaresciallo Kesselring il 7 giugno 1944 per la ritirata a nord di Roma. Delle due Armate tedesche, la 14. *Armee* era stata duramente provata dalla lotta, mentre la 10., che aveva combattuto sul fronte di Cassino, si trovava sbilanciata troppo in avanti, sia nell'Appennino Centrale sia sulla costa adriatica.
Per riorganizzare la 14. *Armee* e far arretrare in salvo la 10., Kesselring emanò questa *Auftragstaktik*, estesa sino al livello di Divisione:

> Ritirarsi combattendo, immettere sulla linea di combattimento dal retro e dai fianchi le riserve già in marcia verso sud, chiudere gli spazi aperti fra le varie unità, stringere saldamente i fianchi interni delle unità stesse ... questa fase, però, non dovrà continuare fino alla Linea degli Appennini (Gotica) ma, dopo il riordinamento delle Grandi Unità in crisi, bisogna fermarsi e attestarsi sulle posizioni difensive, più a sud possibile sulla Linea Albert (Lago Trasimeno).

Dal novembre 1943 al giugno 1944 combatterono in Italia sei divisioni mobili: la 3., 29., 15. e la 90. *Panzergrenadiere-Division*, la 26. *Panzer-Division* e la *Fallschirmpanzer-Division Hermann Göring*, poi trasferita sul fronte orientale. In seguito rimasero soltanto tre divisioni mobili, la 26. *Panzer-Division* e le 90. e 29. *Panzergrenadiere-Division*, cui si aggiunse per il periodo dal giugno all'ottobre 1944 la 16. *SS-Panzergrenadier-Division "Reichsführer SS"*.
Tutte le altre divisioni tedesche in Italia erano divisioni di fanteria o paracadutisti (1., 2. – poi trasferita – e 4. *Fallschirmjäger-Division*) il cui sistema di difesa mobile era affidato alla capacità dei rispettivi comandanti.
Si veda l'esempio, fatto dal gen. Muhm, della 362. *InfDiv.*, un'unità ridotta con l'organico di sei battaglioni di 250 uomini ciascuno a cui era stato affidato il compito di logorare le divisioni alleate davanti a Bologna[26].
Il generale Greiner adottò il sistema della *Zentimeter Krieg (guerra del centimetro)* all'insegna del *perdere il terreno ma non perdere le truppe*, arroccandosi su successive linee di difesa, 14 in tutto. Il successo difensivo della divisione venne facilitato dalla tattica degli americani che non fecero quasi mai attacchi notturni, dando così ai tedeschi la possibilità di riorganizzarsi durante la notte. Alla fine le perdite della divisione dal 19 settembre al 20 ottobre 1944 furono alte, 420 caduti di cui 12 ufficiali, 1.614 i feriti, 603 i malati, 1.362 i dispersi, ma lo scopo era stato raggiunto.
Nella campagna d'Italia Kesselring applicò magistralmente le prescrizioni della *Auftragstaktik*, scegliendo con oculatezza i *punti di forza* (*Schwerpunkt*) ove concentrare le sue forze in corrispondenza dei *punti di debolezza* del nemico, quei settori cioè quasi vuoti di truppe o con forze deboli impossibilitate a intervenire in tempo.
Muhm cita nella sua analisi della tattica tedesca nella campagna d'Italia due esempi classici di *Schwerpunkt*:

---

[26] G. Muhm, *La Tattica tedesca nella Campagna d'Italia*, in A. Montemaggi, *Linea Gotica avamposto dei Balcani*, Roma, 1993.

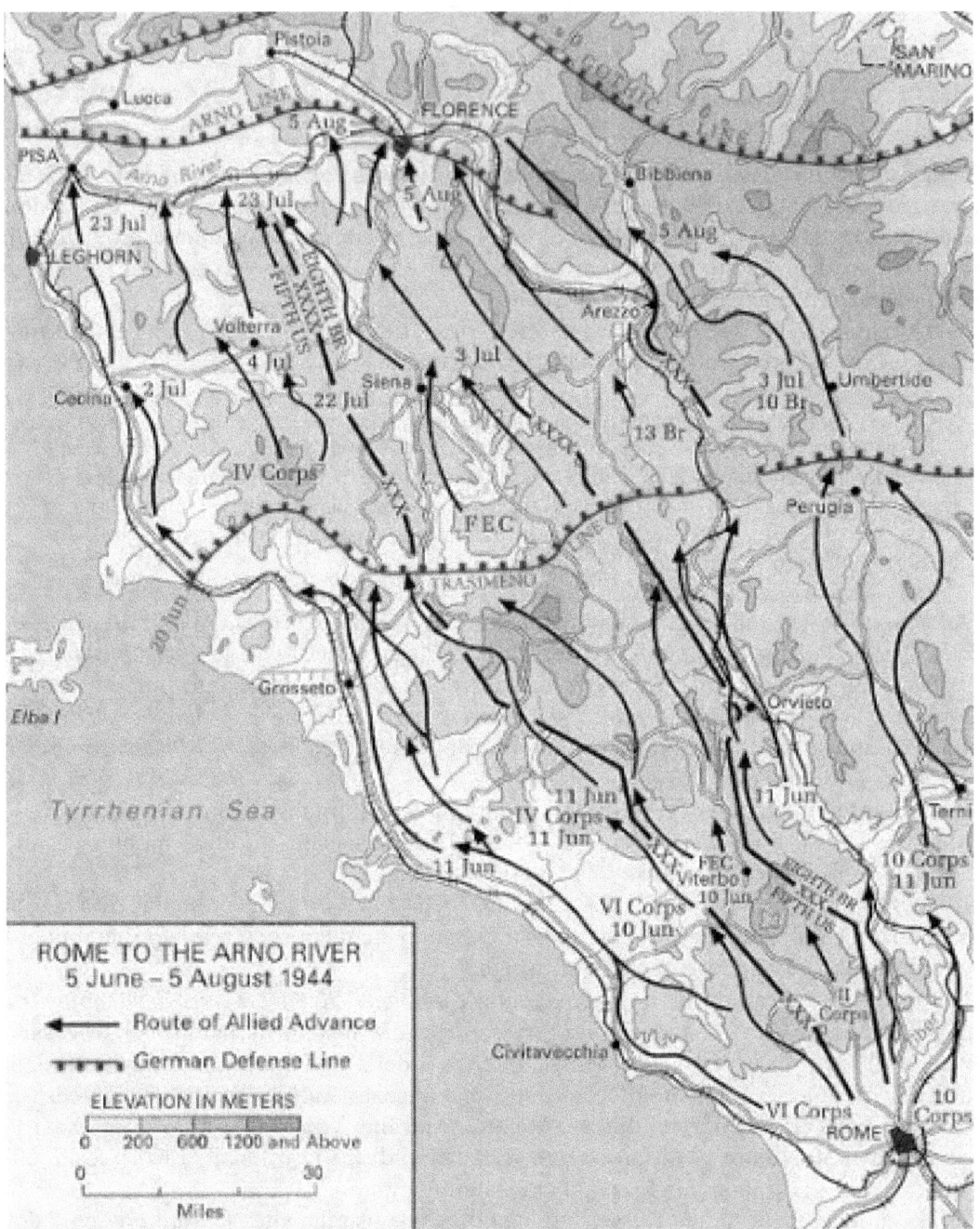

La ritirata tedesca verso la Linea Gotica e l'avanzata della 5th Army da Roma alla linea dell'Arno

a) la difesa e chiusura dello spazio vuoto fra la 10. e la 14. *Armee* nella ritirata da Roma fino al monte Amiata;
b) la battaglia di Rimini con la concentrazione di 10 divisioni in un unico settore di Corpo d'Armata.

Il mancato intrappolamento delle truppe tedesche a Valmontone, a sud di Roma è poi un argomento su cui non si finirà mai di discutere, prosegue ancora Muhm. È proprio in questa fase operativa, che vide il ripiuegamento germanico da Anzio-Nettuno e Cassino che si può rilevare la superiorità della *Wehrmacht* sui suoi avversari.

La situazione più pericolosa per i germanici avvenne a fine maggio dopo la rottura del fronte fra Velletri e Cisterna in direzione di Valmontone. In questo momento decisivo lo stato maggiore americano commise un errore che avrebbe avuto notevoli conseguenze: invece di concentrare tutte le forze in un unico punto, ossia nella valle verso Artena-Valmontone, dove c'erano solo i resti delle divisioni di Anzio-Nettuno, esso insiste nel rafforzamento dei fianchi. Prima che lo sfondamento americano fosse portato a termine arrivarono sul luogo le divisioni *Hermann Göring* e la 29. *Panzergrenadiere*.

Con queste forze la 14. *Armee* fu in grado, anche con una serie di contrattacchi, di impedire sino al 30 maggio lo sfondamento decisivo verso Valmontone. Solamente nella notte fra il 30 e il 31 maggio le truppe americane, con 4 divisioni contro la sola 29. *Panzergrenadiere* riuscirono finalmente a determinare la rottura del fronte e a prendere Valmontone il 1° giugno. La 29. divisione *Panzergrenadiere* aveva combattuto contro due interi Corpi d'Armata, il II° statunitense e il CEFI francese *(Corp d'Expedition Français d'Italie)*. Sulla linea *Hitler* dal 21 al 25 maggio il suo *Panzergrenadier-Regiment* 15 combatté da solo contro sei reggimenti statunitensi delle divisioni 85ª e 8ª, mentre l'altro reggimento, il *Panzergrenadier-Regiment* 71, combatteva contro le truppe coloniali francesi di Juin, dal morale altissimo dopo lo sfondamento della Gustav.

Per la battaglia di Valmontone gli alleati avevano concentrato forze enormi: sette divisioni americane, due divisioni inglesi, quattro divisioni coloniali francesi, un totale di 13 divisioni. A parere di molti storici militari come Muhm e Carlo D'Este, sarebbero bastate solo due o tre divisioni per occupare Roma. Le restanti dieci o undici divisioni avrebbero potuto attaccare con tutte le loro forze la 10. *Armee* che si ritirava lentamente, essendo composta di divisioni di fanteria, di paracadutisti e di *Gebirgstruppe*, da Cassino verso nord.

Al Comando alleato, non abituato alla *Auftragstaktik*, mancò il coraggio di impostare una sì grande manovra di accerchiamento: lo Stato Maggiore americano non seppe sfruttare il successo di Valmontone.

Dopo Valmontone La 10. *Armee* si trovava in una situazione di estremo pericolo, non essendo stata in grado di sfruttare i sei giorni guadagnati dal 25 maggio al primo giugno 1944 per congiungere la propria ala destra all'ala sinistra della 14. *Armee*.

Ma gli alleati non seppero sfruttare l'errore commesso dal Gruppo d'Armate germanico: dopo la caduta di Roma era infatti venuto a creare un enorme spazio vuoto fra la 14. *Armee* sul fronte tirrenico e la 10. *Armee* in ritirata al centro e sull'Adriatico. La 14. *Armee*, con poche divisioni (la 3. *Panzergrenadiere*, la 4. *Fallschirmjäger*, la 65. *Infanterie-Division* e parte della 362. *Infanterie-Division*), quasi tutte decimate, era minacciata di accerchiamento e annientamento dagli americani, che avanzavano a una media di 10 chilometri al giorno.

La 10. *Armee*, in lenta ritirata sulle poche strade disponibili, le difendeva il fianco sinistro con la sola 15. *Panzergrenadiere* ed era anch'essa in grave pericolo di essere accerchiata e distrutta, tanto più che doveva raccogliere i resti delle divisioni che avevano combattuto nel settore sud di Anzio (715. *Infanterie Division* e la restante parte della 362.).

Per evitare qualsiasi aggiramento e per portare le due Armate alla stessa altezza e per chiudere lo spazio vuoto, Kesselring creò un *punto di forza* nella valle del Tevere, da Tivoli al lago Trasimeno, con sole 4 divisioni, la 26. *Panzer*, le 29. e 90. *Panzergrenadiere* e la l. *Fallschirmjäger*, lo *Schwerpunkt an Tiber* dal 4 al 16 giugno 1944.

Per fare questo Kesselring spostò – con una conversione che Muhm definisce *audace e magistrale* – il fronte dalla direzione sud alla direzione ovest contro le truppe statunitensi avanzanti lungo la costa tirrenica.

I compiti stabiliti per questo *Schwerpunkt* erano di assicurare l'ala destra della 10. *Armee*, la sua ritirata e la difesa della *posizione di sbarramento* fra Tivoli e Acquapendente sul Lago Trasimeno con l'intero XIV *Panzerkorps*. Con una manovra perfetta le quattro divisioni si scavalcarono l'una con l'altra, costruendo un nuovo fronte che collegava le due Armate.

Come scrisse il generale Puddu nel suo volume dedicato alla campagna d'Italia[27],

> La soluzione del problema operativo tedesco era complicata dalla minima sicurezza delle predisposizioni di difesa costiera, per la mancanza di adeguati mezzi navali e aerei atti a impedire uno sbarco; dall'incapacità della propria ricognizione aerea a dare notizie tempestive sulle intenzioni e i movimenti del nemico, dalla difficoltà di assicurare i propri rifornimenti stante il dominio aereo tenuto dagli alleati; dall'insufficienza della rete stradale e ferroviaria e, infine, dalle difficoltà opposte dalla natura montuosa del terreno.
> Tuttavia, ,gran parte di queste difficoltà poterono essere superate durante la prima e la seconda fase della battaglia mercé: la ferrea volontà dei capi; la capacità degli Stati Maggiori; il valore delle truppe; l'intenso addestramento, specie nei riguardi dell'azione corpo a corpo e del combattimento negli abitati; l'intima cooperazione tra fanteria e artiglieria; la graduale e oculata immissione dei nuovi reparti nel combattimento, per cui, pattuglie di anziani ben orientate furono impiegate per ambientare le truppe assegnate; l'intenso lavoro fatto nella zona di combattimento per migliorare le posizioni occupate.
> L'azione ritardatrice dei tedeschi fu resa possibile anche per le continue interruzioni di ponti, per il minamento di estese zone di transito e per le distruzioni di ogni genere, che essi effettuarono con la loro tradizionale meticolosità.

Tuttavia, per quanto queste condizioni favorevoli abbiano potuto influire nel facilitare l'azione del Comando tedesco, si deve convenire che il superamento della crisi prima e l'ordinato ripiegamento poi, siano da attribuire, in grado preminente all'abilità di Kesselring, che freddamente valutò il pericolo e prontamente provvide a fronteggiarlo, e allo spirito delle truppe che, pur subendo gravi perdite, mantennero intatti la loro compagine e lo spirito aggressivo.

Si aggiunga poi l'ennesimo errore alleato, dettato, questa volta, dall'ambizione di Clark di passare alla storia come il *conquistatore di Roma*.

Clark sapeva che il 6 giugno ci sarebbe stato lo sbarco in Normandia e l'apertura del fronte occidentale; di conseguenza, il fronte italiano avrebbe perso importanza e, soprattutto, visibilità. Decise quindi che non poteva perdere l'occasione di giungere a Roma in ritardo. Ordinò quindi la gravitazione delle forze non più su Valmontone ma su Roma dove fece il suo ingresso trionfale il 4 giugno 1944. Conquistò la gloria ma i tedeschi riuscirono ancora una volta a ritirarsi in forze: li ritroverà tutti sulla linea Gotica.

Kesselring riassume così la situazione dopo l'abbandono di Roma da parte delle sue truppe, sottolineando l'eccessiva cautela di Clark:

---

[27]M. Puddu, *Tra due invasioni. La campagna d'Italia*, 1943-45, Roma, 1965.

> Fu un sollievo che le forze avversarie che fronteggiavano la 10. *Armee* ad est del Tevere fossero così caute. Il terreno non era sfavorevole per le azioni di retroguardia che avevo in mente, come si vedeva sin dal primo sguardo alla mappa. In primo luogo, le strade immediatamente a nord di Roma e la campagna intorno erano molto facili da bloccare, impedendo così considerevolmente i movimenti delle forze motorizzate nemiche. Da ciò dipendeva ogni altra cosa. Bisognava guadagnare tempo con una difesa di retroguardia per raggruppare e rifornire le unità combattenti al fronte; tempo anche per allontanare le unità non combattenti verso le retrovie e per far affluire riserve fresche. Non c'era bisogno di molte decisioni strategiche. Le mosse del nemico che potevano essere pericolose erano facili da individuare e le nostre contromisure seguivano immancabilmente. La Quinta Armata americana sebbene avesse subito perdite minori, aveva vinta la corsa e superata l'Ottava Armata britannica. Di fronte ad essa vi era ora una campagna adatta all'uso delle forze motorizzate e dei carri; se avesse scelto di avanzare con impeto le larghe strade per il nord erano aperte. Nel settore dell'Ottava Armata britannica, d'altra parte, il movimento era ancora ritardato dal terreno,

Alexander nelle sue memorie non tace sulla cautela fin troppo eccessiva del comandante statunitense. Ancora una volta doveva registrare che i suoi ordini erano stati disattesi ma ancora una volta dovette fare *buon viso a cattiva sorte* salvando l'unità della coalizione. Alexander avrebbe potuto chiedere la sostituzione di Clark ma ormai il danno era fatto. Per ironia della sorte sarà Clark a sostituire Alexander quando quest'ultimo assumerà il comando dello scacchiere mediterraneo[28].

Che l'occupazione alleata di Firenze non sia stata una passeggiata è ben noto: Kesselring malgrado la situazione riuscì a bloccare il nemico per altre due settimane utilizzando forze irrisorie, poche pattuglie di *fallschirmjäger* e i franchi tiratori mobilitati dal PFR. Ancora Malaparte, in un brano meno noto rispetto a quello sulla fucilazione dei giovanissimi cecchini fascisti davanti a S. Maria Novella:

> Quindici giorni durò la battaglia nelle strade di Oltrarno, prima che riuscissimo ad attraversare il fiume e a penetrare nel cuore della città.
> Ci eravamo asserragliati nella Pensione Bartolini, all'ultimo piano di un antico palazzo del Lungarno Guicciardini, e ci toccava camminar curvi nelle stanze per non esser crivellati di colpi dai tedeschi rannicchiati dietro le finestre del Palazzo Ferroni, là di fronte a noi, oltre l'Arno, all'imbocco del ponte Santa Trinita.

Poi, quando fu il momento, i tedeschi si sganciarono e ripiegarono anch'essi verso la Gotica.

E la *resistenza*? Finora non se ne è fatto cenno, tranne che per la strage di via Rasella e la conseguente rappresaglia germanica delle Ardeatine. Il perché di tale silenzio è ben evidente dalle righe seguenti, durissime, sprezzanti, tratte ancora da *La Pelle* di Curzio Malaparte:

> Una mattina passammo il fiume e occupammo Firenze. Dalle fogne, dalle cantine, dalle soffitte, dagli armadii, di sotto i letti, dalle crepe nei muri, dove vivevano da un mese 'clandestinamente', sbucarono come topi gli eroi dell'ultima ora, i tiranni di domani: quegli eroici topi della libertà, che un giorno avrebbero invaso l'Europa, per edificare sulle rovine dell'oppressione straniera il regno dell'oppressione domestica.
> Attraversammo [gli alleati, ndA] Firenze in silenzio, a occhi bassi, come intrusi e guasta-

---

[28] Di Santo, art.cit., p.89.

feste, sotto gli sguardi sprezzanti dei clowns della libertà coperti di coccarde, di bracciali, di galloni, di piume di struzzo, e dal viso tricolore.

La guerra era giunta ora di fronte all'ennesima linea difensiva del sistema di Kesselring, la linea Verde, o Gotica.
Per citare ancora una volta il generale Muhm, lo *Schwerpunkt* della Linea Gotica è un classico esempio da insegnare nelle Scuole di Guerra.
L'insieme delle difese tedesche dell'appennino furono chiamate dai tedeschi Linea Gotica (*Gotenstellung*) e in giugno del 1944 ridenominata Linea Verde (*Grüne Linie*). Approntate dall'organizzazione Todt, si estendevano per 320 km dal Catenaccio di Massa (*Massa Rigel*) il cui limite meridionale era Cinquale (Apuania) sul Tirreno, e quello settentrionale Carrara, che proteggeva la valle del fiume Magra, alcuni chilometri a sud di La Spezia, attraverso i massicci strategici del passo di Vernio, a nord di Prato, del passo della Futa, a nord di Firenze, lungo la valle del fiume Foglia, sino declivi sul mare Adriatico tra Pesaro e Cattolica giungendo alle linee *Teodorico* e *Galla Placidia*. Tatticamente le poderose difese si estendevano anche in profondità per circa una ventina di chilometri tanto che le due principali linee di resistenza furono definite Linea Gotica (Verde) I e II.
Sul fronte adriatico la postazione principale della Linea Gotica era lungo il fiume Foglia, all'altezza di Pesaro, ma in realtà era costituita da una successione di linee difensive:
la "Linea Rossa", un avamposto che fungeva da zona di sicu-rezza, lungo il fiume Metauro che sfocia a Fano;
la "Linea Verde num. 1", all'altezza del fiume Foglia;
la "Linea Verde num. 2", lungo la direttrice che da Riccione arrivava sulle colline, a Montefiore Conca e Gemmano;
la "Linea Gialla", a difesa di Rimini.
la Gotica aveva 2.376 postazioni di mitragliatrice, 479 di cannoni anticarro, mortai e cannoni d'assalto, 120.000 metri di reticolati e molte miglia di fossati anticarro.
Il piano di attacco alla Linea Gotica vide la sua prima stesura da parte del generale John Harding Capo di Stato Maggiore del Maresciallo Alexander. Il 28 giugno lo *Staff* dell'8ª Armata suggeriva tre direttive d'attacco: la A nel settore adriatico, la B sulla direttrice Firenze-Bologna e la C in un settore intermedio. Elencando tutti i vantaggi e svantaggi di ognuna veniva indicato il piano B come il migliore.
Sia Kesselring sia Harding si erano resi conto che la chiave della battaglia per il possesso dell'Italia settentrionale sarebbe stata Bologna. Il piano di Harding prevedeva un'offensiva concentrata di entrambe le armate lungo la via diretta che passava per le montagne. L'idea fu scartata a seguito delle obiezioni di Leese secondo il quale la costa adriatica offriva prospettive migliori per un'armata dotata di reparti corazzati, ma si può anche aggiungere che, avendo già sperimentato le idee di Clark in materia di collaborazione, il comandante inglese si sentiva disgustato e preferiva fare da solo. Ad Alexander non restò che autorizzare ciascun comandante ad attaccare sulla direttrice da loro preferita: Leese verso Rimini, con la speranza di trovare libertà di movimento per i suoi carri armati nella pianura emiliana; e Clark sul percorso diretto delle montagne verso Bologna, soluzione a cui l' americano acconsentì dopo il trasferimento ai suoi ordini di uno dei corpi di Leese, col risultato che nessuna delle armate fu in grado di sfruttare il suo successo iniziale per aprirsi un varco nella linea gotica. Come scrive con Bidwell con amara ironia,

In Italia e fino al 1945 nessun piano alleato sopravvisse all'incapacità degli Alleati di collaborare fra loro, all'ostilità di Clark verso gli inglesi e alla forte antipatia che Leese, comandante dell'8a armata, nutriva per Clark[29].

Di questi patteggiamenti Kesselring non sapeva nulla, ma, citando Bidwell, *ringraziò il cielo scoprendo che ancora una volta gli Alleati avevano deciso per la divisione delle loro forze.*
Come vedremo, Kesselring tiuscì a fermare entrambe le offensive, ma solo dopo alcune delle più aspre battaglie mai combattute in Italia, comprese quelle di Cassino. L'8a armata procedette col suo solito si341 stema .. metodico» fino a quando raggiunse Faenza in dicembre, dove si fermò per l'inverno. La 5a armata, dopo eroici sforzi, fu fermata da Clark il 7 ottobre 1944, avendo subìto perdite così gravi fra i soldati di fanteria da non essere più in grado di combattere.
Sino al fronte sull'Arno la 5ª e 8ª Armata risalirono entrambe lungo il corridoio tirrenico. Verso la metà di agosto, in linea con i piani dell'Operazione *Olive*, l'8ª Armata venne trasferita segretamente dal fronte tirrenico al fronte adriatico.
- L'8ª Armata britannica poteva contare, all'inizio dell'attacco alla Linea Gotica, su una forza di circa 410.000 uomini suddivisi in 61.000 polacchi del 2° Corpo Polacco, 53.500 canadesi del I° Corpo Canadese, 117.000 inglesi ed indiani del V Corpo d'Armata britannico, 40.000 neozelandesi, 38.500 anglo-indiani del X Corpo ed altri 100.000 soldati.
- La 5ª Armata statunitense, sul fronte dell'appennino tosco-emiliano, aveva in forze: il II Corpo (34th, 88th e 91th US *Infantry Division*; il IV Corpo statunitense forte di circa 171.000 uomini (1st *Armoured Division* americana, 6th *Armoured Division* sudafricana, la *Força Expedicionária Brasileira* (F.E.B.), la 92th *Infantry Division "Buffalo"* – in arrivo, considerata al peggiore dell'intero esercito statunitense – e la 45th *Task Force* americana) la 210ª Divisione ausiliaria italiana, oltre alle quattro divisioni del XIII Corpo inglese, per un totale di circa 300.000 uomini. In seguito, nel gennaio del 1945 arrivò in linea anche la 10th US *Mountain Division*.
Punti deboli erano la 92th *Buffalo*, composta da truppe di colore, e le truppe del corpo di spedizione brasiliano, considerate prive di esperienza e non efficaci negli attacchi come ebbe ad ammettere il Generale Mascarenhas de Morais al generale Clark.
In compenso era presente il 442th *Infantry Regiment* nippo-americano *"Go for Broke"*, il migliore reggimento dell'intero esercito statunitense ed il più decorato, formato da *nisei*, americani di origini giapponesi, con la triste fama di non fare mai prigionieri.
In campo tedesco, verso la fine di agosto del 1944 Kesselring, al comando dell'*Heersgruppe* C, poteva contare su tredici divisioni, appartenenti alla 10. *Armee* di von Vietinghoff e alla 14. *Armee* comandata da Lemelsen, con una forza di 12.000-13.000 soldati cadauna per un totale di circa 98.800 uomini combattenti e 66.300 addetti ai servizi. La riserva era costituita da 7 divisioni. In totale la Linea Gotica era difesa da 339.000 uomini di cui 180.000 combattenti e 159.000 addetti ai servizi.
In definitiva gli alleati potevano contare su una forte superiorità numerica in soldati, ancora maggiore per quanto riguardante automezzi, carri armati e pezzi d'artiglieria e relativo munizionamento, e schiacciante in navi e aerei.
Il 17 giugno 1944 Kesselring indirizzò un proclama alla popolazione italiana, nel quale deplorava la richiesta di assalire e uccidere i soldati tedeschi alle spalle avanzata dal

---

[29]Bidwell, cit., p.341.

generale Alexander ai partigiani italiani in alcuni messaggi trasmessi dalla Bbc nei giorni 19, 20 e 27 giugno, giudicandola *contraria a ogni onore militare*, e minacciava *rappresaglie qualora fossero stati accolti quegli inviti*, che avrebbero portato *immensi lutti nelle famiglie italiane*. Comunicava inoltre gli ordini draconiani impartiti alle sue truppe: costituire un gruppo di ostaggi in ogni località dove risultassero attive bande, passarli per le armi dopo atti di sabotaggio, bruciare le abitazioni dove si fosse sparato contro reparti tedeschi, impiccare nelle piazze gli elementi riconosciuti responsabili di omicidi o capi di bande, rendere gli abitanti dei paesi responsabili di eventuali atti di sabotaggio alle linee di comunicazione

Kesselring avrebbe considerato tutti gli abitanti dei villaggi dell'Appennino responsabili dell'attività partigiana e prometteva copertura ai comandanti, che *nella scelta e nel rigore dei mezzi* fossero oltre la *solita moderazione*.

Con il fronte che si avvicinava alla Gotica, l'esercito tedesco mirava a ripulire le retrovie dalla presenza delle bande partigiane.

Il CLNAI, definì il bando di Kesselring un parto *della paura per la prossima inevitabile sconfitta nazista*: peccato che la sconfitta nazista fosse sì inevitabile, ma non prossima.

La lotta antipartigiana fu principalmente, anche se non esclusivamente, devoluta ai soldati della R.S.I. i cui effettivi, secondo l'OKW tedesco a settembre del 1944 assommavano a circa 498.000 uomini tra esercito (143.000), Marina (26.000), Aereonautica (79.000), SS italiane (10.000) tra cui la 29ª SS[30], volontari nei reparti tedeschi (90.000) e nella GNR (150.000) tra cui la Divisione Contraerei e Controcarri *Etna*. Tra le formazioni più in vista che combatterono con i tedeschi: sul fronte adriatico il battaglione *Lupo* della Xª Mas e le Legioni 'M' *Guardia del Duce* e *Tagliamento* oltre all'8° Bersaglieri *Manara*; sul fronte tirrenico l'Armata Liguria, comandata dal Maresciallo Rodolfo Graziani, era composta dalla 3 a Divisione Fanteria di Marina *S. Marco*, la 4ª Divisione Alpina *Monterosa*, la 2ª Divisione Granatieri *Littorio* e la 1a Divisione Bersaglieri *Italia*. Torneremo sull'argomento nel prossimo capitolo.

Nel corso dell'inverno vi furono avvicendamenti nei comandi delle due parti: l'Alto Comando alleato per il Mediterraneo passò da Wilson al Maresciallo Alexander, il comando delle armate in Italia da Alexander a Clark, la 5a Armata americana da Clark a Lucian K. Truscott, l'8ª Armata britannica da Leese a Richard L. McCreery. Dalla parte tedesca la 10. *Armee* passò da Vietinghoff a Traugott Herr, la 14. *Armee* da Joachim Lemelsen a Zigler, poi a Frido von Senger und Etterlin.

Von Senger era passato alla storia della campagna d'Italia per esser stato il generale che aveva comandato il XIV. *Panzerkorps*, con il compito di difendere la Linea Gustav nel settore di Cassino.

Gli alleati godevano una superiorità aerea assoluta, tanto che ogni volta che attaccavano avevano il vantaggio della sorpresa, perché i tedeschi non avevano più una ricognizione. Tuttavia l'impiegdell'aviazione contro le linee tedesche venne limitato dal maltempo e dal terreno montuoso; e malgrado la distruzione di tutti i ponti sul Po, i rifornimenti tedeschi continuarono a passare di notte su traghetti e ponti sotto il pelo dell'acqua.

Non sapendo dove, su un così lungo fronte di 320 km., gli alleati avrebbero scatenato la loro offensiva, non sapendo se questa sarebbe avvenuta in un unico settore o in settori diversi, al Maresciallo Kesselring non restava altro da fare che quello che fece: dislocare

---

[30]Tuttavia le SS italiane erano amministrativamente ed operativamente reparti germanici, dipendenti amministrativamente dall' *SS- F.ührungshauptamt* di Berlino, e operativamente da Karl Wolff come *Hohere SS u. Polizei F.ührer Italien*

le truppe secondo una formula matematica, due terzi della forza (13 divisioni) lungo il fronte, e il rimanente (7 divisioni) in riserva o con compiti di difesa costiera.

Dopo che fu chiaro che dal 25 agosto solo l'8ª Armata britannica portava avanti l'offensiva, il Gruppo d'Armate spostava e trasferiva le sette divisioni disponibili nel settore adriatico creando due settori di lotta molto differenti:

> a) un settore di 270 km con tre Corpi d'Armata e dieci divisioni con il vuoto alle spalle;
> b) un settore di soli 50 km con un solo Corpo d'Armata, il XIV *Panzerkorps*, con 10 divisioni.

Quest'ultimo settore divenne lo *Schwerpunkt* di Kesselring.

Il trasferimento di sette divisioni nel settore adriatico dovette superare grandi difficoltà. A causa del dominio aereo nemico, scrive Muhm, le divisioni tedesche potevano muoversi solo di notte (circa 8 ore su 24!) per cui il trasferimento durò venti giorni. Ma fu svolto in maniera eccellente e riuscì nel suo scopo di fermare gli Alleati al Rubicone.

C'è da rilevare inoltre che al successo dello *Schwerpunkt* adriatico contribuì la mancata contemporaneità di un'offensiva nel settore di 270 chilometri. Se gli Alleati avessero attaccato contemporaneamente la Linea Gotica sarebbe crollata perché i tedeschi non avevano altre riserve disponibili.

Nella seconda fase poi, gli attacchi a tempi scaglionati prima verso Cesena, poi sulla Firenze-Bologna, dettero al Comando del Gruppo d'Armate tedesco la possibilità di spostare con calma le divisioni dall'Adriatico nei settori montani minacciati.

Vennero a crearsi dunque nuovi *Schwerpunkt* che riuscirono a logorare le divisioni alleate, in questo caso le 4 divisioni statunitensi, fermandole a soli 15 km. da Bologna.

L'attacco britannico in Romagna, continua Muhm, fu lanciato su un fronte troppo ristretto, per quanto scaglionato in profondità il che rese possibile all'avversario di rafforzare al massimo le difese e non si pensò a un attacco laterale di fianco con base di partenza dalla Val Tiberina. Così l'attacco iniziale, nonostante il valore degli italiani del C.I.L., dei canadesi e dei polacchi, si risolse in una tipica battaglia di logoramento.

Una trattazione approfondita merita l'organizzazione difensiva della Linea Gotica, che illustra chiaramente i principi della difesa mobile. Per l'impossibilità di presidiare l'intera linea con una densità sufficiente di forze e visti per esperienza i limiti della continuità d'una linea difensiva, i tedeschi sostituirono alla rigidità delle posizioni l'elasticità di condotta, la flessibilità e la fluidità del dispositivo.

Anche qui seguiremo l'esposizione di Muhm che alla conoscenza pratica di luoghi e avvenimenti come veterano unisce la preparazione dell'ufficiale di carriera e dello storico militare[31].

Venne data particolare importanza allo sfruttamento degli ostacoli naturali, in particolare dei corsi d'acqua, come posizione di riferimento, di attestamento e di resistenza a oltranza. L'adozione dei procedimenti di difesa mobile che tendevano alla paralisi dell'attacco, più che all'annientamento delle forze che lo conducevano, permise alle truppe tedesche di ottenere successi difensivi anche sui terreni di pianura e collinari. Le unità germaniche ricorsero all'osservazione, condotta da elementi leggeri ed estremamente mobili, al frenaggio, con l'installazione di avamposti, e all'arresto dell'attacco alleato mediante un sistema di caposaldi o di posizioni di sbarramento (*Riegelstellung*), presidiati da plotoni o da compagnie disposte in profondità nel settore difensivo.

---

[31] Muhm, in appendice a Montemaggi, op. cit., passim.

I caposaldi o le posizioni di sbarramento, potenziati da campi minati, erano in genere installati nei pressi delle vie di comunicazione e sulle alture che le dominavano, dietro un ostacolo naturale o artificiale importante (argini, canali) che conveniva valorizzare o in una zona che consentiva la copertura o la possibilità di sottrarsi all'osservazione aerea avversaria.

La condotta elastica della difesa, attraverso le posizioni organizzate in profondità, prevedeva l'esecuzione di immediati contrattacchi/contrassalti con riserve locali tenute nei pressi della linea avanzata. Se questi contrassalti/contrattacchi non avessero avuto successo, il Comando superiore avrebbe rinunciato alla riconquista della precedente linea di difesa per risparmiare le forze e, in tale caso, veniva costituita una linea di difesa principale più indietro (tattica delle linee). L'esigenza di formare una riserva per occupare la zona in profondità, portò i tedeschi a diluire ulteriormente la linea principale di combattimento anche a prezzo del suo indebolimento.

La profondità del dispositivo di una divisione schierata a difesa era assicurata, a livello divisionale dai battaglioni esploranti o controcarro e a livello reggimentale da una compagnia d'assalto. Nelle divisioni di fanteria mancava il terzo battaglione di ogni reggimento, eliminato a seguito della ristrutturazione organica delle divisioni di fanteria, terminata nell'estate 1944.

Il dispositivo divisionale poteva variare in caso di *Schwerpunkt* e in relazione al tipo di unità (fanteria, *Panzergrenadieren*, ecc.)[32].

Inoltre, a seconda delle caratteristiche del terreno e della capacità dei Comandanti di prevedere o meno dove l'avversario potesse attaccare (anche in relazione ai metodi degli alleati) cambiava la disposizione delle unità disposte in profondità. Se dallo studio del terreno emergevano limitate direzioni di possibile penetrazione avversaria, le unità in riserva venivano schierate in posizioni di sbarramento pre-pianificate (*Riegelstellung*) o in caposaldi nel settore montano; in caso contrario, queste erano dislocate a tergo in una zona più o meno baricentrica, idonea per intervenire rapidamente in più punti. Le prime erano posizioni preparate, occupate o predisposte, situate immediatamente a tergo della linea avanzata oppure a una certa distanza.

Le *Riegenstellungen* consentivano alla truppa di ancorarsi a esse nell'eventualità di una penetrazione nemica, di non coinvolgere nel ripiegamento i settori di fronte contigui non investito dal nemico e di allacciarsi alla precedente linea di resistenza. Tali posizioni, inoltre, potevano essere costituite semplicemente da un allineamento sul quale un reparto avrebbe dovuto attestarsi per bloccare una penetrazione avversaria non prevista, oppure rappresentare una base dalla quale condurre i contrassalti/contrattacchi.

La scelta del tipo di difesa in profondità era responsabilità dei Comandanti a tutti i livelli. I caposaldi, realizzati principalmente nel tratto montano della Linea Gotica, erano disposti in profondità sino a tre ordini successivi. Le loro posizioni avanzate, invece di essere costituite da linee fisse e continue erano tenute da gruppi di avamposti protetti da intricate linee di fuoco difensivo. A tergo, attendevano in zone di riserva, opportunamente protette, le forze di contrattacco. Muhm che combatté sulla Gotica come tenente dei *Panzergrenadiere*. ricorda come fossero frequenti le posizioni in contropendenza, *anche se noi della 29a non le abbiamo mai utilizzate.*

La carenza di forze in alcuni settori secondari montani, infine, costrinse i Comandi tedeschi a tenere sguarniti interi tratti di fronte. Si vedano per esempio, le posizioni della 305. *Infanterie-Division* nel settore forlivese Portico-Galeata sulla Linea Verde n. 2 dove

---

[32]Ibid.

l'*Infanterie-Regiment 576* doveva difendere un settore largo 20 km. con soli 3 battaglioni per cui a difese in profondità di 3 o 4 scaglioni, poste sulle strade, si alternavano ampi spazi vuoti, senza un soldato, larghi fino a 6 km. (*Difesa a settore largo*)[33]

L'offensiva di Alexander fu lanciata dallo stesso Churchill. Nella sua prima fase, quella decisiva, "la battaglia di Rimini", la più grande battaglia di mezzi mai combattuta in Italia, fu una delle più cruciali (e ignorate) battaglie della 2ª Guerra Mondiale, combattuta da 1.200.000 soldati, con gli Alletai che impiegarono migliaia di aerei, cannoni e carri armati contro i tedeschi, privi di aviazione, artiglieria pesante, carri pesanti. Era prevista una gigantesca manovra a tenaglia che sarebbe stata attuata dalla 8ª Armata britannica sull'Adriatico e dalla 5ª Armata statunitense sugli Appennini.

Le fasi principali dell'Operazione *Olive* (o battaglia di Rimini), la prima fase dell'Offensiva di Alexander, si possono identificare nella prima battaglia di Coriano, quando l'avanzata dell'8ª Armata britannica fu arrestata bruscamente davanti al crinale corianese fra Riccione e Rimini, e nello sfondamento della Linea Gialla (o Linea Rimini), quando gli attaccanti non seppero sfruttare il successo dello sfondamento.

Lo sfondamento della Linea Gialla riminese e il mancato sfruttamento del successo da parte degli alleati sono il momento culminante della battaglia di Rimini, in cui la *29.PanzerGrenadier-Division* ebbe una parte da protagonista contro il I Corpo d'Armata canadese che era divenuto la punta di diamante dell'offensiva stessa.

L'attacco alleato il 25 agosto fu preceduto da un mostruoso bombardamento terrestre, aereo e navale. Venne impiegata una massa di uomini e mezzi finora sconosciuta nella guerra in Italia. Mentre i bombardieri attaccavano le postazioni di artiglieria, i caccia-bombardieri erano permanentemente in cielo per attaccare qualsiasi obiettivo, sia pure un singolo camion e talvolta un singolo soldato.; vennero sfondate lo sfondamento le prime due linee, sui fiumi Metauro e Foglia, avvenne molto rapidamente, grazie alle forze canadesi, polacche e britanniche. Il 3 settembre gli Alleati erano già sulla linea del fiume Conca (tra Cattolica, San Giovanni in Marignano e Morciano di Romagna, fino a Montefiore Conca). Puntando verso Rimini, sul fianco degli automezzi del 1° corpo d'armata canadese compariva la scritta *At Rimini at noon*.

Fu però molto più arduo e cruento superare le due linee successive: la Linea Verde 2 e la Gialla.

Il 3 settembre le forze tedesche nel settore adriatico erano in crisi; tutto il fronte sembrava essere sul punto di cedere. Dopo lo sfondamento canadese sul fiume Foglia Kesselring dispose un arretramento sul fiume Conca e poi, non essendo questa manovra sufficiente, ne ordinò un altro sulle postazioni della Linea Verde 2 da Riccione a Coriano a Gemmano.

Le truppe erano stanchissime; le divisioni erano oramai ridotte a sei o sette battaglioni a ranghi ridottissimi con organici tra i 200 e i 500 uomini al limite della resistenza fisica.

Il morale delle unità, sottoposte ogni giorno all'azione dell'aviazione alleata e dell'artiglieria nemica e costrette a ritirarsi di notte per via della spinta continua delle fanterie e dei carri, minaccia di crollare di colpo. Al comando del LXXVI. *Panzerkorps* del generale Herr si prospettò l'ipotesi di una ritirata oltre Rimini sulla linea del fiume Marecchia suscitando l'ira di Kesselring che, minacciò di destituire tutti quei comandanti che avessero parlato di ritirarsi.

Kesselring non aveva nessuna intenzione di mollare la partita; il Feldmaresciallo diede tassativamente ordine di non retrocedere di un metro e in suo soccorso arrivò anche

---

[33] Ibid.

l'eccessiva cautela con cui si mossero *more solito* gli alleati; una specie di complesso di inferiorità mai nascosto nei confronti del soldato tedesco, dei carri *Tiger* e del cannone da 88mm. Questo complesso di inferiorità a dispetto della superiorità di mezzi e del totale dominio dell'aria, che Kesselring ben conosceva sin da Roma, lo convinse che gli alleati non avrebbero avuto il coraggio di avanzare sulla costa fino a che si sarebbero sentiti minacciati sui fianchi nel settore collinare. A salvare la situazione intervenne con tempismo il generale Wentzell, Capo di Stato Maggiore della 10. *Armee* che dispose che il 100. *Gebirgsjäger- Regiment*, veterano di Creta, di Leningrado e di Cassino (tenente colonnello Richard Ernst) tornasse nella zona di Cesena e lo inviò ad occupare la collina di Gemmano, che dominava il fronte da Cattolica a Rimini; nel contempo ordinò che il 71. *Regiment* del colonnello Krueger appartenente alla 29. *PzGren. Division* del generale Polack, arrivato allora dalla Toscana, si dislocasse nel settore di Coriano direttamente agli ordini del comandante di divisione. Per fortuna di Kesselring gli alleati non investirono tutto il settore, come scrisse il comandante della 14. *Armee* Lemelsen:

> Noi attendevamo giorno per giorno un nuovo attacco. Il punto più pericoloso per noi era il settore costiero dove il terreno presentava minori possibilità di difesa e dove le forze di artiglieria, dell' aviazione, della marina e dei corazzati avrebbero potuto tentare lo sfondamento più agevolmente, aggirando Coriano e S. Fortunato ed evitando così al nemico di svenarsi in un sanguinoso attacco frontale. Contro ogni nostra aspettativa il settore costiero rimase invece tranquillo"

Tra il 4 e il 6 settembre si svolse la prima battaglia di Coriano: i canadesi vennero bloccati a Riccione e a Coriano, i britannici davanti a Passano e a San Savino. Questi ultimi, nel tentativo di aggirare il crinale di Coriano, vennero fermati nuovamente, a Croce e a Gemmano, che divenne nota come la *Cassino dell'Adriatico*.
Il valore del 100. *GJ- Rgt* venne esaltato dal bollettino trasmesso della radio tedesca il giorno 11 settembre:

> Nei duri combattimenti difensivi sull'Adriatico, nel settore di Gemmano, il 100.*Gebirgsjäger- Regiment* , al comando del Ten.Col.Ernst, insieme con un Gruppo di artiglieria ai suoi ordini, con la sua incrollabile fermezza ed i suoi valorosi contrattacchi si è comportato particolarmente bene

Il valore dimostrato nel corso della battaglia di Gemmano valse al 100. *GJ- Rgt*. la concessione di ben sei *Ritterkreutz des Eisernes Kreuz*,la massima decorazione tedesca al valore, oltre a molte Croci di ferro di 1a e 2a classe. Tra il 12 e il 16 settembre un nuovo attacco, noto come seconda battaglia di Coriano, ebbe miglior esito per gli Alleati. Il fronte tedesco, sconvolto dai bombardamenti da terra, cielo e mare, venne sfondato, ma gli Alleati non seppero sfruttare il successo e avanzare: a San Martino Montelabbate i canadesi vennero fermati per tre giorni; a Montescudo e Trarivi gli inglesi della 46a Divisione si scontrarono duramente con i *Gebirgsjäger* bavaresi del 100. *Regiment*. che resistettero strenuamente sino alla mattina del 17, quandoViethingoffl diede l'ordine di arretrare sul crinale che corre da San Marino al colle di Covignano, davanti a Rimini, e la battaglia si spostò nella valle del torrente Ausa.
A S. Martino Montelabbate circa 70 paracadutisti tedeschi al comando del maggiore Paul Ernst- Renisch, l'ufficiale che aveva difeso fino all'ultimo Pesaro e che si era guadagnato la *Ritterkreuz* riuscendo a riportare i suoi nelle linee tedesche, riuscirono a fermare i canadesi nei giorni 16 e 17 settembre respingendo un intero battaglione che che

perse 90 uomini e distruggendo 6 carri armati inglesi che lo appoggiavano. Quando si accorse di essere messo alle strette Renisch ricorse ad una tattica usata a Cassino: con i suoi uomini si nascose nelle cantine delle case e chiese alla propria artiglieria di sparare su S. Martino contro i britannici, che trovandosi allo scoperto dovettero battere in ritirata. Sui lati di S. Martino avanzarono sulla destra il 48th *Highlanders of Canada* e il *Royal Canadian Regiment*, sulla sinistra il *Princess Patricia's Canadian Light Infantry* che cercò di oltrepassare l'Ausa e la massicciata ferroviaria scontrandosi con il 15. *Panzergrenadier- Regiment* della 29.

Il 17 settembre von Vietinghoff inviò al Maresciallo Kesselring una relazione segreta nella quale esaminava la situazione, scrivendo:

> La grande offensiva nemica si manifesta sempre più come una battaglia di mezzi e di logoramento di primo ordine. Le nostre perdite dal 25 agosto sono di circa 14.000 combattenti di prima linea. L'avversario ha finora impiegato la forza di 9 divisioni, comprese le divisioni corazzate, e di 4 brigate corazzate . Poiché le divisioni nemiche sono in genere di un terzo più forti delle nostre devono essere calcolate come 12 delle nostre. A ciò si aggiunge la completa padronanza del cielo da parte dell'aviazione avversaria (…) i bombardamenti a tappeto, gli assalti a volo radente dei cacciabombardieri, la osservazione costante dall'alto del terreno di lotta, la direzione del fuoco d'artiglieria e degli attacchi dei tanks, l'impossibilità di ogni movimento tedesco durante il giorno, le cortine di fumo e di nebbia e, da non trascurare, l'impatto psicologico della guerra aerea sul combattimento terrestre, impatto che raddoppia la forza d'urto del nemico per cui le nostre 8 divisioni invece di avere di fronte 12 divisioni nemiche devono in sostanza affrontare 20/24 divisioni e 4 brigate corazzate, alimentate da un flusso quasi inesauribile di mezzi e di uomini".

Vietinghoff scriveva che la battaglia si era dimostrata una tra le più sanguinose mai combattute in Italia. Sia i britannici che i tedeschi avevano ogni giorno perdite dell'ordine dimille uomini tra morti, feriti e dispersi e continuava affermando che:

> Potremo impedire l'avanzata del nemico solo se riusciremo ad alimentare la battaglia in profondità . Si deve tenere conto che una divisione " fresca" si brucia in tre o cinque giorni di combattimento il che significa che dovremmo portare 25 sulla linea di fuoco una nuova divisione ogni 3 o 5 giorni fino a che le perdite del nemico non saranno così gravi da fargli abbandonare l'offensiva,

cosa assolutamente impossibile. Il 19 settembre si scatenò su tutto il fronte, da Rimini a S. Marino, l'attacco alleato preparato da uno spaventoso bombardamento terrestre aereo e navale.

Il Capo di Stato Maggiore del LXXVI *Korps* Runkel disse in una telefonata al Capo di S.M. di Kesselring, Rottinger : *L'ho visto con i miei occhi. Sembrava di essere alle celebrazioni di Norimberga* facendo riferimento alle fiaccolate notturne delle celebrazioni del Partito Nazionalsocialista.

Il punto centrale della lotta fu il colle di Covignano, attaccato da due brigate canadesi e difeso dai due reggimenti della 29. *Panzergrenadier- Division* che fungevano da *stecche di balena* per gli uomini della 162. *Infanterie-Division "Turkistan"*, schierati al centro dello schieramento dei *Panzergrenadiere* a S. Fortunato.

La cittadina di Coriano fu teatro di alcuni dei combattimenti più rabbiosi, e esemplifica le decine di scontri locali tra Alleati e truppe dell'Asse sulla *Gotica*. Il 20 settembre, le

unità corazzate britanniche della 2nd *Armoured Brigade*, nonostante il fango ed il maltempo che limitava lo strapotere dell'aviazione alleata, e malgrado le fanterie britanniche e canadesi fossero bloccate dal fuoco dei mortai e delle *MG* tedesche, caricarono frontalmente le difese controcarro del *Kampfgruppe Stollbrock* appartenente alla 90. *PzGr- Div.* a Montecieco. Come in una nuova Balaklava, gli *Sherman* inglesi del 9th *Royal Lancers* e del 2nd *Dragoon Guards* (*Queen's Bays*), senza riguardo per le proprie perdite, sfidarono il fuoco di fila dei cannoni da 88 mm e da 75mm tedeschi, che tiravano da posizioni defilate, venendo fatti a pezzi.
Un anonimo ufficiale dei *Queen's Bays* scrisse:

> Superammo la cresta e i proiettili perforanti cominciarono a piovere da tutte le parti [...] Molti carri si incendiarono immediatamente. Quando i superstiti balzarono fuori, alcuni correvano attraverso il terreno scoperto per tornare al riparo della cresta, ma vennero falciati quasi tutti dal tiro delle mitragliatrici tedesche [...] Tutti i carri armati, tranne tre, dei due Squadroni che parteciparono all'attacco furono distrutti, e quella mattina molti uomini e ufficiali coraggiosi caddero in azione.

Alla fine della giornata gli antichi reggimenti di cavalleria inglesi avevano perso 55 carri su 141, e l'attacco venne fermato solo dall'insubordinazione di due comandanti di reggimento che rifiutarono di gettarsi ancora a testa bassa contro l'artiglieria nemica.
Il giudizio dei comandanti tedeschi sulla conduzione alleata della prima battaglia di Coriano, è improntato allo stupore per una simile condotta tattica: invece di puntare direttamente su Rimini con tutto il peso delle loro forze corazzate, Alexander e Leese, il comandante dell'8ª Armata britannica, avevano disperso i loro mezzi sulle colline di Coriano, indebolendo la forza d'attacco.
Nonostante il sanguinoso scacco subito dalla cavalleria corazzata britannica a Montecieco, con la carica suicida dei *Queen's Bays* (ribattezzata "la seconda Balaclava", con i *Bays* che ebbero distrutti in pochi minuti 24 carri armati sui 27), gli indiani della 4a Divisione sfondarono le difese tedesche nei pressi di San Marino, mentre sull'Ausa, terrorizzati dai bombardamenti i turkmeni della 162. si arresero in massa, permettendo ai canadesi di sfondare l'ultima difesa tedesca prima della pianura padana. I canadesi superarono prima il colle di Covignano, o San Fortunato, come lo chiamarono gli alleati, colpito da ben 360mila bombe e granate come nessun altro luogo della seconda guerra mondiale, a parte Caen durante la battaglia di Normandia), poi il fiume Marecchia all'altezza di San Martino in Riparotta, costringendo i tedeschi a ripiegare.
Alle 21,30 von Vietinghoff telefonò a Kesselring: "

> Il nemico è già sulla strada alla sommità del crinale. Cerchiamo di racimolare tutto quello che possiamo... ma sarà difficile resistere. Non ci sono riserve e potremo opporre al nemico solo l'artiglieria e qualche *Panther* e qualche altro *panzer*.

Nella notte del 21 settembre 1944 Rimini venne abbandonata dai tedeschi, e venne occupata solo verso mezzogiorno dai cautissimi soldati greci della 3a brigata di Montagna (da allora Brigata *Rimini*), appoggiati dai carri armati neozelandesi, che entrarono in una città fantasma, ingombra di macerie, trovando nella piazza principale ancora le forche di tre partigiani impiccati il mese precedente.
I germanici ripiegarono verso nord, nella zona di Argenta- Ferrara e lungo la linea difensiva in profondità sui fiumi Senio (linea *Irmgard*), Santerno (linea *Laura*), Sillaro (linea

Paula), ; più arretrata, a protezione di Bologna e sino a Comacchio, era la linea *Gengis Khan*. Su tali linee la 10. *Armee* avrebbe fermato gli alleati sino agli ultimi giorni dell'aprile 1945.

Contro Rimini, già martellata da 92 incursioni aeree, l'artiglieria alleata sparò 1.470.000 colpi di cannone. contro 1.200.000 sparati ad El Alamein ed i 500.000 a Cassino, gli aerei effettuarono 11.510 missioni, di cui 486 nella sola giornata del 18 settembre.

Le perdite fino al 21 settembre, ammontarono a oltre 80.000 uomini (compresi i civili), i mezzi corazzati danneggiati o distrutti nel solo settore adriatico furono 754. Complessivamente le perdite furono circa 100.000, italiani compresi. (Il 7 ottobre Alexander aveva calcolato 30.000 perdite alleate e 42.000 tedesche)

Muhm ricorda come, per l'ennesima volta, gli alleati vittoriosi non sfruttarono il successo.

> Per motivi incomprensibili i britannici si fermarono e non seppero approfitare con vigore di questa opportunità. Forse fece loro impressione la inaspettata e decisa resistenza di quei due piccoli centri isolati. Ed è per merito di questi due gruppi di combattenti che la giornata non finisce in una catastrofe. A un attacco di sfondamento, lanciato dal nemico con tutte le sue forze, i tedeschi non avrebbero avuto più nulla da opporgli. La battaglia di S. Fortunato è un ennesimo esempio di mancato sfruttamento alleato del successo.
> Come tante altre volte durante la campagna d'Italia il nemico diede ai germanici il tempo di riorganizzarsi e di occupare nuove posizioni difensive e di prepararsi a resistere a un nuovo attacco.
> Un ufficiale tedesco, anche a livello di comandante di compagnia, sapendo che il compito del reggimento era quello di raggiungere il Marecchia non si sarebbe fermato davanti all'isolata resistenza di S. Lorenzo a Monte ma avrebbe proseguito verso il fiume, per arrivarvi prima del nemico in ritirata!

La battaglia di Rimini fu la più grande battaglia di mezzi corazzati combattuta in Italia.

> Il nemico, in tutti i campi largamente superiore, possedeva la piena padronanza dell'aria. Poteva cambiare spesso le sue truppe e attaccare dopo pochi giorni con forze fresche. Una gran parte del suo successo era dovuta all'artiglieria, che poteva contare su un enorme numero di pezzi di tutti i calibri e su un'enorme quantità di munizioni[34].

L'offensiva alleata riprese subito ad ottobre, con una seconda fase detta "battaglia dei fiumi", in preparazione della operazione *Gelignite* che avrebbe dovuto portare gli americani fino al Veneto e i britannici allo sbarco in Dalmazia in funzione antijugoslava.

Le pesanti perdite subite, le difficoltà nell'ottenere i rinforzi e gli approvvigionamenti necessari per continuare l'attacco, oltre all'arrivo prematuro della cattiva stagione, costrinsero però gli Alleati a rallentare l'offensiva, mentre i tedeschi e gli italiani della Repubblica Sociale contrattaccarono in Garfagnana e a Ravenna.

Il 6 gennaio 1945, termine dell'offensiva, gli americani erano ancora fermi davanti a Bologna sulla linea *Gengis Khan* e l'8a Armata, dopo aver occupato Forlì, Ravenna e Faenza, venne bloccata sul fiume Senio (la *linea Irmgard*) dalle truppe della 10. Armme- tra le quali si era distinto il battaglione FM *Lupo* della Xa Divisione,, frustrando l'obiettivo strategico posto da Churchill di arrivare prima possibile a Lubiana e a Vienna.

---

[34]ibid.

Dopo 135 giorni di combattimenti, complessivamente, le perdite sulla Linea Gotica ammontarono a 200mila fra alleati, tedeschi e italiani.
Il comandante dell'8a Armata britannica, Oliver Leese, dovette ammettere che

> Questa campagna è una brutta gatta da pelare. Siamo nel paese più difficile d'Europa e tuttavia ci sottraggono sempre truppe ed equipaggiamenti destinati in qualche altro posto. Abbiamo sempre combattuto con un margine di forze relativamente molto stretto...La battaglia di Rimini fu una delle più dure battaglie dell'8ª Armata. I combattimenti furono paragonabili a quelli di El Alamein, di Mareth e della Linea *Gustav* (Cassino)

Intanto il 12 agosto del 1944 gli alleati erano sbarcati in Provenza con dieci divisioni (operazione *Dragoon*), ciò che rese necessario il potenziamento del dispositivo delle Alpi Occidentali con truppe da montagna, per scongiurare la minaccia di una penetrazione avversaria attraverso i valichi montani, per occupare il Piemonte e la Val d'Aosta, aggirando da tergo lo schieramento di Kesselring sulla Gotica e nel settore ligure.

A tale scopo, la difesa delle Alpi Occidentali, dal mar Ligure al confine svizzero venne affidata al LXXV. *Armeekorps* comandato dal generale Schlemmer, costituito inizialmente dalla 5. *Gebirgs-Division* (*Generalleutnant* M. G.Schrank) detta *Gamsbock-Division*, divisione *Camoscio*, dalla Svizzera al Monviso, e dalla 34. *InfDiv* (*Generalleutnant* T. Lieb), anch'essa formata da veterani del fronte orientale, dal Monviso al Mar Ligure, cui si aggiunsero successivamente varie unità della R.S.I.: la 2ª Divisione Granatieri *Littorio*, il 1° e 2° Bersaglieri, il Gruppo di Combattimento *Farinacci* della 4ª Div. Alpina *Monterosa*, appartenenti all'Esercito Nazionale Repubblicano, ed i paracadutisti del reggimento *Folgore* e del battaglione *Nembo* dell'Aeronautica Nazionale Repubblicana.

Per Kesselring la situazione era complicata dagli avvenimenti nel settore di Rimini di cui si è detto e dalla presenza alleata a 15 km da Bologna, dovendo rinforzando i settori centrale e adriatico della Gotica; ma allo stesso tempo nel settore tirrenico della Versilia e della Valle del Serchio si andava accentuando l'attività alleata, dopo l'arrivo in linea dei brasiliani della F.E.B. e della 92ª *Buffalo*. Per risolvere questi problemi, Kesselring ordinò lo spostamento dal settore Mar Tirreno- Monte Romecchio della 42. *Jäger*, destinandola prima al bolognese e poi al settore dell'Adriatico; destinò la 148. *InfDiv*, ritirata dalla Francia prima dello sbarco in Provenza al settore Tirreno- Serchio, rafforzandola con un aliquota della divisione alpina *Monterosa* (un reggimento alpino, un gruppo di artiglieria da montagna, uno di artiglieria da campagna), cui si sarebbero poi aggiunte truppe delle divisioni repubblicane *Italia* e *San Marco* al loro ritorno dall'addestramento in Germania.Il settore non avrebbe ceduto che nell'aprile 1945, e le truppe si sarebbero ritirate combattendo oltre la Cisa, sino a Fornovo di Taro, dove si sarebbero arrese ai brasiliani solo il 29 aprile.

Gli Alleati, da parte loro, usavano mandare avanti principalmente la "carne da cannone" – neozelandesi, brasiliani, polacchi, canadesi, *gurka*, coloniali francesi, e, va detto, i *coloured* statunitensi della 92nd *US Infantry Division "Buffalo"* e dei *nisei*, i quali, pur essendo statunitensi, erano molto più spendibili dei soldati bianchi delle cui perdite i generali erano chiamati a rispondere al Congresso! – salvo poi farsi grandi dei successi ottenuti, si pensi allo sfondamento dei *goumiers* marocchini sulla Linea *Gustav*; in questo contesto, i *badogliani* del dopo 8 settembre erano tuttavia apertamente disprezzati e considerati inaffidabili per il tradimento verso i tedeschi e verso gli italiani stessi, tanto da sminuirne costantemente l'apporto e facendo denominare *Gruppi di Combattimento* le divisioni[35].

Ma se gli italiani del C.I.L. si erano battuti bene - compiendo anche il secondo, e ultimo, lancio di guerra compiuto dai parà italiani a Case Grizzane e Poggio Rusco- non altrettanto si può dire a proposito di un'altra unità nota per altri motivi: la brigata ebraica, il cui contributo è stato, per scopi politici, enfatizzato al di là di quanto storicamente giusto. Merita dunque dedicare qualche riga all'argomento.

La *Jewish Brigade, Chativah Yehudith Lochemeth*, non comprendeva ebrei italiani, malgrado qualcuno abbia preteso il contrario, essendosi costituita nella Palestina del mandato britannico. Ne facevano parte infatti ebrei provenienti dalla Palestina storica. che sarebbe poi diventata l'attuale Israele, provenienti da altri paesi del Commonwealth britannico, Canada, Australia, Sud Africa e di origine polacca e russa. Era composta da tre battaglioni di fanteria, da un reggimento di artiglieria, uno di genieri e da altre unità ausiliari per un totale di 5.500 unità. Il corpo venne istituito nel settembre del 1944 dopo una lunga trattativa fra i rappresentanti del movimento sionista, l'Agenzia sionista e il governo britannico, inizialmente non favorevole alla costituzione di una unità militare esclusivamente ebraica. Fu ufficialmente chiamata *Jewish Infantry Brigade Group*. Dopo un periodo di addestramento in Egitto e Cirenaica, il 31 ottobre 1944 la Brigata fu imbarcata su due navi nel porto di Alessandria d'Egitto e trasferita in Italia al porto di Taranto. L'esercito inglese non volle che soldati ebrei provenienti dai territori del Mandato britannico in Palestina occupassero posizioni di rilievo nella Brigata, ma l'*Haganah*, gruppo paramilitare sionista organizzatosi negli anni '20 in Palestina, creò all'interno della Brigata una sua struttura segreta di comando, che venne alla luce solo a guerra finita. Nei due mesi successivi la Brigata ebraica continuò il suo addestramento in Irpinia per essere poi inquadrata, il 26 febbraio del 1945, nell'VIII Corpo d'Armata Britannico; il 1° marzo 1945 fu schierata sulla linea del fronte nei pressi di Alfonsine in Romagna e combatté a fianco di unità italiane, il gruppo di combattimento *Friuli* del Corpo italiano di Liberazione, e della 3a divisione del Corpo di Armata Polacco. L brigata partecipò a numerose operazioni militari a Riolo Terme, Imola, Ravenna. I 42 caduti riposano nel cimitero di Piangipane. Nel corso delle operazioni divenne tristemente nota per l'uccisione sistematica dei prigionieri tedeschi e italiani, soprattutto della 16. SS *PzGr.-Div. Reichsführer* e del btg *Lupo* della Xa MAS, ripetutamente denunciate da polacchi e italiani. Per motivi di opportunità politica venne posta a riposo presso Brisighella, mentre bersaglieri e granatieri italiani del Gruppo *Friuli* e il Corpo polacco di Anders entravano a Bologna il 21 aprile del 45. L'apporto della Brigata Ebraica alla lotta di liberazione fu dunque limitato al periodo che va dal 3 marzo '45 al 21 aprile del '45, senza distinguersi particolarmente[36]. Il 1 2 maggio la Brigata venne dislocata nella zona di Tarvisio, dove si dedicò a due attività: il sostegno alla emigrazione clandestina di ebrei verso la Palestina e all'operazione denominata *NAKAM*, Vendetta, la ricerca di criminali nazisti (o meglio, soldati tedeschi) nascosti in Carinzia, prelevati e uccisi

---

[35] Quando il 21 aprile 1945 i Granatieri del Gruppo di Combattimento *Friuli* stavano per entrare per primi a Bologna vennero fermati dai comandi britannici, perché la gloria dell'occupazione della città emiliana andasse ai polacchi di Władysław Anders. Ed è solo un esempio.

[36] Quando, richiedendo per la Brigata la medaglia d'oro al valor militare italiano, la deputata L. Quartapelle sostenne che *nel marzo del 1945 parteciparono alla Liberazione di Ravenna, occupata dai paracadutisti del Terzo Reich*, è totalmente in errore visto che la città romagnola venne occupata dai britannici il 4 dicembre 1944, quando i brigatisti ebrei non erano ancora giunti al fronte, dopo che Kesselring ne aveva ordinata l'evacuazione senza combattere per evitare danni al patrimonio artistico..

sommariamente nei boschi del Tarvisiano. L'operazione fu realizzata attraverso la costituzione, in seno alla Brigata, di cellule di 8-10 persone che agivano indipendentemente l'una dall'altra in tutta la Carinzia, fino al Tirolo orientale e anche a Vienna. Il giornalista americano Howard Blum, corrispondente del *New York Times* e di *Vanity Fair* e vincitore di due premi Pulitzer, nel 2001 scrisse un libro sulla Brigata ebraica e su questi eventi; Blum sostenne che una quarantina di uomini della Brigata abbiano preso parte a queste esecuzioni uccidendo, in meno di 4 mesi, 125 tedeschi[37]. I calcoli dei veterani fanno oscillare le esecuzioni fra 50 e 2.009. L'*Operazione Vendetta* proseguì nella Germania occupata e in altri territori dell'Europa postbellica portando secondo stime alla eliminazione di 1.500 nazisti o presunti tali, in massima parte semplici soldati.

Ma "criminale nazista" era anche chi portava un cognome tedesco, e in Carnia vennero prelevati e assassinati circa 150 civili friulani dal cognome austriaco, accusati di essere "nazisti" inclusi partigiani garibaldini e osovani colpevoli di avere cognomi troppo sgraditi ai soldati della *Jewish Brigade* .

Trentacinque membri della Brigata ebraica diventarono generali dello *Tsahal*. Nessuno di loro venne mai processato per crimini di guerra[38]. Per episodi analoghi compiuti dalle truppe germaniche vennero invece considerati responsabili i vertici militari, a cominciare dallo stesso Kesselring, processato a Venezia; ma nessuno ha mai pensato di applicare lo stesso concetto ad Alexander, od a Leese, comandante l'8ª Armata; per un giudizio più equanime su quanto avvenuto nel corso della guerra in Italia ci è sembrato doveroso presentare questi fatti poco noti, per inquadrare storicamente l'azione repressiva delle truppe tedesche, che non fu certo loro esclusiva prerogativa.

Le battaglie combattute lungo la Linea Gotica sono, incredibilmente, scarsamente conosciute in Italia per il semplice motivo che l'attenzione degli storici è stata attratta dalle battaglie di Cassino ed Anzio-Nettuno rispetto agli avvenimenti successivi, e per l'eccessiva importanza data ad un fattore assolutamente secondario come il movimento partigiano, quasi del tutto ininfluente nell'economia bellica. Esse tuttavia costituiscono, per usare un'ultima volta il generale Muhm,

> Una pagina gloriosa nella storia militare tedesca, una grande vittoria difensiva ammessa dallo stesso Churchill quando parla di fallimento dell'offensiva di Alexander, che ebbe per gli alleati le più gravi conseguenze sul futuro dell'Europa sud-orientale.
> In esse rifulse la genialità tattica di Kesselring il quale contro il volere di Hitler, che non intendeva cedere al nemico un metro di terra, seppe adottare una difesa elastica che, approfittando degli errori nemici, salverà l'esercito tedesco in Italia bloccando per ben sei mesi l'avanzata degli strapotenti eserciti alleati

---

[37] H. Blum, *The Brigade: An Epic Story of Vengeance, Salvation, and World War II*, New York, 2001..
[38] P. Romeo di Colloredo, *La vera storia della Brigata ebraica: poca guerra e molte vendette a guerra finita*, "Il Primato Nazionale", 26 aprile 2017, https://www.ilprimatonazionale.it/cultura/vera-storia-brigata-ebraica-poca-guerra-molte-vendette-guerra-finita-63090/

10.
LA DIFESA DEL PATRIMONIO ARTISTICO

Bisogna qui aprire una partentesi circa l'atteggiamento di Kesselring verso il patrimonio artistico delle aree attraversate dalla guerra.
Il *sentimento italofilo di Kesselring* (*italophile Gesinnung Kesselrings*) suscitò spesso commenti irritati al Quartier Generale del Führer, dove la tendenza di Kesselring a rinunciare a vantaggi militari piuttosto che portare la distruzione sull'insostituibile patrimonio storico, architettonico italiano, salvaguardando i tesori artistici d'Italia erano considerati con scarso favore da Hitler e dal suo entourage e considerati indice di debolezza. Così, grazie ai suoi ordini espressi, Roma fu evacuata senza resistenza, con la conseguenza che i carri armati alleati e le colonne meccanizzate riuscirono a penetrare in città, senza ostacoli e distruzione dei ponti sul Tevere.
A suo luogo abbiamo accennato al ruolo svolto dal Feldmaresciallo nel salvataggio delle opere d'arte dell'Abbazia di Montecassino.
Il 14 ottobre 1943 due ufficiali tedeschi, il tenente colonnello Julius Schlegel ed il capitano medico Maximilian Becker, si recarono separatamente presso l'abbazia di Montecassino e, avuto colloquio con l'abate Gregorio Diamare, lo misero al corrente del grave pericolo che correva il monastero, che di li a poco si sarebbe trovato al centro della linea di resistenza tedesca, la Gustav, quale caposaldo strategico in posizione dominante su tutta la valle del Rapido e del Liri. Per tali motivi lo esortarono a porre in salvo il Patrimonio culturale ed artistico della Badia ponendo a disposizione i mezzi di trasporto che la loro Divisione avrebbe fornito, per il trasferimento in luoghi più sicuri dei beni stessi.
Comprensibile lo sconforto dell'abate e dei monaci con i quali lo stesso subito si confrontò; grande era infatti il loro timore che i tesori artistici e i documenti custoditi nell'abbazia, venissero sottratti, dispersi o addirittura danneggiati irrimediabilmente.
Si consideri che provenienti da Napoli, oltre i reperti del Museo Archeologico Nazionale fatti trasferire da Amedeo Maiuri, il 26 maggio 1943 erano state consegnate al monastero benedettino anche alcune casse contenenti il *Tesoro di San Gennaro*. E tutto ciò si sommava al patrimonio di tele, documenti, testi e oggetti preziosi che costituivano il tesoro del monastero stesso, un insieme che doveva essere assolutamente tutelato e salvaguardato dalle distruzioni di una guerra che aveva perso ogni rispetto, oltre che per la vita umana, anche per i luoghi, le testimonianze e le preesistenze di valore storico culturale. Per tali motivi l'abate, in accordo con i suoi confratelli e seguendo l'invito dei due ufficiali tedeschi, acconsentì al loro trasferimento, dando così il via all'incredibile operazione di salvataggio dell'enorme patrimonio custodito in Montecassino.

Il 17 ottobre si dava inizio al confezionamento delle casse ed a partire dallo stesso giorno i primi autocarri che trasportavano i Beni dello Stato italiano e dei Musei statali, comprendenti anche la collezione di monete del Museo numismatico di Siracusa, lasciavano l'abbazia per Roma.
I contenitori che custodivano i beni del monastero vennero scaricati presso l'abbazia di San Paolo fuori le mura e nel collegio di Sant'Anselmo, mentre nel contempo i tesori d'arte ed i valori di proprietà statale, comprese le opere provenienti dalla galleria Nazionale e dal museo archeologico di Napoli, furono trasferite presso il magazzino della divisione *Herman Göring*, localizzato avilla Marignoli nei pressi di Spoleto.

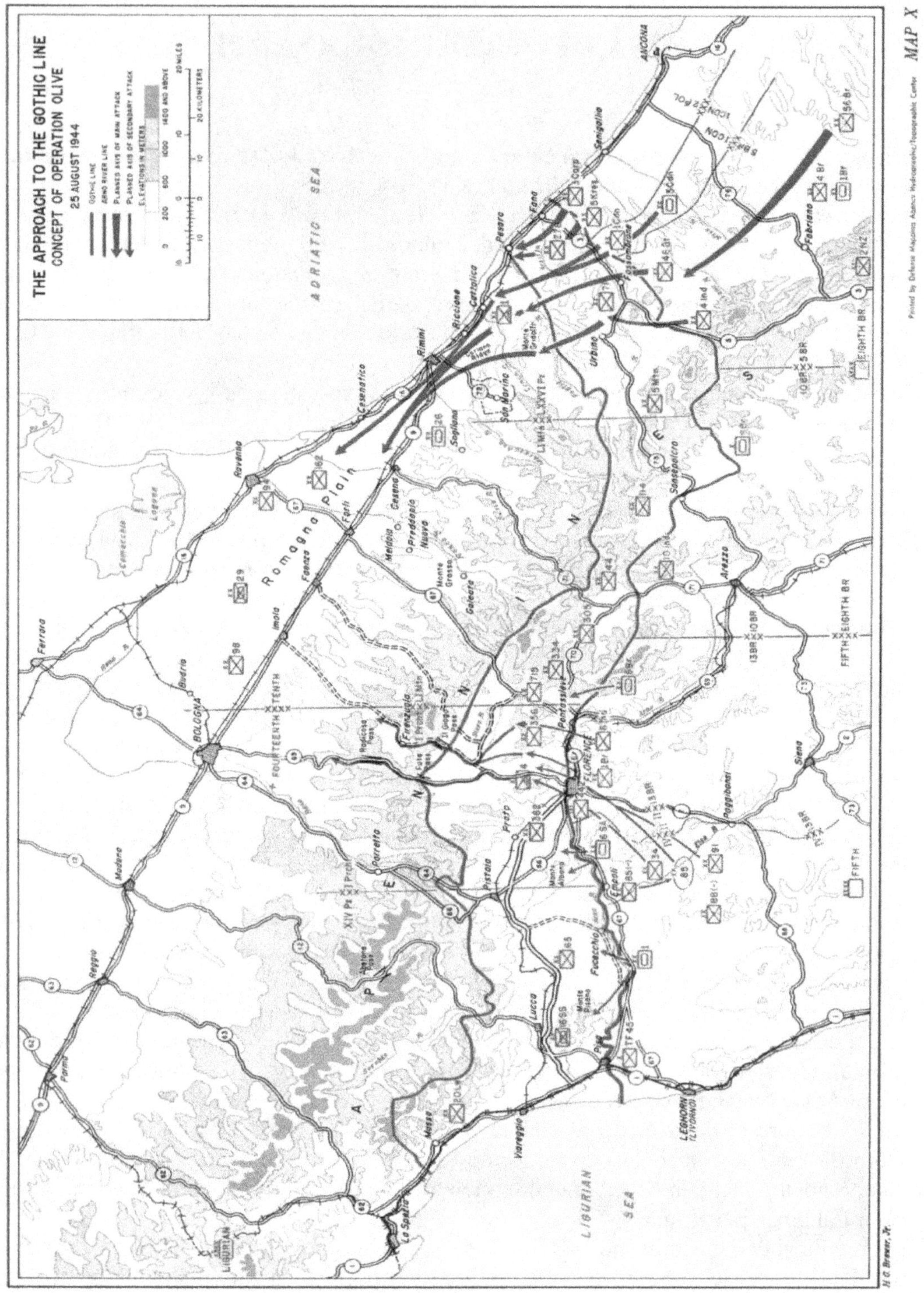

Mappa delle operazioni sulla line Gotica tra Firenze e Rimini (agosto 1944)

Allarmato dalle voci che volevano la possibilità che tali opere potessero essere avviate verso la Germania e che un esperto d'arte si sarebbe recato presso il magazzino di Spoleto per scegliere *alcuni quadri ed altri oggetti d'arte*, che la Divisione *Hermann Göring*, avrebbe voluto donare al Maresciallo del Reich da cui traeva il nome, Kesselring ordinò al capitano medico Maximilian Becker della *Luftwaffe* di recarsi con una scusa a Spoleto e di riferire su come stessero le cose; Becker vide nel locale di deposito

> Appesi alle pareti dei grandi preziosi dipinti (…) casse di diversa grandezza aperte e con i sigilli rotti (...) con materiale da imballaggio giacente sparso sul pavimento, segno evidente che i quadri erano stati tolti dalle casse e alcuni prelevati.

e ne avvertì il comando di Kesselring, che si affrettò a intervenire sia a Spoleto che a Berlino, presso il *Reichmarschall* Göring, che si protestò completamente ignaro dei fatti. A seguito delle forti tensioni che tale situazione stava determinando, il 4 novembre si teneva a Roma una riunione presso la Direzione generale delle Arti del Ministero dell'Educazione nazionale della Repubblica Sociale, dove, tra le altre cose, veniva comunicata da parte del Servizio protezione germanico delle opere d'arte, la disponibilità delle autorità tedesche alla restituzione di quei beni e il loro trasferimento a Roma. Visto che i vertici militari della *Hermann Göring* non sembravano intenzionati a trasferire i beni a Roma, lo stesso Albert Kesselring era intervenuto, ingiungendo di consegnare immediatamente le casse al Vaticano ed alle autorità della Repubblica Sociale.
Per quanto concerne i dipinti ed i reperti della Galleria nazionale e del Museo archeologico di Napoli, ma anche le 600 casse con libri della Biblioteca nazionale, essi furono riconsegnati direttamente alle Autorità italiane il 4 gennaio 1944 presso piazza Venezia, con una pubblica cerimonia immortalata da fotografi e cineoperatori.
Kesselring cercò, e vi riuscì, di evitare la distruzione di molte e importanti città artistiche italiane tra cui Roma, Firenze, Siena e Orvieto.
Kesselring supportò la dichiarazione italiana di Roma, Firenze e Chieti quali città aperte. Nel caso di Roma, ad ogni modo, la città fu bombardata più di cinquanta volte dagli Alleati, la cui aviazione colpì anche Firenze.
Kesselring tentò anche di preservare l'Abbazia di Monte Cassino evitandone l'occupazione militare sebbene esso rappresentasse un punto di osservazione importante per il campo di battaglia. Anche questa misura ad ogni modo si dimostrò inefficace dal momento che gli alleati credevano che il monastero fosse usato dai tedeschi per dirigere il tiro dell' artiglieria contro le loro linee.
A Firenze malgrado avesse ordinato il brillamento dei ponti sull'Arno, Kesselring, obbedendo agli ordini di Hitler di risparmiare Ponte Vecchio, sicuramente offrì un vantaggio al nemico piuttosto che commettere un atto di barbarie[39].
A Pisa ; Kesserling il 25 luglio ordinò che nessun reparto tedesco dovesse avvicinarsi alla Torre Pendente di Pisa per almeno 1,5 chilometri. Ciò non pertanto gli alleati acccusarono falsamente i tedeschi di sfruttare addirittura la Torre pendente come osservatorio, la Torre venne anche mitragliata da aerei cacciabombardieri sudafricani.
Giovedì 27 luglio, 1944 l'artiglieria alleata colpì il tetto del Camposanto monumentale, bruciando le capriate di legno e fondendo le lastre di piombo. La distruzione fu volontaria, come ebbe modo di testimoniare il padre di chi scrive, ufficiale del Corpo Volontari della Libertà, presente sul posto che ricordava con indignazione le grida di gioia degli

---

[39] Ponte Santa Trinita era invece stato distrutto in un *raid* alleato.

artiglieri statunitensi ogni volta che un proiettile colpiva l'obbiettivo, e come qualche colpo fosse stato sparato, per fortuna senza risultato, conto la Torre pendente.

Chi accorse sul posto nel tentativo di intervenire, non potè far altro che osservare il dramma. Per tutta la notte i pezzi del tetto rovinano sulle opere d'arte sottostanti, mentre il giorno successivo il fuoco completa il proprio lavoro danneggiando gli affreschi e bruciando le porte dell'edificio.

Il bombardamento provocò il serio danneggiamento degli affreschi, di molte sculture e sarcofaghi, che andarono in frantumi. I restauri sono ancora in corso e nei decenni hanno portato al recupero delle preziosissime sinopie oggi esposte nel Museo delle Sinopie[40].

I bombardamenti anglo-americani compiuti sull'Italia, sia quelli condotti negli anni di guerra precedenti all'armistizio del settembre 1943 che successivamente, furono i più indiscriminati, perché non erano solo mirati verso obiettivi strategici, avevano anche una funzione psicologica che ben si può definire terroristica, d'intimidazione verso la popolazione civile di una nazione nemica. I bombardamenti a tappeto non prevedevano solo la distruzione delle infrastrutture e degli obiettivi militari, ma si prefiggevano soprattutto di distruggere il morale delle popolazioni colpite attraverso la cancellazione delle basilari strutture civili di una città: palazzi, ritrovi, piazze, monumenti, trasporti, uffici, fabbriche, chiese.

Già prima della resa italiana i danni causati al patrimonio furono molto ingenti e calcolati al 95% dei danni complessivamente causati dagli alleati: basterà citare i bombardamenti a Palermo, Napoli, Milano, a Viterbo, a Pompei e Benevento con la distruzione della cattedrale romanica.

Solo nell'anno 1943, da gennaio a giugno, le forze alleate sferravano una serie di attacchi aerei sulla città di Palermo con conseguenti bombardamenti provocando gravissimi danni al tessuto edificato della città ed irreparabili perdite al patrimonio monumentale ed artistico. All'indomani dell'occupazione di Palermo avvenuta il 22 luglio 1943 il quadro d'insieme dello stato dei monumenti danneggiati durante gli eventi bellici era terribile.

Nella sola città di Palermo si registravano, oltre alla perdita di circa il 40% dei vani disponibili per abitazione, danni e distruzioni su 119 complessi monumentali, così ripartiti:

- n.11 complessi totalmente distrutti;
- n.19 complessi semi-distrutti;
- n.12 complessi molto danneggiati;
- n.54 complessi danneggiati;
- n.23 complessi danneggiati lievemente

In essi si individuavano 86 edifici religiosi (chiese, oratori, conventi), 20 palazzi privati e 13 fra edifici e spazi di pubblico interesse. Troppi per poterli elencare tutti...

Napoli, la città più bombardata d'Italia, colpita da oltre cento bombardamenti: si pensi per fare un esempio come solo il 4 agosto 1943 -ricordiamo. il Regime fascista era caduto il 25 luglio e Mussolini era ancora prigioniero a Ponza- la città subì danni inalcolabili al patrimonio artistico del centro cittadino. Vennero bombardate a tappeto tutta via Tole-

---

[40] P. Romeo di Colloredo, "*Art Attack*. Alto che M*onument men...*", *Bombe sll'Italia. Gli speciali di Storia in Rete:*, 14- 03- 2019, pp. 92 segg.

do, tutta l'area del Monte Echia, Santa Lucia al Monte, rasi al suolo il monastero delle Clarisse di Santa Chiara, parte delle strutture prospicenti Palazzo Filomarino della Rocca, il Palazzo Gaspare Capone, il palazzo Carafa della Spina, il palazzo Petrucci ed i palazzi Sansevero e Corigliano a piazza San Domenico Maggiore; una bomba inesplosa si conserva ancora nella chiesa del Gesù Nuovo; subirono ingenti danni i palazzi Monteleone e Carafa di Maddaloni; gravissimi danni strutturali all'Ospedale dei Pellegrini alla Pignasecca; venne distrutta parte del collegio dei Padri della Missione e della chiesa di Santa Maria al Borgo dei Vergini, e danneggiata la navata destra della Basilica Pontificia di San Giacomo degli Spagnoli a piazza Municipio. Ripetiamo, tutto in un solo giorno. Né si può dimenticare la distruzione degli Archivi di Stato, con il preziosissimo Archivio angioino, il più completo del Medioevo europeo (distruzione che qualcuno, inqualificabilmente, ha voluta attribuire... ai tedeschi!).
Dodici giorni dopo venne colpita la Chiesa delle Grazie a Milano, particolarmente cara a Lodovico il Moro che voleva esservi sepolto e che la riempì di opere d'arte, la più celebre delle quali è il Cenacolo leonardesco affrescato sulla parete del refettorio.
Già il 14 febbraio 1943 un raid aereo aveva provocato qualche danno di minore entità alla chiesa di Santa Maria delle Grazie e alla volta del refettorio. Un altro attacco durante la notte fra il 13 e il 14 agosto 1943 danneggiò il convento ma non il refettorio. A mezzanotte del 16 agosto i Lancaster britannici provenienti dall'Inghilterra arrivarono su Milano, aiutati dalla luna piena.
Venti minuti dopo la mezzanotte una bomba piombò al centro del chiostro dei Morti, un piccolo spazio erboso a est del refettorio e a nord della chiesa di Santa Maria delle Grazie. L'esplosione distrusse il corridoio coperto che i domenicani attraversavano quotidianamente. L'unica testimonianza rimasta della sua esistenza erano alcune colonne spezzate, che fino al giorno prima sostenevano le graziose arcate e gli affreschi del passaggio che portava alla chiesa.
La detonazione mandò in frantumi la parete orientale del refettorio, facendo crollare il tetto. Le travi maestre distrussero la fragile volta dell'edificio come un martello calato su un uovo. Nel 1940 i funzionari addetti alla tutela delle opere d'arte avevano preventivamente sistemato una protezione fatta di sacchi di sabbia, impalcature di legno e rinforzi metallici su entrambi lati della parete settentrionale dov'è dipinto il Cenacolo. Grazie a questa precauzione, il muro su cui era dipinto il capolavoro di Leonardo non crollò; anche se il giorno dopo l'attacco nessuno era in grado di confermare lo stato dell'*Ultima cena*, l'affresco era sopravvissuto a una bomba esplosa a una ventina di metri di distanza.
Santa Maria delle Grazie, anche se il Cenacolo era salvo, fu gravemente danneggiata dal bombardamento britannico. La cupola, capolavoro del Bramante, venne colpita e mutilata, così come il chiostro e la fontana centrale, colpita in pieno da una bomba. Anche il chiostro piccolo venne colpito, ma l'incendio propagatosi era stato coraggiosamente spento dall'opera degli stessi frati.
Vennero colpiti anche il Castello Sforzesco, l'Archivio di Stato, il Duomo, la Scala, che ebbe il tetto sfondato e che venne ricoperto con tettoie provvisorie fino all'inizio del lavori di restauro; l'Ospedale Maggiore, la storica Ca Granda, fu centrata da sei o sette bombe di grosso calibro che distrussero il cortile centrale, che perse i portici. Furono colpiti anche i chiostri laterali.
La cattedrale di S. Maria in Episcopio a Benevento, risalente al VI secolo, fu rasa al suolo dagli alleati quattro giorni dopo l'armistizio, tra il 12 ed il 14 settembre del 1943;

infatti, gli statunitensi, nel tentativo di distruggere il ponte Vanvitelli bombardarono e danneggiarono l'intero centro storico; a tanta devastazione si aggiunse anche l'abbattimento dei due archi ad opera dei tedeschi, nel momento della ritirata. La facciata della cattedrale era protetta da una muraglia di sacchi di sabbia, ma fu comunque colpita e danneggiata da risultare fortemente instabile; si ipotizzò la necessità di abbatterla, ma poi, grazie anche all'intervento dell'architetto che si occupava dei lavori, si riuscì a scongiurare tale soluzione con un intervento di fortificazione *ad hoc*, salvando la facciata risalente al XI secolo. Vennero parzialmente distrutte anche le porte bronzee medievali del XII secolo.

In seguito, a partire di un processo di revisione strategica interna, consistente nella preparazione e distribuzione di foto aeree dei principali obbiettivi, contenenti le indicazioni dei monumenti da risparmiare, l'aviazione alleata ebbe istruzioni più precise. Questo processo fu completato nel febbraio 1944, ma nonostante queste istruzioni, le azioni aeree continuarono a infliggere gravi danni al patrimonio artistico. Per esempio l'11 marzo 1944 fu distrutta la cappella affrescata da Mantegna nella chiesa degli Eremitani a Padova.

Altre distruzioni monumentali importanti furono perpetrate a Treviso, Verona e Ravenna. Nonostante le foto corredate dai monumenti da tutelare fossero progressivamente migliorate, non sempre le loro indicazioni furono rispettate dagli equipaggi. Del resto, Winston Churchill aveva affermato di voler *trascinare il caldo rastrello della guerra su tutta la la lunghezza della penisola italiana.*

La distruzione dell'Abbazia di Montecassino e del Camposanto di Pisa sono forse tra le perdite più note, ma ogni città italiana bombardata ebbe una parte più o meno importante del proprio patrimonio monumentale distrutta o gravemente danneggiata. Le antichità classiche se la cavarano abbastanza bene. Per esempio i tempi di Agrigento e Paestum ebbero pochi danni, nonostante fossero presso zone di combattimento. Lo stesso vale per la villa di Adriano a Tivoli, bombardata senza un'apparente motivo. A soffrire furono soprattutto i ponti romani. Fra le perdite più serie: le Navi di Nemi, la cui distruzione, per anni attribuita ai tedeschi fu invece opera di antifascisti locali dell'ultima ora, ansioni di distruggere le *navi de Mussolini*, i ponti romani di Capri e di Verona, la collezione archeologica di Ancona (distrutta per due terzi.), il museo etrusco *Pompeo Aria*s di Marzabotto I monumenti medievali e moderni ebbero perdite maggiori. Fra i monumenti romanici forse la perdita più seria fu la Cattedrale di Benevento e le sue porte bronzee. Di monumenti distrutti molto gravemente, vanno ricordati almeno la chiesa di S. Ciriaco di Ancona, il Tempio Malatestiano di Rimini, una serie di architetture e interni palladiani a Vicenza. Se ne citare nominare anche altri, non riparabili, o riparabili solo in parte.

Si pensi a Tempio Malatestiano di Rimini, capolavoro di Leon Battista Alberti voluto da Sigismondo Pandolfo Malatesta, Signore di Rimini.

Il Tempio Malatestiano venne duramente colpito il 29 gennaio 1944, dopo che altri bombardamenti lo sfiorarono colpendo invece seminario e curia vescovile.

Nella tragicità dell'evento, si salva il fronte originale, ideato dal genio dell'Umanesimo Leon Battista Alberti, straordinaria testimonianza del Rinascimento italiano, mentre vanno totalmente perduti la parte absidale, le due cappelle adiacenti e il tetto, oltre che una quantità di opere d'arte e fregi

Il monastero a fianco del Tempio fu gravemente danneggiato da un massiccio bombardamento del 28 dicembre 1943. In questo bombardamento furono impegnati 126 aerei, che saganciarono su Rimini un immenso carico di bombe, distruggendola. L'obiettivo ero lo scalo ferroviario, collocato al centro delle città. A causa dell'assoluta imprecisione nel tiro, ciò ebbe come conseguenza la completa distruzione della città di Rimini. Il Tempio Malatestiano, in via IV Novembre, venne colpito quattro volte, in maniera piu o meno grave: fra il 28 e il 30 dicembre 1943, il 29 gennaio, il 24 marzo ed infine il 22 giugno 1944. I più pesanti danni furono subiti nel bombardamento del 29 gennaio 1944, che colpì anche, di nuovo, il monastero/museo. Ugo Ughi (1908-1956), Commissario straordinario della R.S.I. al Comune di Rimini dal 27 novembre 1943 ai primi del settembre 1944, scrisse nel verbale del bombardamento del 29 gennaio al Capo della provincia:

> L' incursione del 29 gennaio passera alla storia per la selvaggia irreparabile offesa inferta al massimo monumento sacro della Rinascenza Italiana, testimone e simbolo delle più gloriose tradizioni storiche di Rimini, fulgida gemma del patrimonio artistico nazionale: il Tempio Malatestiano.

Un grappolo di bombe lo colpì al centro e nella parte posteriore con effetti rovinosi: l'Abside distrutto, il tetto dell'immensa unica navata completamente crollato; l'interno devastato; i muri perimetrali su ambo i lati dell'Altare Maggiore squarciati e, nelle restanti parti, gravemente lesionati; la grande fiancata sinistra notevolmente inclinata rispetto al suo centro di gravita; le cappelle laterali con i preziosi cimeli malatestiani e le classiche arcate parzialmente frantumate; il sepolcro di Sigismondo spaccato e scoperchiato, quello di Isotta incrinato; colonnette marmoree, fregi, lesene, motivi ornamentali e decorativi spazzati o deteriorati.

Nello scoppio si scoperchiò l'arca sepolcrale di Sigmondo Pandolfo Malatesta, ritratto nel Tempio Malatestiano stesso da Piero dela Francesca. Le ossa di colui che d'Annunzio definì *procellosa alma imperiale che ebbe poche castella e non il mondo* si dispersero ma, grazie alla prontezza dei funzionari dei beni culturali e artistici di Rimini Angelo Campana e Carlo Lucchesi, i resti mortali dell'antico signore di Rimini furono recuperati e messi al sicuro per venir poi risistemati nell'Arca.

Poiché molti dipinti dei secoli XVI e XVII erano troppo grandi per essere facilmente nascosti, furono lasciati nel museo diocesiano. Ventitrè furono distrutti nel bombardamento, insieme a due bronzi; altri venti furono danneggiati. Le raccolte numismatiche divennero la preda favorita di ladri che rubarono circa cinquantatre medaglie malatestiane del Pisanelòlo e di Matteo de' Pasti dalle macerie lasciate dai *liberatori*. Anche dopo la conquista alleata della città vi furono ulteriori danni al patrimonio culturale. Nel tentativo di trovare legna da ardere nel duro inverno del 1944, alcuni abitanti cominciarono a bruciare le cornici e le tele che erano rimaste esposte. Ancor peggiore fu il destino dell'unica parte del monastero/museo che era sopravvissuta. Le sue travi di sostegno furono ripetutamente vandalizzate come legna da ardere, indebolendo l'ultimo appoggio della struttura. Il 14 novembre 1946 crollò semplicemente, ultima testimonianza di sei secoli di storia.

L'attuale forma dell'edificio è il risultato di un enorme lavoro di ricostruzione. Ogni blocco marmoreo dei muri esterni fu numerato e rimosso e l'intero edificio riassemblato. Il delicato lavoro fu finanziato con 15 milioni di lire dal governo italiano e 65 mila dollari da Samuel Kress, su sollecitazione di Bernard Berenson e Doro Levi attraverso l'*American Association for the Restoration of Italian Monuments*. I lavori cominciarono nell'ottobre 1947 e furono completati il 30 dicembre 1949.

A Rimini in compenso rimase intatto il ponte di Tiberio: già minato dai genieri tedeschi venne salvato dall'intervento di Kesselring, che ne ordinò lo sminamento.
L'11 marzo 1944 oltre cento aerei statunitensi sganciarono 300 tonnellate di bombe su Padova. Si trattò del quarto bombardamento alleato sulla città euganea.
Una catastrofe non solo umanitaria, ma anche artistica. Secondo il bollettino dell'USSAF presero parte al bombardamento centoundici B19 che sganciarono oltre 300 tonnellate di bombe sulla città, militarmente di scarsissima importanza. Andarono distrutte la chiesa degli Eremitani e quella di San Benedetto, colpita le caserme di Riviera Paleocapa, colpito l'istituto Missioni Africane in via Citolo da Perugia e un reparto dell'Ospedale Civile. Bombe e distruzione arrivarono anche a Altichiero, Torre, S. Lazzaro, Mortise, Ponte di Brenta, Vigonza, Noventa, Albignasego, Salboro, Sarmeola, Selvazzano. Anche l'Arcella fu nuovamente colpita dai bombardamenti alleati.
La chiesa degli Eremitani è uno degli scrigni più importanti nell'arte non solo padovana, ma di tutto il Nord Italia, che conserva opere tra gli altri di Guariento, Giusto de' Menabuoi, Bartolomeo Ammannati.
Il bombardamento ridusse in polvere gli affreschi della Cappella Ovetari (opera di Andrea Mantegna, Pizzolo, Vivarini, Giovanni d'Alemagna, Bono da Ferrara, Girolamo di Giovanni da Camerino), distrusse oltre la metà degli affreschi dell'abside maggiore di Guariento, causò la perdita irrimediabile della decorazione della Cappella Dotto, dovuta ad Altichiero e danneggiò in modo gravissimo anche i chiostri dell'ex convento.
Il lavoro di restauro della Cappella Ovetari iniziò da subito, con il recupero dei frammenti dell'affresco del Mantegna. Alcuni pezzi però non vennero mai più trovati: ancora oggi, a quasi ottant'anni dallo scempio, come in un gigantesco *puzzle*, si tenta di ricostruire il capolavoro con le più moderne tecniche di restauro. Qualche anno fa qualcuno lasciò sull'altare della chiesa degli Eremitani una scatoletta: all'interno c'erano tre frammenti proprio dell'affresco del Mantegna.
L'elenco delle distruzioni causate dai bombardamenti dei *liberatori* è interminabile: dal Duomo di Palermo, alla basilica di San Lorenzo fuori le Mura a Roma, alla cattedrale di San Ciriaco ad Ancona, all'Accademia Albertina di Torino, alla Loggia dei Mercanti a Bologna, alla Pilotta con il Teatro farnesiano andato completamente bruciato a Parma: tappe di una guerra totale che comprendeva anche la distruzione delle radici culturali del nemico, fortemente voluta soprattutto dai comandi britannici; si arrivò a bombardare persino siti archeologici extraurbani, come Villa Adriana a Tivoli, che non presentavano alcun interesse militare.
Abbiamo accennato precedentemente all'incendio del Museo delle navi di Caligola a Nemi, avvenuto non come si dice solitamente il 31 maggio 1944 ma il 3 giugno, a lungo attribuito a soldati tedeschi ubriachi ma in realtà un atto criminale di sedicenti *partigiani* locali che vollero bruciare *le navi der Duce* per asportare il piombo di cui erano rivestite.
Scrive Pietro Cappellari,

> Una Commissione d'inchiesta, nel dopoguerra, avanzò l'ipotesi che l'incendio potesse essere stato appiccato "verosimilmente" dagli Artiglieri germanici della *Flak*, che avevano un loro pezzo a circa 150 metri dal museo. Numerose furono le critiche mosse all'operato di questa Commissione che, comunque, non riuscì a provare nulla. È vero, invece, che da mesi, bivaccavano all'interno del museo numerosi civili e che tutt'intorno, in quei giorni, piovevano granate degli Alleati. Ma ciò fu considerato di scarsa importanza. Il "male assoluto" erano i Tedeschi e, quindi, è a

loro che si doveva attribuire la "deliberata volontà" di distruggere le navi di Nemi. Anche se non vi era nessuna prova e che indizi ben più pesanti gravavano sui civili che erano accampati nel museo e, soprattutto, sugli stessi Angloamericani, che avanzavano cannoneggiando e bombardando a tappeto tutta la zona del Lago di Nemi:

> "Le fatiche, durate 500 anni e finalmente giunte al successo, furono bruscamente vanificate nella notte del 30 Maggio del 1944, quando, *durante uno degli ultimi cannoneggiamenti americani*, il museo prese misteriosamente fuoco. Non fu colpito da una bomba: s'incendiò. La Commissione incaricata in seguito di appurare i fatti arrivò alla conclusione che l'incendio era stato doloso, e che l'unica ipotesi possibile fosse che i Tedeschi in ritirata avessero appiccato il fuoco prima di evacuare la zona. Oggi ci sono dei dubbi su questa ipotesi: non si capisce perché l'avrebbero fatto. C'è chi preferisce dar credito all'idea che una favilla sia sfuggita ai fuochi accesi dagli sfollati che erano stati ricoverati proprio nel museo"[41].

Tra i primi a contestare l'attribuzione ai Tedeschi del crimine vi fu nel 1947 il settimanale politico illustrato *Brancaleone*, giornale diretto dal monarchico Attilio Crepas (Segretario dell'Alleanza Tricolore Italiana, vicina alla DC), che si interessò dell'incendio del museo archeologico con un articolo dall'emblematico titolo *Lo scandalo delle Navi di Nemi*

> Anche se si vuole che alcuni manigoldi sedicenti partigiani locali abbiamo di persona partecipato a questa infamia; e unica attenuante a loro favore è che certo non sapevano il valore di quanto distruggevano. Bisogna dire che una propaganda ottusa e cretina, confermata del resto da campagne giornalistiche postume, mentre sminuiva l'enorme valore delle navi di Nemi e dell'attiguo museo, ne faceva presso a poco un emblema, addirittura un'insegna, del Regime fascista e di Mussolini. Talché qualcuno dei distruggitori avrebbe gridato: «*abbruciamo* le navi di Mussolini», attribuendo quei relitti gloriosi al tempo del Duce, anziché a quello di Caligola e di Tiberio[42].

In una ricerca inedita compiuta proprio per il presente volume, il prof. Cappellari scrive che la polemica del *Brancaleone* nasceva dalla consultazione di documenti che provavano in maniera inequivocabile:

> 1) "Le truppe germaniche hanno sempre portato il più assoluto rispetto al Museo imperiale delle Navi di Nemi, e alle Navi di Nemi stesse. Abbiamo visto noi stessi la lettera del Capo del Servizio tedesco per la protezione degli oggetti d'arte, con la quale si danno le opportune disposizioni perché il museo e le navi romane di Caligola e di Tiberio, che la lettera stessa qualifica 'uniche al mondo', siano in ogni modo salvaguardate e tutta la zona considerata come non militarizzabile";
> 2) "Tutte queste disposizioni furono rispettate come attestano: gli stessi rapporti del Prof. Salvatore Aurigemma, che del museo e delle navi era l'unico responsabile, e il Prof. Bartolomeo Nogara, Direttore dei Musei vaticani";
> 3) "I cittadini di Nemi, di Genzano e dei dintorni che per la paura dei massacranti bombardamenti americani e inglesi si rifugiarono nel museo, lo fecero appunto perché -

---

[41] P. Cappellari, *Lo sbarco di Nettunia e la battaglia per Roma. 22 Gennaio - 4 Giugno 1944*, Herald Editore, Roma 2010, pag. 397.

[42] Articolo seganaltoci dall'amico prof. Pietro Cappellari, che qui ringraziamo.

essendo il sito smilitarizzato - pensavano poter salvare ivi la propria vita e quella delle proprie creature. Si trattava di una massa di gente calcolabile a centinaia di unità che viveva in dolorosa promiscuità, uomini, donne, bambini ammucchiati, e che cercava di trarre mezzo d'alimentazione anche dagli orti e dai terreni di pertinenza al museo. Fu questo, secondo voci e denuncia di dipendenti dell'Aurigemma, ad invitare il Comando tedesco ad estromettere i rifugiati, segnalando che la loro permanenza avrebbe irreparabilmente compromesso l'integrità di un patrimonio archeologico di inestimabile valore; mentre comprometteva soltanto l'approvvigionamento alimentare degli impiegati del museo?".

Il prof. Aurigemma, con una dichiarazione, smentendo quanto aveva detto il Sindaco comunista di Genzano, sostenne di essersi opposto alla cacciata *manu militari* dei "tremila rifugiati", cercando di aiutarli in tutti i modi. Per allontanare gli sfollatu intervennero addirittura *speciali reparti di SS*, che scortarono la colonna di disperati sugli autocarri e, poi, su *vagoni piombati*, fino all'ultima tappa di un doloroso trasferimento: Spoleto. Città nella quale vennero abbandonati. Si tratta di dichiarazioni totalmente prive di fondamento, fatte a posteriori per sminuire le proprie responsabilità, visto che proprio la soprintendenza aveva chiesto l'intervento delle autorità tedesche per proteggere il museo; ovvio che nel dopoguerra Aurigemma, soprintendente del *Latium* [43] dal 1942, grande archeologo e compromesso politicamente con il Regime, cercasse di rifarsi una verginità politica agli occhi della nuova classe dirigente, anche inventando di sana pianta *speciali reparti di SS* che nel Lazio all'epoca semplicemente non esistevano[44].

L'evacuazione forzata degli sfollati (richiesta, ribadiamo, dal soprintendente) aveva il ben preciso scopo di proteggere il contenuto del museo dall'accensione di fuochi e da eventuali atti di vandalismo: difficile immaginare perché poi i tedeschi, contrariamente a quanto fatto durante tutta la campagna d'Italia, avrebbero dovuto abbandonarsi ad atti di inutile vandalismo dopo essersi tanto adoperati per proteggere le navi di Nemi!

Secondo quanto appurato dal *Brancaleone*, il museo - ben prima della sua distruzione - venne fatto oggetto di spogliazioni e ruberie varie da parte di "ladruncoli" italiani, con complicità diffuse, e non certamente dai germanici: *Non esiste una testimonianza, si dice, una sola, che possa imputare ai Tedeschi la scellerata rapina del museo.*

Infine, il drammatico incendio che cancellò tutto. Per sempre.

Va poi detto che il rogo non avvenne il 31 maggio, ma il 3 giugno, quando non c'erano più tedeschi a Nemi, l'architetto Giuliano Di Benedetti, dimostrando che le navi erano ancora intatte *dopo* la ritirata tedesca, scrive :

> L'incendio non può essere stato appiccato da chicchessia il 31 maggio, come tutti abbiamo sempre creduto (...), ma soltanto dopo l'ultimo bombardamento del lago avvenuto il due giugno. Solo questa data, cioè il giorno 3 giugno, quando i tedeschi ormai sono lonteni e le bombe non cadono più, perciò in totale sicurezza, un gruppo ben organizzato di *partigiani* locali o sedicenti tali, già abituato a compiere razzie nelle campagne del circondario, deve essersi recato nella valle ormai libera da nemici e bombe, con le navi ancora integre al loro posto (...) I motivi per distruggere il più importante reperto archeologico navale del mondo quei *partigiani* credevano di averli veramente e ora

---

[43] Antica denominazione dell'attuale Soprintendenza Archeologica per il Lazio.
[44] Si veda sul sito del Deutsches Historisches Institut in Rom C. Gentile, *Itinerari di guerra: la presenza di truppe tedesche nel Lazio occupato*, in www.dhi-roma.it. .che elenca tutti i reparti tedeschi presenti nel Lazioo nel 1943- 44.

volevano metterli in pratica (...) Cacciati via i custodi, questa volta sì e con serie minacce, alla luce del sole e con tutto il tempo necessario a disposizione... si stacca ve si porta via il piombo del rivestimento delle navi[45].

Bruciando poi il resto e causando una perdita irreparabile, che una propaganda bugiarda attribuirà ai tedeschi, senza interrogarsi sul perché mancasse il piombo fuso dei rivestimenti; e a riprova di ciò sta il fatto che parte la pavimentazione intatta in *opus sectile* del ponte di una delle navi. un quadrato di 1,50 per 1,50, senza alcuna traccia di incendio e neppure di semplici bruciature, sia stata recuperata dai Carabinieri a New York nel 2017, dove era stata portata come *souvenir* da un soldato americano, asportata e rubata evidentemente *prima* del rogo che distrusse tutto carbonizzando le navi (le tarsie di porfido e serpentino sarebbero state calcinate dal calore), che quindi non può che essere successivo alla ritirata tedesca ed all'arrivo della 5a Armata il 1 giugno[46].

Tornando ai bombardamenti alleati, v'è comunque da osservare come le principali città d'arte italiane, Roma, Firenze, Venezia, subirono danni da bombardamenti complessivamente lievi, anche in virtù di accordi informali volti a risparmiare le cosiddette "città aperte", istituite da Kesselring, sostenuti in particolare dalla Chiesa Cattolica, che, pur mai formalmente ratificati dai comandanti militari, ebbero qualche risultato.

Il Feldmaresciallo avrebbe potuto creare una linea di capisaldi inespugnabili in Italia centrale, difendendo sino all'ultimo città potenzialmente fortissime per posizione, poste su alture di difficile accesso, che sarebbero divenute tante nuove Cassino: Siena, Orvieto, Perugia, Narni, Spoleto, Assisi, Montepulciano, Cortona, sino ad Urbino.

Kesselring preferì sottrarle alla certa distruzione, proclamando ad esempio Siena *città ospedaliera*, rinunciando a bloccare per un tempo indefinito gli alleati, piuttosto che rendersi responsabile- e rendere responsabile la Germania, la patria di Goethe e Mommsen!- agli occhi della posterità di una simile barbarie.

I posteri hanno senza dubbio un debito di gratitudine con Kesselring per la conservazione di un gran numero di monumenti che altrimenti sarebbero stati distrutti, come affermò lo stesso Churchill alla Camera, il 24 maggio 1944

> Adesso tocca a questo bel paese soffrire i peggiori orrori della guerra, con l'orrenda prospettiva del caldo rastrello della prima linea trascinato da mare a mare su tutta la la lunghezza della penisola [47].

Come i vertici dell'OKW tedesco, i capi militari alleati consideravano la campagna d'Italia solo da un punto di vista militare. Kesselring era sicuramente uno dei pochi che,pur nella frenesia generale prevalente in quel momento , manteneva un certo senso delle proporzioni e di umanità: all'amore per la cultura italiana di Kesselring non fu certo estranea la sua formazione classica ricevuta presso la *Lateinschule*, il nostro liceo

---

[45] G. Di Benedetti, *Le tre navi antiche del lago di Nemi*, Roma 2016, pp. 361 segg.
[46] F. Ragno, "Nemi: ritrovati negli Stati Uniti parte dei mosaici delle navi di Caligola. I reperti saranno restituiti al Museo delle Navi di Nemi. Il sindaco Alberto Bertucci ringrazia le autorità americane e italiane, guidate dal Capitano Fabrizio Parrulli e al Ministro Franceschini", *Castelli romani today*, 24 ottobre 2017.. https://castelli.romatoday.it/altre/ritrovamento-mosaici-navi-caligola-stati-uniti.html
[47] *Here is this beautiful country suffering the worst horrors of war. with a hideous prospect of the red-hot rake of the battle-line being drawn from sea to sea right up the whole length of the peninsula* Cit. in M. Gilbert, *Winston S. Churchill, Road to Victory, 1941- 1945*, London 2017 p. 312.

classico- di Bayreut[48]. E' indubitabile che grazie a lui vennero evitati molti altri tragici errori; quali altri monumenti, quali città d'arte sarebbero state rase al suolo se al posto di *Smiling Albert* ci fosse stato un Rommel o un Model?

Se oggi rimanessero solo rovine dove sorgono Paestum, Pompei. il Duomo di Orvieto, Piazza Navona, Santa Maria del Fiore e la Galleria degli Uffizi, città come Napoli, Pisa, Siena, San Gimignano, Perugia, il patrimonio nazionale italiano e la cultura mondiale avrebbero subito perdite irreparabili e incalcolabili.

Un'inchiesta degli alleati nel 1945 stabilì che il patrimonio artistico dell'Italia aveva ad ogni modo subito pochi danni durante la guerra e che lo stesso Kesselring aveva preteso di essere regolarmente informato sullo *status* delle opere d'arte e dei tesori nelle mani dei tedeschi nella penisola.

Se la distruzione dei beni culturali è oggi considerata un crimine contro l'umanità, bisogna rendere omaggio a chi, nella barbarie del conflitto, si adoperò per quanto poté per evitare il più possibile la distruzione del patrimonio artistico e culturale italiano, a costo di sacrificare le operazioni militari.

Le future generazioni di italiani almeno per questo dovrebbero ricordare la memoria di Kesselring con gratitudine: si pensi anche al salvataggio di musei e biblioteche, da Cassino al Museo Egizio ed alla Pinacoteca Sabauda di Torino, dagli Uffizi a Brera, e ancora vennero posti in salvo i capolavori dell'Accademia di Venezia, della Galleria di Urbino, del Museo Poldi Pezzoli e del Castello Sforzesco di Milano, dell'Accademia Carrara di Bergamo, insieme ai dipinti dei Musei di Roma e ad opere d'arte provenienti da chiese e luoghi di culto, come il Tesoro di San Marco o le tele di Caravaggio delle chiese romane di San Luigi dei Francesi e di Santa Maria del Popolo, date in consegna al Vaticano.

> (...) A compiere queste missioni, in diversi viaggi, sono alcuni «pazzi» capeggiati dagli storici dell'arte Giulio Carlo Argan ed Emilio Lavagnino, affiancati e appoggiati da un gruppo di studiosi e di funzionari dell'allora ministero delle Belle Arti: fra questi Palma Bucarelli, direttrice della Galleria nazionale d' Arte moderna, Giulio Battelli, direttore della scuola Vaticana di Paleografia, Bruno Molajoli ispettore della Belle Arti a Bari, Pasquale Rotondi, soprintendente delle Marche, Italo Vannutelli, economo del Museo di Palazzo Venezia, (...) E con loro lavorano - insolito sodalizio! - tre tedeschi: il professor Fritz Volbach, archivista in quegli anni presso la Biblioteca Vaticana, il maggiore Gerhard Evers (nella vita civile ordinario di Storia dell'arte a Darmstadt) e il tenente Peter Scheibert, sempre agitato, un po' arrogante, smanioso di conoscere vescovi e arcipreti, perché è uno specialista di arte paleocristiana. (...) I viaggi furono diversi, da gennaio a maggio, sempre più ardui e rischiosi, sotto il martellare dei bombardieri alleati. Il 24 marzo Lavagnino va con Giulio Battelli a Civita Castellana, Orte e Magliano Sabina: si tratta di trasportare a Roma diverse tele di pregio. Il solito Evers ha fornito benzina e lasciapassare per la *Topolino* dello studioso. (...) Prima delle spericolate missioni di Lavagnino e soci, un'altra grande operazione di salvataggio era stata compiuta: quella delle opere d'artete contenute nell' Abbazia di Montecassino dove, oltre ai tesori dell'antico centro benedettino, erano state ricoverate 100 casse con 413 dipinti provenienti dalla Galleria di Napoli e tutti i libri della biblioteca partenopea. Scelta peggiore non poteva esserci. Fu il tenente colonnello Julius Schlegel la mente direttiva dell'evacuazione di Montecassino che si concluse il 4 gennaio 1944 con la solenne consegna in Vaticano di 600 casse di libri e 172 casse di opere d"arte..[49].

---

[48]h: K. Macksey, *Kesselring. The Making of the Luftwaffe*, New York 1978, p.16.
[49] Red., "1944, la «mission impossible»", *Il Giornale*, 18/05/2006.

Come si vede non una parola su chi questi salvataggi volle e ordinò personalmente: Albert Kesselring, *Oberbefhelshaber Süd-West*.

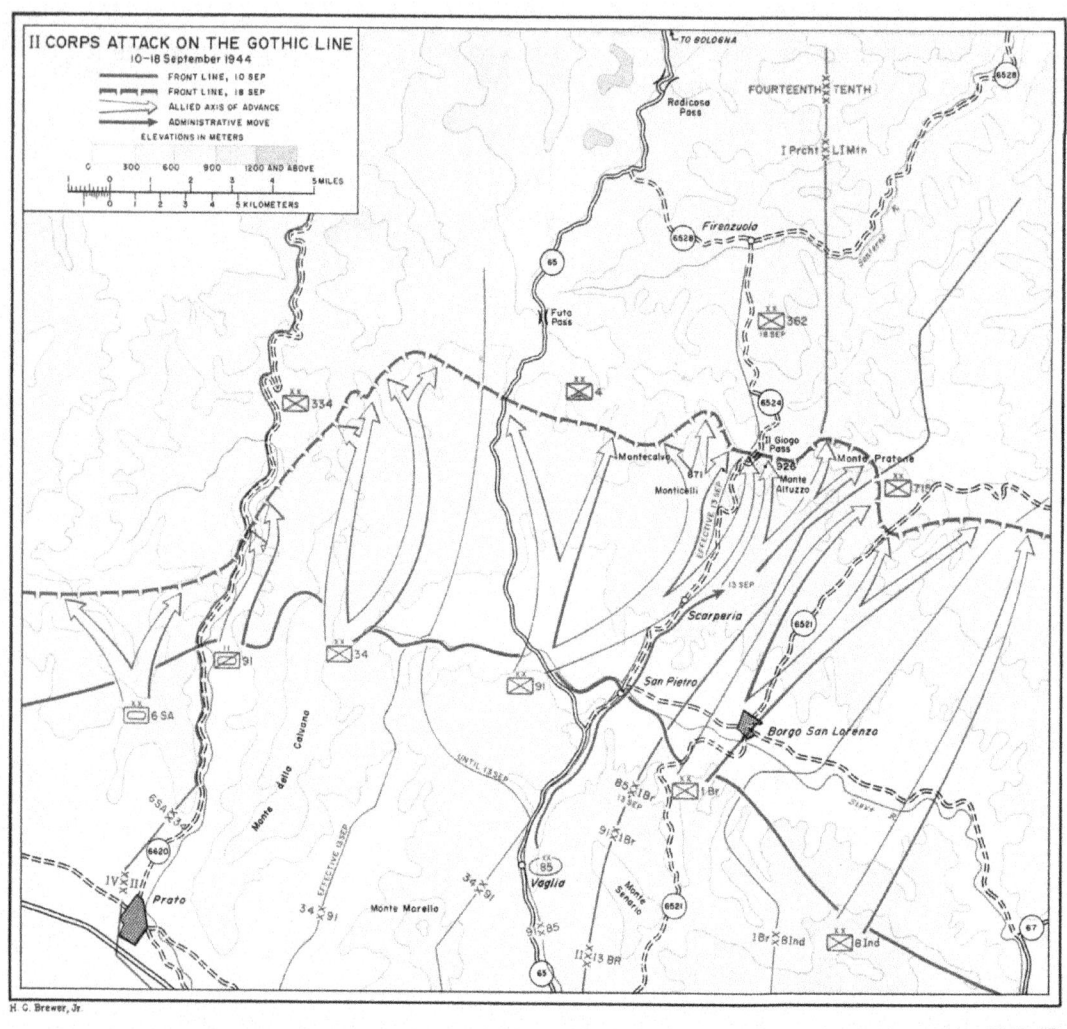

Operazioni sulla Linea Gotica tra i passi del Giogo e della Futa (settembre 1944).

11.
ACHTUNG BANDITEN!
GUERRIGLIA E CONTROGUERRIGLIA

Wo gehobelt wird, da fallen auch Späne[50].

Proverbio tedesco, citato da Albert Kesselring a proposito della controguerriglia

La guerriglia partigiana in Italia è, dal punto di vista militare, solo una nota a piè di pagina della campagna d'Italia.

Kesselring ha scritto che se fosse stato solo per i partigiani i tedeschi oggi sarebbero ancora in Italia: è vero, a dispetto dell'italico vizio della retorica che ammanta tuttora l'argomento. Nel quadro della campagna d'Italia, condotta vittoriosamente da Kesselring, la guerra partigiana è solo un dettaglio, descritto in un breve capitolo delle sue memorie, dove il Feldmaresciallo rileva che il fenomeno aveva acquisito una qualche rilevanza solo a partire dalla primavera-estate 1944 e che le maggiori insidie giungevano dal Nord-Est della Penisola e dall'Istria per le azioni congiunte di gruppi locali e di bande titine, ormai, almeno dal 1944, un vero e proprio esercito regolare[51].

Per valutare quale sia stato l'apporto della *resistenza* ai fini della conclusione del conflitto si considerino le cifre seguenti.

Dall'ottobre '43 al febbraio '45, su 439.224 soldati[52] i tedeschi persero in Italia, 44.825[53] uomini, che giunsero a 150.660 all'atto della resa; di questi le perdite ad opera dei partigiani furono 2.075, ovvero il 1,3 % del totale (4,6 considerando solo sino a febbraio '45): a titolo di paragone nel solo sacrario tedesco del passo della Futa sono sepolti 30.800 caduti. In una campagna come quella d'Italia duemila perdite sono quasi nulla: equivalgono ai morti di un paio di giorni di battaglia a Cassino o sulla linea Gialla[54], per di più spalmate su un arco temporale che va dal settembre 1943 al maggio 1945.

Per contro, secondo le cifre fornite dall'A.n.p.i., da sempre discusse, e gonfiate a scopi di propaganda politica, i partigiani caduti invece ammonterebbero a 28.630, cifra da ridurre sensibilmente, vista la tendenza ad includere nelle liste di "martiri della libertà" vittime di bombardamenti, di ordigni inesplosi e persino di membri delle FFAA della R.S.I. fucilati per diserzione: con maggiore attendibilità le cifre ufficiali del Ministero della Difesa sono di 15.197 tra caduti partigiani e civili vittime delle rappresaglie, ben 13.433 di meno rispetto ai dati dell'A.n.p.i.[55].

---

[50]*Quando si pialla, i trucioli cadono.*
[51]P. Romeo di Colloredo, *Confine orientale*, Massa 2020, pp.139 segg.
[52]K.H. Frieser, *Die Ostfront 1943/44 – Der Krieg im Osten und an den Nebenfronten*, K.H Frieser et all., *Das Deutsche Reich und der Zweite Weltkrieg*, VIII, München 2007, p. 1158.
[53]Nell'ultima cifra sono compresi i 4325 morti tedeschi in Sicilia. Karl Heinz Frieser parla di una forbice di 38.805–150.660 caduti dal luglio 1943 al maggio 1945: Frieser 2007, p.162. .
[54]Dal 26 agosto al 21 settembre '44 i tedeschi persero 14.604 uomini (di cui 7.000 dispersi)
[55]Ministero della Difesa, *Ufficio dell'Albo d'Oro*, Roma 2010, p.4. Si ricordi che il far iscrivere il nome di un familiare deceduto nella lista dei partigiani caduti combattendo significava ottenere la pensione e vantaggi nei concorsi e avanzamenti come titolo preferenziale nella pubblica amministrazione, da cui il gonfiaggio delle liste dei caduti partigiani.

Accettando comunque a titolo di discussione la cifra dell'A.n.p.i., vorrebbe dire che i tedeschi avrebbero inflitto ai partigiani perdite oltre tredici volte più alte di quelle subite: consideranto la cifra massima di 130.000 partigiani (di cui però solo 70.000 armati) raggiunta alla fine della guerra, la percentuale delle perdite partigiane sarebbe di ben il 22 %: il che dimostra come le bande non costituissero una minaccia di qualche peso se non forse psicologico generando insicurezza dietro le linee.

Non desta dunque meraviglia se in gran parte dei casi le azioni partigiane ebbero scarsissimo peso dal punto di vista militare – ad esempio difficilmente l'occupazione partigiana di Alba poteva avere una benché minima rilevanza nelle operazioni al fronte, centinaia di chilometri più a sud! – ma attirarono sulla popolazione civile il peso delle rappresaglie germaniche; e nemmeno servirono a distrarre dal fronte truppe tedesche: Lutz Klinkhammer ricorda come ben il 95% dei soldati tedeschi non siano stati coinvolti nella controguerriglia né nelle rappresaglie, molte delle quali avvennero durante la ritirata dal fronte[56], quando i tedeschi venivano attaccati *dopo* aver lasciato le posizioni: attacchi alle spalle senza alcun significato militare ma puri e semplici agguati che finirono per ricadere sulla popolazione civile. Le operazioni di controguerriglia infatti erano demandate in massima parte a reparti di polizia militare tedesca e italiana, a reparti ausiliari *Hiwi* e delle SS italiane, o a reparti della R.S.I. come le Brigate Nere, la legione Autonoma *Ettore Muti*, le unità, molto efficienti, di Co.Gu. (Controguerriglia) come il Raggruppamento *Cacciatori degli Appennini*, i Reparti Arditi Ufficiali, e solo di rado a unità di prima linea: in questi ultimi casi sitrattò sempre di reparti dell'ordine di una compagnia o massimo di un battaglione, non di più: si pensi al .famigerato *SS-Panzer-Aufklärungs-Abteilung 16* dello *Sturbannführer* Walter Reder, o al III Gruppo Esplorante della 4a Divisione F.M. *San Marco* della E.N.R.[57]. Per le Waffen SS italiane ci limitiamo a riportare un altro passo dalla già citata testimonianza di Pio Alessandro Filippani Ronconi, ufficiale della 29. ed insigne orientalista nel dopoguerra:

> Voluta a Berlino, la 29a Divisione venne in pratica sabotata dallo *Höchste Befehlshaber in Italien*, *Obergruppenführer* Karl Wolff, che già stava trattando con gli Alleati nella vicina Svizzera e, se non da lui, dalla sua "anima nera", lo *Sturmbannführer*, poi *Oberführer*, Johann-Eugen von Elfenau, alto ufficiale già dell'Esercito Federale Svizzero, passato assieme ad altri 800 connazionali a servire il III Reich (di probabile origine romantscha o addirittura italiana, dato che il suo vero nome era Corrodi). Contravvenendo agli ornidi da Berlino e sordo alle proteste quotidiane dei due generali Mannelli e Tschimpke, dirottava il fior fiore dei volontari italiani, perfino ex-partigiani, che si arruolavano chiedendo di essere mandati al fronte, spendendoli in reparti impegnati in operazioni di polizia antipartigiana, che era stata esclusa dall'accordo di arruolamento. Aquesto si aggiunge, negli ultimi mesi della guerra, l'afflusso di "falsi volontari", che avevano fatto domanda di arruolamento per uscire dai campi di prigionia in Germania, ai quali i nostri ideali non interessavano affatto essendo totalmente opposti ai loro.
> Molto paradossalmente fu proprio un ufficiale ex-italiano, l'altoatesino maggiore (*Sturmannführer*[58]) Alois Thaler a sottrarre con le sue *Ersatz-Einhaite*n ("complemen-

---

[56]*The historian Klinkhammer suggested that '95% of soldiers in Italy' were not involved directly or indirectly with these mass murders, and it is known that most incidents took place near the front battle areas of the occupation zones. It is evident that some reprisals took place during retreat, when the troops felt most vulnerable, but still inexcusable.* (Sangster, op. cit., p.211).

[57]A. Lombardi, *La controbanda! Storia e operazioni del III gruppo esplorante arditi e della controbanda di Calice Ligure Div.F.M. San Marco,* Genova 2017.

[58]Sic per *Sturbannführer*, ndA.

ti") i migliori elementi italiani dalla scelleratezza di una guerra civile per combattere la quale erano già in campo altre unità a ciò addestrate.

Travolti dalla perversa logica di una lotta che non riguardava né loro, né la Divisione alla cui formazione si erano dedicati, il maggiore Thaler ed il capitano Sommer dopo la fine della guerra, nella primavera del 1945, moriranno fucilati dai partigiani a Rodengo-Saiano[59].

Dunque, quanto ad addestramento, armamento - costituito esclusivamente da armi italiane e non tedesche, come pure le divise- ed efficenza la 29.[60] non era esttamente la *Leibstandarte SS "Adolf Hitler"*, la *Das Reich* o la *Totenkopf*, le prime tre divisioni delle waffen SS considerate le migliori unità della Seconda guerra mondiale, ma neppure la *Norge* o la *Wiking*.

Dopo l'8 settembre 1943 il costituirsi di forze partigiane fu piuttosto lento e farraginoso. Molti militari allo sbando si ritirarono in zone isolate del territorio occupato, più con lo scopo di sottrarsi ai tedeschi che di aggredirli. Le formazioni partigiane erano piuttosto piccole, comprendenti di solito non più di 10-12 uomini, e che superavano solo di rado le 50 unità. Nel dicembre del 1943, nonostante l'afflusso dei renitenti alla leva della RSI, le forze partigiane erano stimabili attorno ai 10.000 uomini, non tutti combattenti.

Nell'aprile del 1944 le forze partigiane erano cresciute solo sino ad una forza stimata di 13.500 unità, delle quali il 48% era costituito dai comunisti, ma che includeva anche importanti formazioni autonome, formate da militari e da monarchici, soprattutto in Piemonte, e di *Giustizia e libertà* (rispettivamente il 28 e il 21%). Gli attacchi di queste forze difficilmente avevano effetti sull'attività bellica, anche se le attività di sabotaggio andarono via via aumentando. Il modo di agire variava di banda in banda, con i comandanti partigiani monarchici e "autonomi", spesso ex ufficiali del REI, che si mostravano generalmente più rispettosi delle leggi di guerra, evitando l'uccisione dei prigionieri e agendo in modo da non scatenare rappresaglie che potessero coinvolgere la popolazione civile, mentre i comunisti tendevano ad essere spietati, uccidendo sistematicamente i combattenti tedeschi o italiani – specie italiani – feriti e prigionieri e anche civili accusati di simpatie fasciste o di essere *nemici di classe*, e per i quali lo scatenare le rappresaglie costituiva un modo per alienare a fascisti e tedeschi la simpatia della popolazione. Ovviamente il trattamento inflitto ai partigiani catturati variava di conseguenza, con i comunisti quasi sempre giustiziati sul posto, perlomeno dalle unità tedesche e della RSI più agguerrite nella lotta contro le bande.

La situazione cambiò nell'estate del 1944. L'avanzata degli alleati sino alla linea Orbetello-Orvieto-Terni e la notizia dello sbarco in Normandia generarono un certo ottimismo sul fatto che i tedeschi fossero al tracollo.

A luglio erano stimabili 50.000 combattenti e 20.000 fiancheggiatori. E a fare la differenza c'era anche l'arrivo via aviolancio di ufficiali del SOE britannico[61] e dell'OSS statunitense[62], e, in modo non ufficiale del GRU sovietico[63], inviati presso le formazioni

---

[59] P. A. Filippani Ronconi, http://uncrsimilano.blogspot.com/2013/03/la-29a-divisione-granatieri-ss.html
[60] La 29. *Waffen Grenadier-Division der SS (ital. nr.1)* non venne mai chiamata *Italien* come troppo spesso ripetuto, non ricevendo ufficialmente alcuna denominazione. Da notare come si trattasse di una *Waffen Grenadier-Division d. SS* e non *SS Grenadier-Division*, ciò che ne indicava lo *status* di unità di seconda schiera; non venne mai impiegata come unità organica ma in piccoli reparti.
[61] *Special Operations Executive*.
[62] *Office of Strategic Service*, poi *Central Intelligence Group* (1945- 47), infine *dal 1947* ridenominata *Central Intelligence Agency* (CIA).

comuniste e fatti passare per prigionieri di guerra evasi (sull'argomento, ricordiamo come in Italia non vi furono mai prigionieri sovietici, che venivano consegnati ai tedeschi) o disertori di unità *Osttruppen*. Agli ufficiali di collegamento seguirono aviolanci di armi e materiali: 152 tonnellate a maggio, 362 a giugno, 446 a luglio, 227 ad agosto...

I risvolti militari di quest'aumento di attività furono però tutt'altro che buoni. I partigiani sfruttarono spesso queste nuove forze (contro il parere degli ufficiali di collegamento alleati) nel tentativo di creare delle zone libere, le sedicenti *repubbliche partigiane*, perfettamente inutili nel contesto della campagna d'Italia anche per la distanza dal fronte.

Il risultato fu che per la prima volta i repubblicani ed i tedeschi – che ricordiamo non usarono quasi mai truppe di prima linea nella lotta contro le bande – poterono intervenire contro bersagli chiari e precisi, con risultati decisivi. Entro l'ottobre 1944 le forze partigiane erano state completamente fiaccate, e il 28 di quel mese il governo della R.S.I. fece una nuova amnistia: tra renitenti alla leva e partigiani combattenti si consegnarono in 47.000, quasi tutti i *ribelli*.

Fu solo nella primavera del '45, quando ormai il conflitto era praticamente finito, che le forze partigiane tornarono a crescere. A fine marzo '45 i combattenti schizzarono a 80mila, ad aprile raggiunsero i 130mila, anche se di essi solo 70mila armati[64].

Insomma è innegabile che ci fu una gran massa di combattenti dell'ultima ora (crebbero soprattutto le brigate *Garibaldi*).

Nelle proprie memorie, Kesselring tracciò il seguente quadro delle varie tendenze presenti nel movimento resistenziale:

> Fondamentalmente l'organizzazione partigiana presentava il quadro seguente.
> Primo gruppo. "Truppe leggere" addestrate professionalmente, apparse in gruppi piccolissimi. Erano legati l'un l'altro da giuramenti ed erano uomini valorosi che rischiavano il collo. Se non fosse per la violazione intenzionale delle leggi di guerra non vi sarebbero critiche da fare. I sabotatori appartenevano a questa categoria: costoro violarono tuttavia sempre di più le leggi dell'umanità, essendo pieni di elementi criminali.
> Secondo gruppo. Delinquenti che depredavano, ammazzavano e saccheggiavano ovunque qualsiasi cosa potessero: un flagello nazionale.
> Terzo gruppo. La maggior parte del movimento partigiano. Questa categoria, col passar del tempo, assunse un aspetto militare sempre maggiore, era nemica di tedeschi e fascisti, ed acquisì più o meno consenso a seconda dell'atteggiamento degli abitanti delle varie zone. Nelle zone di operazione vi furono villaggi occupati dai partigiani, persino zone in cui ogni uomo, donna e bambino erano in qualche modo legati ad essi, fosse come combattenti, ausiliari o simpatizzanti. Che questa gente lo facesse spontaneamente o perché obbligata non fa differenza. Quando una pallottola uccideva un soldato tedesco non potevamo fare differenze. Allo stesso tempo c'erano zone "minacciate dai partigiani" o anche "libere da partigiani". In complesso le bande partigiane presentavanro il quadro di una collezione disordinata di soldati alleati, italiani e balcanici, disertori tedeschi e civili del luogo di entrambi i sessi, differenti tendenze ed età con idee molto diverse circa la moralità, con il risultato che spesso il patriottismo altro non fu che un paravento per lo scatenarsi degli istinti peggiori.

---

[63] *Glavnoe Razvedyvatel'noe Upravlenie, Direzione principale per l'informazione*, i servizi segreti militari.
[64] A titolo di confroto, nell'operazione *Olive* (battaglia di Rimini, settembre 1944) vennero coinvolti 300.000 tedeschi e 900.000 soldati alleati

In linea di massima anche gli alleati davano giudizi analoghi a quelli di Kesselring: in generale di queste *truppe* gli ufficiali inglesi del SOE non davano un giudizio molto positivo: giudicavano circa il 10% dei partigiani decente, con un altro 30% privo di esperienza, ilresto spesso formato da puri e semplici renitenti alla leva con poca o nulla voglia di combattere. A questo andava aggiunta la poca voglia di collaborare tra di loro delle varie componenti politiche. Sangster riporta che

> La situazione era complessa, ed a volte [i partigiani] si combattevano l'un l'altro e si tradivano; in un'occasione alcuni partigiani comunisti avevano assassinato dei soldati tedeschi e scapparono; vennero consegnati ad un reparto fascista dagli *Azzurri*, un gruppo di partigiani monarchici[65],

per evitare le rappresaglie tedesche sulla popolazione civile, che erano invece il preciso scopo dei *garibaldini*.

Agli inizi del 1944 il comando di Kesselring aveva istituita una apposita compagnia di cacciatori, la *Banden-Jagd-Kompanie OB Südwest*, la cui attività era esclusivamente la lotta contro le bande partigiane. La tendenza a creare una puntuale organizzazione per la lotta contro le bande fu proseguita nella primavera. La 14. *Armee* costituì un comando per la lotta alle bande agli ordini del maggiore Hermann (*Stab für Bandenbekämpfung Major Herrmann*) e, successivamente, un comando affidato al colonnello delle truppe corazzate Schanze, denominato *Bandenkampfstab Oberst Schanze*.

Per quanto riguarda la lotta antipartigiana, inizialmente all'Italia erano state applicate le direttive fondamentali di lotta alle bande emanate fra novembre e dicembre del 1942 nell'ambito della guerra totale condotta nei paesi dell'Europa orientale. Tali direttive vennero inasprite, anche quando, per altri teatri di guerra, furono sostituite da ordini meno radicali. Se infatti il primo aprile del 1944 il foglio di istruzioni 69/2 *Bandenbekämpfung* sostituì il *Kampfanweisung für die Bandenbekämpfung in Osten* del novembre precedente, attenuandone alcune disposizioni, solo pochi giorni dopo, il 7 dello stesso mese, Kesselring rese più aspra la strategia contro le bande, dichiarando che, quando fossero stati giustificati dal comportamento dei ribelli gli interventi anche drastici non avrebbero dovuto essere puniti.

In questa fase il problema della ripartizione di competenze fra SS ed esercito era stato risolto a favore di Kesselring con un messaggio telegrafato datato 1 maggio 1944 inviato dal Feldmaresciallo Keitel al generale comandante in capo del settore Sud-Ovest. Veniva stabilito che al Generale Comandante in capo del settore Sud-Ovest fosse attribuito il comando supremo delle operazioni contro i partigiani nell'area italiana. Il Comandante supremo delle SS e della polizia Wolff sarebbe stato responsabile della condotta delle operazioni, ma avrebbe dovuto seguire i principi guida stabiliti dal Generale comandante in capo del settore Sud-Ovest ed operare direttamente sotto di lui

Ciò significa che Kesselring assunse la guida della lotta alle bande in Italia: anche se, al di fuori della zona d'operazioni dell'esercito, la responsabilità operativa spettava a Wolff, comandante supremo delle SS e della polizia, quest'ultimo rimaneva sempre sottoposto al Comandante in capo del fronte Sud-Ovest e alle sue direttive.

Il 17 giugno 1944 Kesselring emanò un regolamento particolarmente severo per la lotta

---

[65]*It was complex and at times they fought and betrayed one another; on one occasion some Communist partisans had killed some German soldiers and were 'on the run;' they were traded to a Fascist group by the Azzurri, a group of Monarchy partisans*: Sangster, op. cit., p. 202.

alle bande partigiane, che conteneva la cosiddetta "clausola dell'impunità", la garanzia dell'immunità per quei comandanti che dovessero eccedere nei metodi di lotta ai partigiani.

> La lotta contro i partigiani deve essere condotta con tutti i mezzi a nostra disposizione e con la massima severità. Io proteggerò qualunque Comandante che, nella scelta e nella severità dei mezzi adottati nella lotta contro i partigiani, ecceda rispetto a quella che è la nostra abituale moderazione.
> Vale al riguardo il vecchio principio per cui un errore nella scelta dei mezzi per raggiungere un obiettivo è sempre meglio dell'inazione o della negligenza (...) i partigiani devono essere attaccati e distrutti.

Il 28 giugno 1944, Kesselring accusò gli Alleati di aver incitato la popolazione italiana *ad assalire le postazioni militari tedesche, ad attaccare le sentinelle pugnalandole alle spalle e ad uccidere quanti più tedeschi potevano*; il Maresciallo il 1 luglio richiamava l'ordine del 17 giugno e indicava specificamente, fra le misure da intraprendersi:

> Laddove ci siano numeri considerevoli di gruppi partigiani, una parte della popolazione maschile di quell'area dovrà essere arrestata. Nel caso in cui siano stati commessi atti di violenza [contro le truppe tedesche], questi uomini saranno uccisi

Avvertendo però che non si sarebbe dovuto agire indiscriminatamente, ma secondo criteri di giustizia:

> Il saccheggio in qualsiasi forma è proibito e dovrà essere punito nella maniera pù severa. Tutte le contromisure devono essere dure ma giuste. Lo richiede l'onore del soldato tedesco .

Nell'agosto 1944, dopo i tragici fatti di Sant'Anna di Stazzema[66], Mussolini protestò duramente con Kesselring per gli effetti deleteri e controproducenti dell'eccessiva spietatezza germanica verso i civili,

> I cui eccessi spingevano gli Italiani che avevano precedentemente aderito alla causa tedesca a unirsi ai partigiani,.

Il Duce proseguì ammonendo Kesselring che

> Quale Generale comandante in capo del settore Sud-Ovest, [era responsabile] come soldato, della reputazione dell'esercito tedesco

che tali violenze avrebbero finire per macchiare indelebilmente.
Di conseguenza, Kesselring comunicò a comandi e truppe dipendenti come Mussolini avesse fermamente protestato per le rappresaglie indiscriminate, usando termini assai duri. A seguito dell'intervento del Duce, quindi, il Feldmaresciallo emanò nuovi ordini: in quello del 21 agosto 1944, nove giorni dopo il massacro di Sant'Anna di Stazzema ,

---

[66] La strage venne ompiuta dal II. battaglione del *SS-Panzergrenadier-Regiment 35* della 16. *Reichsführer* SS agli ordini del *Hauptsturmführer* Anton Galler, secondo talune fonti antifasciste coadiuvato da uomini della 36a Brigata Nera *Mussolini* di Lucca. Le vittime furono 560, di cui 130 bambini.

pur senza nominarlo, deplorava gli eccessi commessi dai tedeschi contro la popolazione civile, stigmatizzando che

> Nel corso di importanti operazioni contro i banditi nelle recenti settimane sono accaduti incidenti che toccano seriamente il buon nome e la disciplina delle Forze Armate tedesche, e che non hanno più alcun legame con le misure di rappresaglia.
> Poiché la lotta contro le bande va condotta con le misure più severe, potrebbe capitare a volte che siano coinvolte anche persone innocenti. Se, tuttavia, un'operazione anziché pacificare la regione portasse solo a maggiore irrequietezza nella popolazione, oltre a creare problemi che alla fine ricadrebbero sulle Forze armate tedesche, sarà un'indicazione che l'operazione è stata malamente condotta, e sarà considerata solo come atto di saccheggio-
> Il Duce stesso, in una lettera al Dr. Rahn, ambasciatore tedesco presso il Governo italiano, si è duramente lamentato del modo in cui sono state condotte varie operazioni di lotta alle bande, e di atti di rappresaglia che sono ricaduti sulla popolazione anziché sui banditi
> Le conseguenze di questo stato di cose hanno gravemente incrinata la fiducia nelle Forze Armate tedesche, così creandoci nuovi nemici e favorendo la propaganda nemica.

Il riferimento implicito a Sant'Anna è palese nel riferimento agli atti di saccheggio [*Plünderung*].
Kesselring dovette tornare sull'argomento con l'ordine del del 24 settembre in cui ammoniva che non avrebbe tollerato ulteriori violenze ingiustificate contro la popolazione;

> Il Duce mi ha nuovamente trasmesso testimonianze scritte circa atti commessi da membri di unità di stanza in Italia contro la popolazione, che contravvengono alle mie direttive del 21 agosto 1944; sono fatti rivoltanti [*abstoßend*] per il modo in cui sono stati condotti e che stanno inducendo anche gli elementi pacifici della popolazione a passare dalla parte del nemico o dei partigiani.
> Non ho alcuna intenzione di tollerare oltre simili comportamenti, essendo ben conscio che tali codardi oltraggi ricadono sugli innocenti.
> Le lamentele del Duce sono state trasmesse all'Alto Comando, ed il generale competente è stato incaricato di investigare sui peggiori di questi fatti, di riferirmi i risultati delle indagini, e di trasmettere tutto al comandante responsabile per la decisione finale.
> Questi ufficiali trasmetteranno il verdetto a me personalmente.

La risposta alle proteste indignate di Mussolini fu spedita il 27 dicembre: Kesselring difendeva l'azione intrapresa, ma prometteva che in breve tempo sarebbe stato emanato un nuovo ordine in materia di rappresaglie, ed infatti l'8 febbraio 1945 mitigava le rigorose disposizioni contro i civili della tarda primavera precedente.
Si confrontino le parole di Kesselring con quelle del *liberatore* Patton alla vigilia dello sbarco in Sicilia, 9 luglio 1943 (abbiamo già riportata la traduzione).

> If your company officers in leading your men against the enemy find him shooting at you and when you get within two hundred yards of him he wishes to surrender – oh no! That bastard will die! You will kill him. Stick him between the third and fourth ribs. You will tell your men that. They must have the killer instinct. Tell them to stick him. Stick him in the liver. We will get the name of killers and killers are immortal. When word reaches him that he is being faced by a killer battalion he will fight less. We must build up that name as killers. The killers are immortals.

Lo *Sturbannführer* Walter Reder, comandante il *SS-Panzer-Aufklärungs-Abteilung 16* e responsabile di alcuni dei più efferati massacri nazisti in Italia, che dal 1941 al 1943 aveva combattuto sul fronte russo, prima come ufficiale di ordinanza dello Stato maggiore di della 3. *SS Panzerdivision "Totenkopf"*, quindi come comandante di compagnia e di battaglione, nel 1949, mentre era in attesa di giudizio nel carcere di Bologna, stilò una relazione scritta sulle azioni che da lui condotte culminate nelle stragi di San Terenzo Monti, Vinca e Marzabotto, intitolata *La guerra partigiana*, e indirizzata a un sui corrispondente di Salisburgo, Reder sosteneva a propria discolpa come non si fosse trattato di stragi indiscriminate, ma di azioni di lotta alle bande (*Bandenkampf*) nel corso delle quali incidentalmente morivano civili. Inoltre ribadiva che i suoi argomenti erano *in relazione al vigente diritto internazionale di guerra previsto dalle convenzioni di Ginevra e dell'Aia*.

> Analogamente a quanto scritto nel *Bandenkampf*, dovunque all'est, dove dal giugno 1941 operavano alle spalle delle truppe tedesche i gruppi terroristici bolscevichi, [...] la popolazione civile veniva metodicamente decimata o completamente annientata, o perlomeno deportata e comunque costretta al banditismo. [....] Era un assassinio addirittura del proprio popolo e in niente distinguibile dalla politica di annientamento bolscevica condotta contro contadini, lavoratori e burocrati nell'Unione Sovietica dal 1917.

Reder attribuiva la responsabilità prima delle vittime ai partigiani:

> Metodi di combattimento di questi partigiani comunisti, senza scrupoli, pieni di trucchi, e senza riguardi nei confronti della vita degli abitanti delle proprie campagne [.,.,] che le popolazioni civili non combattendo siano state coinvolte in perdite, non è possibile impedire in una guerra ma è principalmente da addebitare al modo di combattere dei partigiani stessi.

Reder, riferendosi alle due grandi operazioni contro la brigata *Lunense* nelle Apuane e la *Stella Rossa* a Monte Sole, che scapparono senza affrontare le SS, abbandonando i civili alla loro vendetta, si giustificava affermando che *non si trattava di rappresaglia o repressione contro la popolazione civile, ma [di] vere azioni militari originate dalla necessità della situazione*. A San Terenzo, tra il 17 ed il 19 agosto 1944 vennero uccisi 159 civili; pochi giorni dopo a Vinca (24- 27 agosto) i morti furono 162; a Marzabotto, in una serie di stragi effettuate dalle Waffen SS di Reder tra il 29 settembre ed il 5 ottobre furono massacrati 770 civili[67] *di cui solo una minima parte coinvolti con i partigiani*. Pochi giorni dopo un articolo apparso l'11 ottobre 1944 sul *Resto del Carlino a firma di Enzo Biagi smentiva le voci di una strage tedesca di civili, bollandole come propaganda:*

> Siamo dunque di fronte a una nuova manovra dei soliti incoscienti destinata a cadere nel ridicolo perché chiunque avesse voluto interpellare un qualsiasi onesto abitante di

---

[67] La cifra di 1870 morti apparsa in anni recenti è assolutamente improponibile: Luca Baldissara e Paolo Pezzino. *Il massacro. Guerra ai civili a Monte Sole*, Bologna 2011 dimostrano che i centoquindici luoghi nei quali si sono consumate una scia di stragi sono diventati «*Marzabotto*»; le lunghissime e atroci giornate fra il 29 settembre e il 5-6 ottobre, una data per discorsi ufficiali; i 770 uccisi in un'azione militare pianificata sono stati annessi agli altri caduti durante la guerra e i bombardamenti

Marzabotto o, quanto meno, qualche persona reduce da quei luoghi, avrebbe appreso l'autentica versione dei fatti

Gli schemi adottati dal *SS-Panzer-Aufklärungs-Abteilung 16* dimostrano una certa uniformità della tattica impiegata, almeno in due occasioni: a Vinca e a Monte Sole. La stessa tecnica la ritroviamo poi a Sant'Anna di Stazzema, dove operarono altre truppe, sempre della 16. *SS Panzergrenadier-Division Reichsführer SS*, e classiche della lotta alle bande sul fronte orientale: individuazione della zona del rastrellamento, accerchiamento con colonne provenienti da varie direzioni, ripulitura totale del territorio all'interno dell'area da bonificare. Peraltro, subito dopo Reder ricorre all'immagine, anch'essa frequente nelle deposizioni degli ufficiali tedeschi, di una guerriglia che utilizza donne e bambini sull'esempio della Russia; infatti troviamo analoghe annotazioni negli ordini emanati per la lotta alle bande nell'Est:

> Ogni casa anche se abitata da civili non combattenti, venne usata come fortezza, dove i partigiani, le donne e i bambini mostravano vita pacifica e da dove con raffiche di mitragliatrici sparavano alle spalle delle truppe tedesche transitanti, dalle quali le stesse donne e ragazzi partecipavano quali attivi combattenti con le armi alla mano sull'esempio dei battaglioni femminili russi

È evidente nell'atteggiamento tedesco un intento punitivo nei confronti di una popolazione vista come infida e traditrice. Il disprezzo per il tradimento si nutriva anche di stereotipi sul carattere infido degli italiani, derivato dai ricordi del 1915 e soprattutto dal voltafaccia del settembre 1943: che indubbiamente ebbe un notevole peso nella radicalizzazione della violenza sui civili: Kesselring, commentando la strage di Guardistallo del 29 giugno 1944, e considerando come l'episodio fosse da collegarsi direttamente ad

> Un vile attacco alle truppe impegnate [...] da parte di truppe irregolari che non hanno neppure il diritto di essere chiamate soldati,

sottolineando come gli abitanti di quel paese vi dovessero essere in qualche modo implicati.

> Il fatto che "pacifici civili" vennero uccisi nei loro letti non è in contraddizione con il fatto di essere implicati, al contrario lo dimostra: chi fra gli Italiani sarebbe andato tranquillamente a dormire alle 5.30 del mattino di giugno dopo tutte quelle ore di combattimenti in un paese nei pressi del fronte, come se nulla fosse successo? Conoscendo gli Italiani io posso dire che nessuno lo avrebbe fatto.

Del resto, i vertici comunisti perseguivano un disegno ben preciso di presa del potere che si è manifestato subito, quando ancora la resistenza muoveva i primi passi: volevano essere la forza principale della guerra di liberazione, un conflitto che per loro rappresentava soltanto il primo tempo di un passaggio storico fondamentale: imporre la dittatura del proletariato e fare dell'Italia uscita dalla guerra una *democrazia popolare* di impronta stalinista schierata con l'Unione Sovietica.

Il colonnello statunitense John H. Hougen nella sua *The Story of The Famous 34th Infantry Division* scrisse:

> Gli uomini della 34th *Division* videro fuggire presunti fascisti falciati dagli incalzanti

partigiani e furono testimoni di massacri di massa di uomini cui non era stata concessa neppure una parvenza di processo. Questa anarchia durò fino a quando gli alleati e il governo italiano riconosciuto presero il controllo della situazione con mani forti e fecero inutili sforzi per indurre i partigiani a deporre le armi e dedicarsi ad opere di pace. Nonostante anche promesse di ricompense il tentativo fallì e allora dovettero imparare che gli estremisti partigiani erano comunisti fanatici i cui scopi e obiettivi manifesti erano di ottenere il controllo dell'Italia. Con la massima franchezza ci informarono che le armi e le munizioni nascoste sulle montagne sarebbero state in breve rivolte contro gli odiati capitalisti[68].

Anche il colonnello brasiliano Adhemar Rivermar de Almeida nel suo libro di memorie *Montese. Marco Glorioso de uma Trajetoria* non dà un quadro migliore dei partigiani comunisti con cui i brasiliani vennero a contatto:

> La nostra missione si riduceva praticamente a custodire alcuni servizi pubblici e a reprimere le manifestazioni che perturbavano l'ordine causate dal èpermanere di atti di vera e propria barbarie provocati dai partigiani, atti che erano in contrasto con l'elevato livello di civiltà degli abitanti del nord della penisola italiana. Da tutte le parti si evidenziava una grande attività dei comunisti avidi di conquistare il potere[69].

Sangster a conferma di quanto sopra riportato scrive nella sua tesi su Kesselring che

> The Allies were particularly concerned about the large powerful communist groups, in view of postwar politics. It was generally understood that the communists were still waging a class-war, based on Lenin writing that Socialists differed from the bourgeois because 'we understand the inevitable connection between war and class struggle'. The same concern about communist motives was felt on the German side: Wolff, Dollmann and Rahn believed that with French communists in the west, Tito to the east there would be a communist block and they believed 'the only solution was to arrange an orderly surrender of German forces[70]

Per inciso, storicamente è quantomeno inesatto definire *combattenti della libertà* i partigiani comunisti che combattevano con lo scopo dichiarato di instaurare una dittatura di tipo sovietico sotto l'egida dell'URSS di Stalin, di sicuro non più democratica di quella mussoliniana. I succitati brani di Hougen e di Rivemar de Almeida- due esempi tra tanti- dimostrano come anche gli alleati ne fossero coscienti e preoccupati.
Per raggiungere tale scopo ogni mezzo era buono, dalla soppressione dagli avversari, anche appartenenti a formazioni partigiane di diverso orientamento, si pensi alle malghe di Purzus o alle sospette morti di comandanti come *Lupo* e *Bisagno*, sino alla delazione, come avvenne a Roma con le denunce che portarono alla distruzione dei *trotzkisti* di *Bandiera Rossa*, i quali per i comunisti erano, come già in Spagna, avversari quanto i fascisti.
Alla condotta di Kesselring nella lotta antipartigiana si possono applicare senza modificare una virgola le parole scritte da Giorgio Rochat a proposito della condotta del Regio

---

[68] J. H. Hougen, *The Story of The Famous 34th Infantry Division*, Arlington 1949, cit. in C. Fiaschi, *La guerra sulla linea Gotica Occidentale. Divisione Monterosa 1944- 45*, Bologna, 199, p. 124.
[69] A. Rivermar de Almeida, *Montese. Marco Glorioso de uma Trajetoria*, Brasilia 1985, cit. in Fiaschi, op.cit., p. 125.
[70] Sangster, op. cit., p. 204.

Esercito italiano in analoghe circostanze, sicuramente non ascrivibili a posizioni in qualsiasi modo riconducibili a visioni nazionalistiche della storia militare italiane, si è soffermato anche sulla guerra balcanica dell'Italia[71] nella sua monografia dedicata alle guerre italiane del periodo 1935-1943.

> La prima cosa da rilevare è che tutti gli eserciti regolari hanno difficoltà a capire e affrontare una guerra partigiana. L'istituzione militare si legittima come monopolio della violenza organizzata al servizio dello Stato, quindi ricerca la massima potenza distruttiva consentita dallo sviluppo degli armamenti per un conflitto programmato contro forze analoghe degli Stati nemici. I suoi codici di valore sono orientati a questo tipo di conflitto, definirlo «cavalleresco» sarebbe eccessivo, ma tutti gli eserciti regolari accettano alcune regole di massima come il rispetto del nemico ferito o che si dà prigioniero (non fosse che per ovvie esigenze di reciprocità) e dei civili, fino a quando restano civili, ossia non partecipano ai combattimenti. [...] La cultura e l'addestramento di un esercito regolare vanno però in crisi quando si trova a occupare un paese ostile con una resistenza di popolo, dove ogni civile è un potenziale nemico, e deve fare fronte a una guerra partigiana condotta secondo regole tattiche e codici di comportamento differenti da quelli «regolari». [...] Quindi tende a ricorrere a soluzioni brutali (fucilazioni, distruzioni di villaggi, deportazioni)[72].

L'orrore suscitato nei combattenti regolari dal comportamento delle bande è ben espresso dallo stesso Kesselring:

> I miei soldati venivano fatti oggetto di imboscate, veniva loro data la caccia; venivano arsi vivi, i soldati feriti nelle ambulanze con la Croce Rossa venivano bruciati; i loro corpi inchiodati ai telai delle finestre, gli occhi strappati, i loro nasi ed orecchie mozzati; venivano infilati in botti che venivano riempite d'acqua e poi mitragliate, e per fare solo un esempio, a Pisa in segno di gratitudine perché avevamo distribuito latte ai bambini i pozzi vennero avvelenati.

Ora, non si può e non si deve generalizzare con accuse come queste: non tutti i partigiani erano dei criminali o dei sadici, e simili metodi di lotta non erano adottati da tutti, certo non dai monarchici o dai giellini, ma quasi esclusivamente dalle bande di ispirazione comunista, fortemente motivate anche ideologicamente; ma allo stesso modo non si può, come viene costantemente fatto, affermare che *tutti* i soldati tedeschi fossero assassini e criminali, anche perché il 95% per cento dei militari tedeschi non ebbe nulla a che fare con la resistenza, neppure indirettamente, e probabilmente, vista la scarsa entità numerica delle bande, la scarsissima propensione a confrontarsi con i tedeschi militarmente, e la marginalità già evidenziata del movimento partigiano, gran parte dei soldati germanici neppure vide mai un resistente, partigiano, *patriota*, *bandito* o *ribelle* che lo si voglia chiamare, se non forse a guerra finita.
Per dare un giudizio di quanto accaduto in maniera imparziale, l'unico metodo è quello di affidarsi alle leggi internazionali, di cui la Germania, come anche il Regno d'Italia, era firmataria. Nel caso specifico ci riferiremo alla Convenzione dell'Aja del 1907, vigente a quell'epoca, e alle successive conclusioni del Tribunale di Norimberga.
L'art. 42 della Convenzione dell'Aja recita:

---

[71] G. Rochat, *Le guerre italiane 1935-1943. Dall'impero d'Etiopia alla disfatta*, Torino 2005.
[72] Ibid. p. 366

> La popolazione ha l'obbligo di continuare nelle sue attività abituali astenendosi da qualsiasi attività dannosa nei confronti delle truppe e delle operazioni militari. La potenza occupante può pretendere che venga data esecuzione a queste disposizioni al fine di garantire la sicurezza delle truppe occupanti e al fine di mantenere ordine e sicurezza. Solo al fine di conseguire tale scopo la potenza occupante ha la facoltà, come ultima ratio, di procedere alla cattura e alla esecuzione degli ostaggi.

Secondo il diritto internazionale (Art. 1 della convenzione dell'Aia del 1907) un atto di guerra materialmente legittimo può essere compiuto solo dagli eserciti regolari ovvero da corpi volontari i quali rispondano a determinati requisiti, cioè abbiano alla loro testa una persona responsabile per i subordinati, abbiano un segno distintivo fisso riconoscibile a distanza e portino apertamente le armi, come già ricordato a proposito di via Rasella.

Ciò premesso, si può senz'altro affermare che gli attentati messi in atto dai partigiani fossero atti illegittimi di guerra esendo stati compiuti da appartenenti a un corpo sì di volontari che spesso non rispondevano ad alcuno degli accennati requisiti, ai quali bastava gettare le armi per mescolarsi alla popolazione civile: anche se va aggiunto che a differenza di altri movimenti clandestini vi fu, verso la fine guerra ed in determinate aree come il Piemonte, la tendenza da parte di alcune unità partigiane ad indossare non solo un fazzoletto o capi di uniformi italiane o tedesche, ma uniformi preparate appositamente e con un proprio sistema di gradi, il che faceva ricadere tali formazioni nell'art. 1 della convenzione dell'Aia come legittimi belliganti[73].

Secondo l'Art. 2 della convenzione di Ginevra del 1929 non potevano essere utilizzati per una rappresaglia né feriti né prigionieri di guerra e neppure personale sanitario.

Il Tribunale di Norimberga contro i criminali nazisti d'altra parte affermò:

> Le misure di rappresaglia in guerra sono atti che, anche se illegali, nelle condizioni particolari in cui esse si verificano possono essere giustificati: ciò 'in quanto l'avversario colpevole si è a sua volta comportato in maniera illegale e la rappresaglia stessa è stata intrapresa allo scopo di impedire all'avversario di comportarsi illegalmente anche in futuro.

E per finire la parte legale del '*discorso*' ecco le condizioni che ammettevano una rappresaglia, sia per il diritto internazionale, sia per l'interpretazione data dal Tribunale di Norimberga:

> Dopo attacchi contro la potenza occupante, laddove la rappresaglia si rendesse necessaria dal punto di vista militare. La rappresaglia serviva innanzi tutto per impedire ulteriori delitti commessi dall'avversario. Le Forze Armate italiane adottarono il diritto di rappresaglia nelle modalità ritenute necessarie per la sicurezza della truppa che occupava il territorio, ovvero:
> Quando le ricerche degli autori di atti illeciti avessero dato esito negativo.
> Che le rappresaglie fossero ordinate da ufficiali superiori.
> Che tenessero conto della proporzionalità.

Il tribunale di Norimberga confermò che *misure di ritorsione, qualora consentite, deb-*

---

[73] C. Caballero Jurado, *Resistence Warfare 1940- 1945*, Oxford 1985, riporta nelle tavole un esempio di tali divise utilizzate dai *garibaldini* in Val d'Ossola.

bono essere proporzionate al fatto illecito commesso.
Nel processo tenutosi nel 1948 a carico dei generali von List, von Weichs e Rendulic, la proporzione accettata dal tribunale di Norimberga come equa era 10 a 1, vale a dire la fucilazione di dieci ostaggi per ogni soldato tedesco ucciso da un atto terroristico.
Che la cerchia delle persone colpite dalla rappresaglia fosse in qualche modo in rapporto col reato commesso a danno delle forze occupanti.
Che gli ostaggi o le persone destinate alla rappresaglia fossero tratte dalla cerchia della resistenza.
Non venivano stabiliti i criteri per la scelta degli ostaggi, ma la scelta stessa era affidata a criteri di discrezionalità.
Il Tribunale di Norimberga a tale proposito, affermò:

> Il criterio discrezionale nella scelta può essere disapprovato ed essere spiacevole, ma non può essere condannato e considerato contrario alle norme del diritto internazionale. Deve tuttavia esserci una connessione fra la popolazione nel cui ambito vengono scelti gli ostaggi e il reato commesso [quindi luogo dell'attentato o l'appartenenza a gruppi clandestini che compiono atti terroristici, ndA].

Il diritto alla rappresaglia venne accolto- come vedremo nel prossimo capitolo- anche alle forze britanniche nel paragrafo n.454 del *British Manual of Military Law*. Le forze americane a loro volta prevedevano la rappresaglia nel paragrafo n. 358 dei *Rules of Land Warfare* del 1940. Per le truppe francesi, l'allegato I alle istruzioni di servizio del 12 agosto 1936 consentiva all'Art.29 il diritto di prendere ostaggi nel caso in cui l'atteggiamento della popolazione fosse ostile agli occupanti, e il successivo Art. 32 prevedeva l'esecuzione sommaria degli stessi ostaggi se si verificavano attentati.
Nel 1947 i magistrati militari britannici, nel processo di Venezia a carico di Kesselring, commentarono che nulla impediva che una persona innocente potesse essere ucciso a scopo di rappresaglia[74].
Nel 1945 Kesselring scrisse una lettera ad Alcide De Gasperi, nella quale affermava:

> Comprendo il dolore dei padri e delle madri italiane per la morte dei propri figli. Chino la testa in silenzioso rispetto per il loro lutto e per tutti coloro che sono caduti per la loro patria, purché non siano stati strumenti del comunismo straniero.
> Ma da parte loro questi uomini e donne non sentono l'angoscia delle madri e dei padri tedeschi quando ricevevano la notizia dei loro figli caduti in un'imboscata o colpiti alle spalle o crudelmente fatti morire in prigionia?
> Non comprendono che era mio dovere proteggere i miei uomini da un tale destino?

A proposito della resistenza italiana, Kesselring conclude il capitolo delle proprie memorie ad essa dedicato con le seguenti parole, che meritano di essere ben meditate ancor oggi, per quanto politicamente scorrette possano oggi apparire alla luce della storiografia dei vincitori:

> Se, a dispetto di ciò [le violazioni delle leggi di guerra da parte dei partigiani italiani, ndA] durante o dopo la guerra gli insorgenti sono stati ufficialmente riconosciuti come patrioti od eroi anche dai governi di nazioni che hanno firmato la convenzione dell'Aia, ciò significa un totale disprezzo per i trattati ed il sabotaggio di ogni concezione del diritto.

---

[74] F.J.P. Veale, *Advance to barbarism*, London 1968 e id., *Crimes discretely veiled*, Los Angeles 1979.

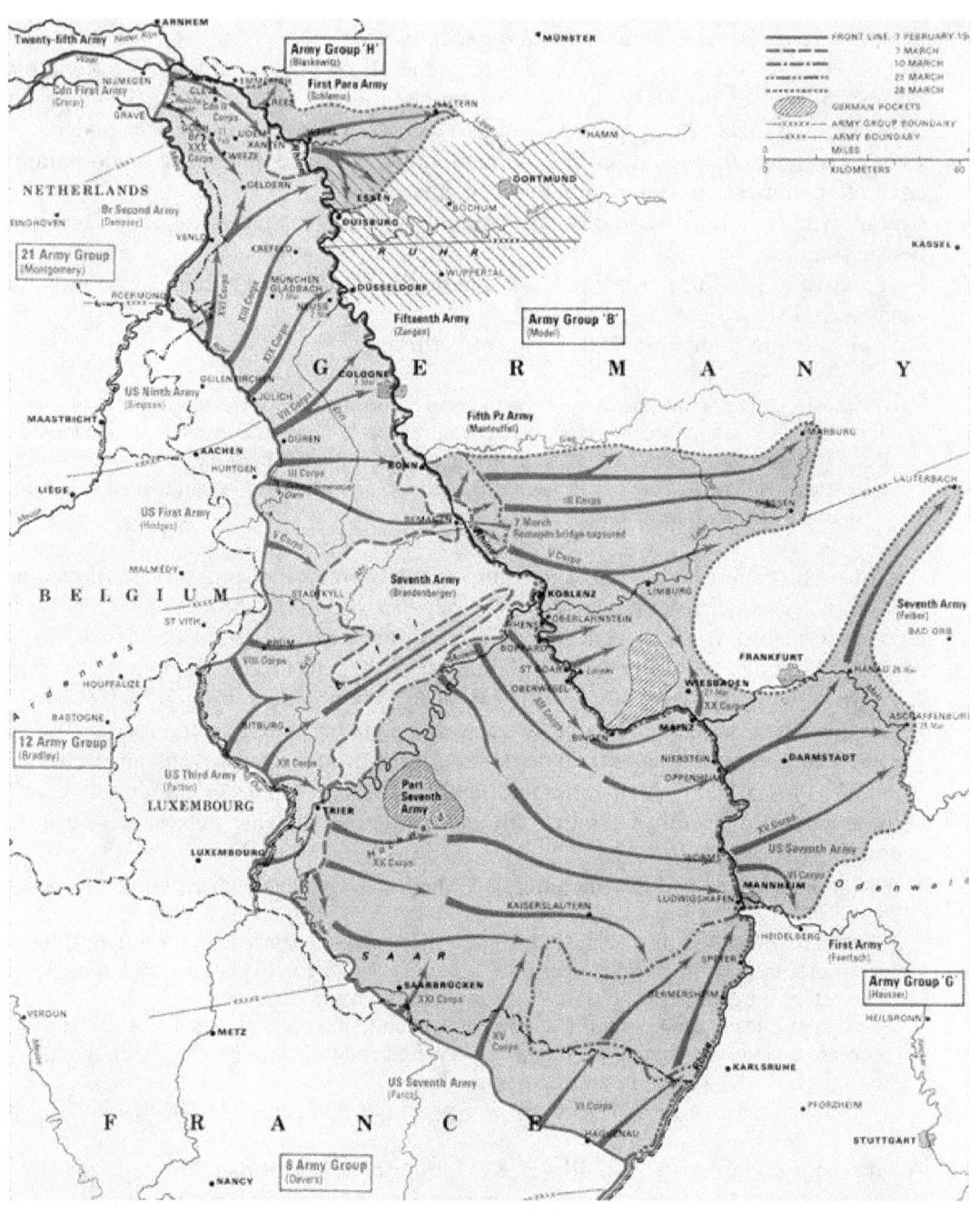

Marzo 1945. Operation Plunder. *L'attraversamento del Reno e l'invasione della Germania.*

12.
OBERBEFEHLSHABER WEST.
LA FINE DELLA GUERRA
E IL PROCESSO DI VENEZIA

Il 22 novembre 1944, nel corso di una delle solite ispezioni sulla linea Gotica, in cui Kesselring, sempre fedele al suo motto secondo il quale *la guerra non si fa da dietro una scrivania*, si recava in prima linea per rendersi personalmente conto della situazione, l'automobile su su cui viaggiava ebbe, a causa dell'oscurità e della nebbia, un incidente, scontrandosi con un pezzo d'artiglieria in manovra, e il Feldmaresciallo sbatté violentemente la testa, l'incidente in un primo momento sembrò cosa da poco, ma il trauma si rivelò ben più serio del previsto, tanto che Kesselring poté riprendere il comando solo a gennaio.
Tra le truppe tedesche iniziò a circolare una battuta che lo stesso Kesselring riportò nelle proprie memorie *Soldat zu den letzen Tag*:

> Il Feldmaresciallo ha dato una capocciata tremenda. Ora sta bene, ma il cannone contro il quale ha sbattuto è andato in mille pezzi!

Una volta rimessosi dall'incidente automobilistico, il 10 marzo 1945 Kesselring sostituì il *Generalfeldmarschall* Gerd von Rundstedt come Comandante in Capo del settore Ovest (*Oberbefehlshaber West*), e il suo posto in Italia venne preso dal generale Heinrich Vietinghoff.
Il colloquio con Hitler lasciò di sasso il Feldmaresciallo.

> La riluttanza di Kesselring a parlar male di qualcuno nelle sue memorie (con l'eccezione di Rommel)- scrive Bidwell- si estende anche a Hitler, così la sua reazione alle disposizioni che gli furono impartite, con un discorso che durò ore, fu notevolmente lucido e mostrò una incredibile conoscenza dei dettagli•• risulta di interesse storico, oltre a sottolineare la capacità di Kesselring di accettare ogni compito, anche il più disperato.

Il Führer presentò a Kesselring un quadro assai roseo del futuro, dicendosi sicuro di poter rovesciare la situazione: Kesselring doveva bloccare il nemico sino a che la Germania fosse stata pronta per vincere la guerra: era in via di costituzione una nuova Armata, la 12. (sarebbe rimasta solo sulla carta) mentre la Luftwaffe avrebbe presto avuto in dotazione il *Caccia del Popolo*, un nuovo prodigioso aeroplano (era il *jet Heinkel He 162*, che però ebbe scarso impiego operativo), mentre Dönitz avrebbe avuto presto in dotazione nuovi modernissimi *U-Boote* con i quali bloccare i convogli dall'America. Intanto i sovietici sarebbero stati bloccati sul fronte orientale, e subito dopo si sarebbe lanciata un'offensiva oltre il Reno ricacciando gli angloamericani lontano dai confini tedeschi. Kesselring scrisse nelle sue memorie che Hitler *nel colloquio che durò ore fu straordinariamente lucido e mostrò una sorprendente comprensione dei dettagli.*

> Kesselring non poté non rendersi conto come si trattasse solo di illusioni, ma sia ppresto a combattere la propria ultima battaglia con la stessa capacità operazionale e attenzione

ai dettagli come se fosse la prima[75].

Pertanto si presentò al suo nuovo Quartier Generale con il consueto ottimismo dicendo: *Bene, signori, io sono la nuova V-3*, riferendosi alle *V-3 Hochdruckpumpe*[76], un nuovo tipo di cannone in grado di sparare dal continente europeo sino a Londra progettato dalla Germania a fine guerra come arma segreta. Il fronte occidentale all'epoca seguiva il corso del Reno, con le due importanti eccezioni costituite da due salienti: la testa di ponte americana presso Remagen, la cui conquista da parte di Patton aveva portato alla rimozione di Rundstedt, e un grosso caposaldo germanico a forma di triangolo detto appunto *Dreieck* a ovest del fiume, nella Saar-Palatinato.

La situazione era disperata. Ottantacinque divisioni alleate premevano sull'ultima difesa tedesca a ovest del Reno e gli statunitensi avevano attraversato il fiume a Remagen.

Per fermarli Kesselring aveva a disposizione cinquantun divisioni, ridotte in maggioranza a circa 5.000 effettivi in totale e con pochissimi mezzi corazzati.

Quando il 13 marzo 1945 Kesselring incontrò per la prima volta il comandante del Gruppo Armate, l'SS-*Obergruppenführer* Paul Hausser questi affermò che il *Dreieck* non avrebbe potuto venire difeso, se non a costo di gravi perdite o della completa distruzione delle truppe tedesche, ma Kesselring, pur consapevole della situazione, ribatté come le posizioni andassero mantenute a qualsiasi costo come ordinato da Hitler; ma, come previsto da Hausser, quando il *Dreieck* venne attaccato contemporaneamente dalla 3ª Armata di Patton e dalla 7ª Armata del generale A. Patch, le difese tedesche collassarono in fretta e Hitler con riluttanza dovette ordinarne l'abbandono, ma la 1. e la 7. *Armee* nei combattimenti per la difesa del saliente avevano subito pesanti perdite: circa 113.000 soldati tedeschi vennero messi fuori combattimento mentre gli Alleati persero solo 17.000 uomini.

Ciononostante, Kesselring evitò l'accerchiamento e attuò, nel suo stile, un'abile manovra di sganciamento, evacuando le ultime truppe sulla riva orientale del Reno il 25 marzo.

Quando la Germania fu tagliata in due, il comando di Kesselring venne ampliato venendo ad includere il Gruppo d'Armate Centro, Gruppo d'armate Sud e Gruppo d'armate Sud Ucraina sul fronte orientale, ed il Gruppo d'Armate C in Italia, oltre al suo Gruppo d'armate G e il Gruppo d'armate Alto Reno.

La *Luftwaffe*, o meglio ciò che ne era rimasto, era impegnata a tempo pieno nella difesa contro i bombardieri alleati. Il morale era così basso che la truppa era pronta alla diserzione, e Kesselring dovette organizzare pattuglie di ufficiali e cordoni di polizia per fermare gli uomini che facevano dietrofront non appena iniziava una battaglia: in questo stato si era ridotto l'esercito tedesco un tempo tanto valoroso[77].

Si deve concordare con Bidwell quando scrive che Kesselring, come gli altri generali tedeschi, teneva duro per paura dei russi e di ciò che secondo lui sarebbe toccato alle armate tedesche se si fossero arrese all'Armata Rossa anziché agli Alleati, e resisteva anche perché i leader delle potenze alleate pretendevano una resa incondizionata; nel contempo era troppo sensato per non capire che quanto prima fosse avvenuta la capitolazione tanto meglio sarebbe stato per la Germania. Già nell'autunno 1944 aveva sentito, approvando, del tentativo dell' *Obergruppenführer* delle SS Karl Wolff di avvicinare

---

[75]Bidwell, op. cit., p. 342.
[76]*Pompa ad alta pressione*
[77]Bidwell, cit., p.343.

il rappresentante dell'OSS (*Office of Strategie Service*) degli Stati Uniti di base a Ginevra. Kesselring continuava a combattere con la disperata speranza che le armate tedesche sia sul fronte occidentale sia su quello italiano potessero arrendersi agli inglesi o agli americani.

Nell' aprile 1945, quando la resistenza tedesca era al limite del collasso, la sua zona di comando fu estesa fino a comprendere la Germania a sud della linea Hamelin-Brunswick-Brandeburgo, l'Italia, la Iugoslavia e parte del fronte sudorientale dove avanzavano i russi; di conseguenza, diventò anche il plenipotenziario per la capitolazione in quella zona[78].

Il 30 aprile Hitler si suicidò ed il primo maggio il *Großadmiral* Karl Dönitz fu designato *Reichspräsident*. Dönitz nominò immediatamente Kesselring Comandante in Capo della Germania meridionale, con pieni poteri.

Intanto, in Italia, alle 4,30 del mattino del 2 maggio 1945, dopo molte insistenze da parte dell'*SS Obergruppenführer* Karl Wolff, *Hohere SS und Polizeiführer* in Italia, Kesselring, quale *Oberbefehlshaber West*, acconsentì a rispettare il cessate il fuoco, previsto per le ore 14:00 della stessa giornata.

Il cessate il fuoco era il risultato degli accordi denominati *Strumento di resa locale delle forze tedesche e delle altre forze poste sotto il comando o il controllo del Comando Tedesco Sud-ovest*. Il documento era stato firmato alla Reggia di Caserta il precedente 29 aprile 1945 alla presenza di ufficiali delegati del Regno Unito, degli Stati Uniti d'America, tedeschi e alla presenza di un osservatore sovietico.

L'atto prevedeva la *resa incondizionata delle truppe germaniche sul territorio della penisola c*he doveva diventare operativa appunto a partire dal 2 maggio. Ricordiamo che il giorno precedente alla firma, Hitler dopo aver diviso in due la Germania, aveva ampliato ulteriormente i poteri di Kesselring a cui venne affidato l'intero settore Ovest. Il comando affidato al feldmartesciallo includeva il Gruppo d'armate Centro, Gruppo d'armate Sud e Gruppo d'armate Sud Ucraina sul fronte russo, il Gruppo d'armate C in Italia, oltre al suo Gruppo d'armate G e il Gruppo d'armate Alto Reno.

In qegli ultimi tragici giorni dell'aprile del '45, gli eventi precipitarono, con la guerra che volgeva al termine.

Il 27 aprile veniva catturato Benito Mussolini, il giorno successivo avveniva l'esecuzione del Duce e con lui venivano fucilati molti fra le maggiori personalità della Repubblica Sociale, il 29 si consegnava agli americani il Maresciallo Rodolfo Graziani Ministro delle Forze Armate della R.S.I. e infine il 30 Hitler si suicidava nel suo bunker nella cancelleria del Reich a Berlino.

Tornando all'atto di resa è importante sottolineare che nell'accordo firmato come detto il 29 aprile 1945, nell'ufficio del Capo di Stato Maggiore alleato Morgan de Rimeer situato nella reggia borbonica di Caserta, U.S.A., Gran Bretagna e Unione Sovietica ricevettero la sottoscrizione dell'atto di resa degli sconfitti, pretendendo non solo la resa dei tedeschi ma anche quella della Repubblica Sociale Italiana.

Materialmente, da parte tedesca il documento fu firmato dal tenente colonnello Hans Lothar von Schweinitz per conto del generale von Vietinghoff-Scheel e dallo SS-Sturmbannführer Eugen Wenner per conto di Karl Wolff. Da parte Alleata era presente il feldmaresciallo britannico Harold Alexander, comandante di tutte le forze Alleate nel teatro del Mediterraneo. Da parte della Repubblica Sociale, il Maresciallo d'Italia Ro-

---

[78]Bidwell, cit., p.343.

dolfo Graziani, aveva rilasciato al *Obergruppenführer* Wolff la seguente delega:

> Con la presente io, Maresciallo d'Italia Rodolfo Graziani, nella mia qualità di Ministro delle Forse Armate, do pieni poteri al Generale Karl Wolff, Capo supremo delle SS e della Polizia e Plenipotenziario delle Forze Armate germaniche in Italia, a condurre, per mio conto, trattative alle stesse condizioni praticate per le Forze Armate Germaniche in Italia con intese impegnative riguardo alle truppe regolari dell'Esercito Italiano, dell'Arma Aerea e della Marina, come pure Reparti militari fascisti

Il 2 maggio 1945 è quindi la data ufficiale della fine della guerra in Italia ed è la R.S.I. lo Stato che pone fine alla guerra iniziata dal Regno d'Italia il 10 giugno 1940 e che, quindi, essa e essa sola rappresentava l'Italia sconfitta nell'atto di resa. L'inserimento, da parte delle potenze vincitrici, della delega del Maresciallo Graziani nell'atto di capitolazione, ffa sì che esse riconoscessero a pieno titolo la R.S.I. come potenza leggittima belligerante, e di conseguenza, i soldati repubblicani come legittimi belligeranti.

Il mattino dello stesso giorno, Kesselring, dopo la telefonata durata due ore con l'*Obergruppenfhürer* Karl Wolff, accettò di arrendersi insieme con il suo quartier generale. Pertanto ordinò all'*Obergruppenführer* Paul Hausser di occuparsi delle Waffen SS per assicurarsi che la resa fosse effettuata secondo le sue istruzioni.

Dato che nell'aprile 1945, quando la resistenza tedesca era al limite del collasso, la zona di comando dell'*Oberbefehlshaber West* era stata estesa fino a comprendere la Germania a sud della linea Hamelin-Brunswick-Brandeburgo, l'Italia, la Jugoslavia e parte del fronte sudorientale dove avanzavano i russi; Kesselring, di conseguenza, diventò anche il plenipotenziario per la capitolazione in quella zona. Tutte le speranze di poter avere una fine migliore che non fosse la disonorevole resa furono spazzate via quando venne ignorata la sua offerta di fornire genieri e personale addetto alle trasmissioni per contribuire a ripristinare le comunicazioni in Germania,

Kesselring si arrese a un maggiore americano presso Saalfelden, vicino Salisburgo, il 6 maggio 1945. Lì il Feldmaresciallo fu prelevato dal generale Maxwell D. Taylor, comandante della 101st *Airborne Division*, che lo trattò cortesemente e con cavalleria, consentendogli anche di tenere la rivoltella e il bastone di Maresciallo, e di visitare il quartier generale del Gruppo Armate Centro e Sud a Zeltweg e a Graz senza scorta.

Taylor si preoccupò inoltre che Kesselring e il suo stato maggiore potessero alloggiare in un albergo a Berchtesgaden.

Kesselring venne chiamato a deporre prima al processo contro il generale Anton Dostler, a Roma, nel quale era stato chiamato in causa dallo stesso Dostler come mandante della fucilazione di quindici militari americani dell'OSS, e di cui già si è accennato, e che lo vide scagionato, e poi al processo di Norimberga, e venne raggiunto da un'accusa della Giustizia militare britannica per crimini di guerra compiuti in Italia nell'ambito della lotta contro i partigiani, e trasferito in Italia per essere processato per la morte dei 335 italiani uccisi alle Fosse Ardeatine e dei 1087 civili passati per le armi nelle rappresaglie naziste.

Il dieci febbraio 1947 iniziò a Venezia il processo, il cui esito era già deciso, al Feldmaresciallo Kesselring voluto dalle autorità britanniche.

Non si deve essere tanto ingenui nel credere che la magistratura militare britannica cercasse di dare giustizia ai martiri delle Ardeatine o alle 1087 vittime della cui morte il Maresciallo era accusato; questo era solo il paravento giuridico per punire colui che aveva comandanto la *Luftflotte* 2, il responsabile del *blitz* del 1940 e della distruzione di

Londra, non punibile perché legittimo atto di guerra, come i bombardamenti alleati su Berlino, Dresda Amburgo, Roma, Milano...
Del resto rimane incomprensibile perché un Maresciallo tedesco dovesse venir processato per reati commessi contro cittadini italiani su territorio italiano da un tribunale militare britannico e non dalla giustizia italiana.
Il Maresciallo apparve stanco. Vestito di un abito civile grigio, aveva i tratti del viso tesi. Allorquando si era arreso in Bavieria alla 7a Armata Americana, il 9 maggio 1945, Kesselring portava ancora l'uniforme blu della *Luftwaffe* ed imugnava il bastone di maresciallo. Ora, senza decorazioni, senza insegne, senza gradi, egli comparve davanti ai vincitori e dovette rendere loro conto della propria azione di comandante. A dimostrare quale fosse il clima del processo, quando apparve nella sala delle udienze, una donnetta gridò istericamente: *Impiccatelo*!
Macksey riporta le prime battute del processo.

'Quando siete nato?'

'Il 30 novembre 1885' fu la risposta nel secco, rapido tedesco, che avrebbe causato, in certi momenti del processo problemi alla corte ed agli interpreti che trovarono difficile seguire un uomo la cui velocità di pensiero era più veloce di quella dei suoi interlocutori.

'Potreste fornirci una breve descrizione della vostra carriera?'

Una breve pausa per la traduzione e poi la corte udì uno stato di servizio quale nessun altro comandante della Seconda Guerra Mondiale ha sorpassato o eguagliato.

Kesselring.' Sottotenente d'artiglieria, 1904; nella Prima Guerra Mondiale al servizio truppe ed allo Stato Maggiore. Dopo la Guerra Mondiale 1918/1919 prima Ufficiale di Stato Maggiore al QG di Norimberga e ho combattuto contro la rivoluzione...' La relazione dei risultati da lui ottenuti rese sileziosa l'aula. Interrotto dalle spiegazioni degli interpreti, si giunse alla dichiarazione culminante, 'Nel 1940 promosso al grado di *Generalfeldmarschall*.
Dalla mia posizione a Mosca [sic] venni trasferito nel Sud Italia'

Presidente: 'Che anno era?'

Kesselring: 'Novembre 1941.'

Dott. Laternser[79]: 'Quali sono le sue decorazioni?'

Kesselring: '*Ritterkreuz* con spade brillanti e diamanti e *verdienst Kreuz* per i servizi resi personalmente, per meriti come ufficiale e anche per valore militare. Distintivo di *Flugzeng Führer* come ufficiale in servizio come pilota; Quarta classe da pilota da caccia al fronte per voli sulla prima linea e duecento operazioni di volo'. (Non si preoccupò di menzionare le quattro decorazioni al valore guadagnate tra il 1914 ed il 1918).

Dott. Laternser: 'Siete mai stato abbattuto?'

Kesselring: 'Diverse volte'.

---

[79]L'avvocato difensore.

Dott. Laternser: 'Quante volte siete stato abbattuto?'

Kesselring. 'Cinque volte'[80].

Ecco come venne riassunto il dibattimento di Venezia in un documento preparato su richiesta di Luigi Gasparotto, allora Ministro della Difesa, e che gli venne consegnato il 21 marzo 1947; si tratta di una sintesi ricavata dalla stampa italiana sul processo Kesselring in corso di svolgimento a in quelle settimane. Vale la pena di riportarlo integralmente, pur nella sua evidente faziosità (ovviamente nei verbali inglesi inglese si trova l'aggettivo *republican* e non certo *repubblichino*, e si noti come non compaia la cifra delle vittime della cui morte era accusato il Maresciallo, 1087!).

<u>*PROCESSO KESSELRING*</u>

Il processo contro il maresciallo KESSELRING ha avuto inizio il giorno 10 febbraio 1947, nell'aula della Corte d'Assise di Venezia

.-L'avvocato STIRLING, che funge da Cancelliere, ha dato lettura dei capi di accusa. nei quali é affermato che il feld-maresciallo KESSELRING ha compiuto "crimini di guerra".

-Il difensore, dott. LATENSER ha letto, a sua volta, un esposto per sostenere l'innocenza dell'imputato e per chiedere un aggiornamento del dibattito di almeno 14 giorni, necessari alla difesa per studiare i documenti processuali.

-La Corte presieduta dal Generale E. HAKENVILLE-SMITH, ha accolto in parte la richiesta, stabilendo il rinvio di una settimana.

-Nella ripresa del processo (17 febbraio 1947), il Prosecutor, Colonnello PALSE, illustra alla Corte i capi di imputazione già resi formalmente noti, e cioé:
a) - partecipazione dell'imputato ai fatti che si conclusero con l'eccidio delle Ardeatine;
b) - atti di crudeltà e rappresaglie compiuti in Italia dalle truppe tedesche, tra il giugno e l'agosto 1944.

-Dopo aver rievocato il modo in cui si svolse l'attentato di via Rasella, egli ricorda che in quell'epoca KESSELRING era sì comandante di tutte le truppe tedesche in Italia, ma che la polizia, la famigerata SICHERHEIT DIENST, era agli ordini del Generale WOLFF.

-Sul posto dell'attentato, subito dopo le ore 15 del 23 marzo 1944, si recò solo KAPPLER, comandante appunto per Roma della S.D.; e fu lui a comunicare al quartier generale di Hitler l'avvenimento.

-Dal Comando supremo germanico fu subito richiesta la rappresaglia in proporzione di 50 italiani per ogni tedesco ucciso, ma subito dopo - in seguito all'intervento di alcuni membri dello stato maggiore di KESSELRING - l'ordine iniziale di Hitler venne modificato nel senso di giustiziare solo "10 ostaggi italiani" per ogni tedesco ucciso.

-Se KESSELRING avesse interpretato l'ordine seconda la lettera, - rileva il Persecutor PALSE - non si sarebbe dovuto fucilare nessuno per l'attentato di via Rasella, in quanto nelle carceri di Roma, a quella data, non vi era detenuto alcun italiano a titolo di "ostaggio"

---

[80]Macksey, op. cit., pp. 14 segg.

.-Ma KESSELRING credette, volontariamente, interpretare lo spirito dell'ordine ricevuto, e dette testuali disposizioni a KAPPLER "di giustiziare al più presto 10 italiani per ogni tedesco ucciso".

-Fu lui o il suo quartier generale a diramare l'ordine predetto? E' quello che dovrà stabilire la Corte.-
Rimane, però, chiaramente provato che per "fare il numero" furono presi cittadini innocenti, fra cui 50 ebrei, arrestati dopo l'attentato per il solo fatto che erano ebrei.

-Il Prosecutor, dopo aver esaminato i casi in cui la rappresaglia é consentita (sarebbe interessante conoscerli - nota del compilatore) ricorda che la Germania sottoscrisse anch'essa l'atto internazionale che proibisce punizioni collettive per fatto individuale.

-La Corte sarà perciò chiamata, sulla base delle prove che l'accusa esibirà, a rispondere a questi tre quesiti:
1) - se KESSELRING abbia personalmente dato l'ordine di rappresaglia;
2) - se l'ordine fu dato senza cautelarsi sulle condizioni di reità di ciascuno dei giustiziandi;
3) - se l'atto sia da considerarsi o meno crimine di guerra.

-Il secondo capo di imputazione - atti di crudeltà e rappresaglie commessi dai tedeschi in Italia - viene esaminato brevemente dal Prosecutor, in quanto si limita ad esibire due ordini di KESSELRING, del giugno e luglio 1944, in cui si prescriveva la fucilazione dei partigiani colti sul fatto, e la denunzia dei civili, ostili ai germanici, da servire quali ostaggi per rappresaglia.

-Tali ordini furono poi attenuati, rileva il Prosecutor, in seguito ai replicati interventi di Mussolini presso l'Ambasciatore tedesco von RAHN.

-Il giorno 19 marzo il ten.Col. ALEXANDER SCOTLAND, capo della sezione istruttoria della Commissione per i delitti di guerra, quale primo teste a carico, riferisce sui risultati degli interrogatori fatti al feld-maresciallo KESSELRING nell'agosto 1946, durante la sua prigionia a Londra, e raccolti in 6 verbali.- E dopo i chiarimenti ritenuti necessari dallo SCOTLAND, il Prosecutor inizia la lettura dei verbali stessi, mettendo in rilievo che dalla relazione firmata dall'imputato, sui fatti del marzo 1944, KESSELRING ha specificato di non sapere assolutamente che
a) "non vi fosse nelle carceri romane un numero sufficiente di persone da fucilare per rappresaglia";
b) "ch'era necessario intimidire la popolazione romana".

-Dalla lettura del rapporto fatto dall'imputato sull'attività partigiana in Italia, il KESSELRING non ha esitato a definire "criminale" il movimento di resistenza partigiana, al quale - egli afferma - aderirono i peggiori elementi della popolazione.

-Inoltre - egli ha aggiunto - la forma criminale di combattimento contro cui le mie truppe dovevano scontrarsi, contravveniva alle leggi internazionali.- Per la qual cosa si dovette disporre di conseguenti rappresaglie da farsi secondo il costume di guerra, e "fino a totale distruzione".

-Questa frase del rapporto provoca nella Corte un incidente, in merito all'esatto significato.

- La difesa chiarisce che la frase si deve intendere in riferimento alla distruzione fisica delle persone, ma nel suo significato militare, e quindi, <u>al solo annientamento delle formazioni partigiane.</u>

-Esaurito l'incidente, si prosegue nella lettura del rapporto dal quale si rileva che KESSELRING é convinto di avere grandi benemerenze verso la popolazione italiana, sopratutto per avere risparmiato Roma dalla battaglia, e per aver dato disposizioni a che gli impianti industriali italiani fossero, durante la ritirata, paralizzati e non distrutti.-
Segue nella seduta pomeridiana dello stesso giorno l'escussione del teste colonnello KAPPLER, che, com'é noto, all'epoca della strage delle Ardeatine era comandante della polizia militare di Roma.

- Egli dichiara che, accorso, dopo l'attentato, in via Rasella, rastrellò le case e operò i primi arresti.

-<u>Arresti</u> - egli confessa - di <u>persone innocenti</u>; perchè gli attentatori avevano tutto predisposto per eclissarsi, e la polizia fascista che era riuscita successivamente a fermarne alcuni, se li lasciò sciocamente sfuggire di mano.-
Il teste afferma che, dopo un colloquio tra i generali MELTZER e MACKENSEN per definire le misure di rappresaglia, venne dall'alto - da molto in alto, tanto che la persona di KESSELRING fu lasciata in disparte - <u>l'ordine di uccidere dieci italiani per ogni tedesco vittima dell'attentato.</u>

-<u>Questi italiani</u> - precisa KAPPLER - <u>avrebbero dovuto essere scelti tra "i condannati a morte"</u>, ma poiché il numero loro era inferiore al richiesto, prevalse il <u>concetto di far rientrare nel numero dei giustiziandi persone genericamente "candidate alla morte"!</u>

-Ma, allorquando si rese necessario avere altri elementi, dato che alcuni feriti tedeschi nel frattempo erano morti, "la polizia fascista si affrettò a compilare una lista aggiuntiva".

-A domanda dell'accusa, il teste precisa che verso il mezzogiorno del 24 marzo 1944, nel corso di un colloquio con il generale MELTZER, fece presente a questi le difficoltà di raggiungere il totale delle persone da fucilare, specificando che mancavano 50 unità e che queste sarebbero state provvedute dalla polizia italiana.

-All'indomani dell'esecuzione, il KAPPLER poté constatare che la polizia predetta gli aveva fornito 55 elementi invece dei 50 concordati; ma ormai era cosa fatta ed egli non pensò nemmeno a segnalare la piccola differenza neppure ai suoi Comandi superiori.

-Dichiara che l'ordine della esecuzione gli venne dato personalmente dal maggiore BOEHM, benché l'ordine stesso uscisse da "molto in alto"; precisa che fece personalmente la cernita dei giustiziandi, esaminando i carteggi esistenti al Comando della Polizia a carico di cittadini italiani arrestati per attività anti-tedesca; - gli ebrei, invece, furono presi perché tali -. Negli elenchi, a fianco di ogni giustiziando, venne indicato sommariamente il genere di "reato" per cui era detenuto.
Per gli ebrei si indicò semplicemente "Jude".
Il teste, a questo punto, esclude recisamente di aver dato assicurazioni a KESSELRING che i condannati a morte erano in numero sufficiente per poter scegliere tra essi i giustiziandi; anzi, il generale giudice HARIS KELLER, che gli succede sulla pedana dei testi, stretto dalle pesanti richiesta dell'accusa, ammette che il loro numero avrebbe potuto aggirarsi <u>sui quattro o cinque individui.</u>-

KELLER cerca di scagionare il maresciallo KESSELRING, chiarendo sufficientemente che oltre ai tribunali militari tedeschi, le cui sentenze capitali contro italiani dovevano essere sottoposte a KESSELRING, ce n'era una miriade di altri che non dipendevano dall'attuale imputato, ma la Corte ha richiamato il teste SCOTLAND, che colonnello dell'esercito britannico, ha militato, da buon maestro di spionaggio, nell'esercito tedesco, ove ha potuto raccogliere un ricco materiale sulle azioni repressive del comando tedesco contro i partigiani.
-Dalle dichiarazioni di SCOTLAND é difficile stabilire le responsabilità dell'imputato per la molteplicità ed, a volte, confusione dei comandi tedeschi esistenti in Italia.

-Nell'udienza del 24 febbraio 1947, la difesa infirma la validità delle accuse esibite dalle autorità italiane sulle atrocità commesse dalle truppe nazista in Italia; ma il Prosecutor controbatte la protesta della difesa, e la Corte, dopo alcuni minuti di consultazione in Camera di Consiglio, dichiara di accettare come valido il predetto materiale, raccomandando però, di fare il possibile, perché siano fatti comparire dinanzi alla Corte, i firmatari dei documenti esibiti.-
Sono 18 ampie relazioni che documentano tutte le rappresaglie tedesche in Italia, dal giugno all'agosto 1944: una successione di episodi sanguinosi che hanno tragicamente seminato di lutti numerosi paesi, dalla Toscana a Milano.-
Il sindaco di Marzabotto si é costituito parte civile per la strage compiuta dai tedeschi nello stesso comune, dal 26 settembre 1944 alla prima decade di ottobre 1944, nella quale trovarono la morte 400 persone, tra le quali, oltre a 5 religiosi, numerosi vecchi e bambini

.-Nell'udienza del 25 febbraio 1947 vengono sentiti due testi, l'uno italiano: Mario PIOLA; l'altro tedesco, ten. di vascello KRUMHARR.

- Il primo riferisce sulla rappresaglia tedesca di Borgo Ticino, alla quale poté miracolosamente scampare, l'altro, invece, asserisce di non avere mai visto alcun ordine di lotta anti-partigiana a firma KESSELRING, ordine più che altro - egli afferma - diretto a ricondurre "la calma nella zona".

-Nell'udienza del 26 febbraio vengono sentiti i due testi, maggiore di cavalleria GEORGE SHAB che, nel 1944, comandò una compagnia della 26ª divisione corazzata tedesca dislocata nella zona di Montecatini. Egli dice di aver ricevuto, nell'agosto del 1944, un ordine del comando di divisione di compiere un rastrellamento, in località paludi di Fucecchio, con il preciso compito di distruggere edifici, ricoveri e "ogni essere umano che venisse incontrato".

-Il secondo Leone PAOLETTI da Pietrasanta, narra l'orrendo eccidio di 70 partigiani catturati a Val di Castello, i cui corpi furono straziati e sepolti, ancora legati, a mucchi.

-Nell'udienza del 28 febbraio viene ultimata l'escussione dei testi a carico con la deposizione dell'ex-commissario del fascio repubblichino di Milano, Vincenzo COSTA, il quale riferisce sulle circostanze che condussero all'eccidio dei 15 martiri di Piazza Loreto, trucidati per rappresaglia, in seguito all'attentato compiuto da sconosciuti contro un camion tedesco, transitante per Viale Abruzzi.

-Il COSTA asserisce di esser stato presente ad una conversazione telefonica tra Piero PARINI, allora prefetto di Milano, e Mussolini, e di aver sentito Mussolini dire chiaramente: "io ho fatto tutto quanto era possibile per scongiurare la rappresaglia, ma KESSELRING é stato irremovibile".
-Nell'udienza pomeridiana dello stesso giorno KESSELRING ha chiesto di voler compa-

rire dinanzi alla Corte come testimonio di se stesso.- Il giudice lo ha avvertito, di conseguenza, che la sua dichiarazione giurata sarà tenuta nel debito conto.

-Ha poi parlato l'avvocato difensore che intende dimostrare:

1°) - l'insufficienza delle prove addotte dal Prosecutor;
2°) - le imprecisioni e i vizi della deposizione di KAPPLER circa il massacro delle Ardeatine;
3°) - che gli ordini emanati per la lotta antipartigiana dall'imputato non indicavano di uccidere cittadini italiani a scopo di rappresaglia;
4°) - che KESSELRING non ha mai autorizzato esecuzioni indiscriminate che prescindevano da un giudizio dinanzi a Corti Marziali appositamente istituite

.-Nell'udienza del primo marzo il colonnello di S.M. BEELITZ, sotto l'incalzare delle domande del Prosecutor, finisce con l'ammettere che, almeno nella zona di operazione, ricadeva su KESSELRING la responsabilità integrale della lotta antipartigiana.- Padre Lino di Lucca riferisce sulla strage di San Terenzio dell'agosto 1944, fatta a scopo di rappresaglia dai tedeschi, per aver il giorno prima, un gruppo di partigiani assalito un camion con 17 S.S., uccidendone gli occupanti.

-Nell'udienza del 3 marzo 1947 KESSELRING che depone, quale teste di se medesimo.-
Egli dopo di aver parlato della sua carriera militare, allo scopo di dimostrare di non essere mai stato un generale "nazista" ed avere elencato le sue decorazioni, ha fatto una lunga relazione sulle vicende ormai storiche del 1943, dall'8 settembre in poi.
Nella sua deposizione il teste ha voluto tributare un elogio postumo alla memoria del generale CAVALLERO, convinto assertore dell'Asse, confermando che il generale italiano si uccise con un colpo di pistola per non essere costretto a comandare il nuovo Esercito repubblichino. Il teste ha rievocato inoltre la sorpresa in cui si trovò esposto con le sue truppe al momento dell'armistizio, dopo le assicurazioni avute da Badoglio e Vittorio Emanuele, che l'Italia sarebbe andata con la Germania fino in fondo.

-Le sue divisioni - egli dice - si trovarono così con gli alleati di fronte e gli italiani alle spalle.
A questo punto il feld-maresciallo tiene a dichiarare che mentr'egli riuscì a disfarsi "del pericolo italiano" smobilitando e mandando a casa le nostre truppe, ROMMEL, invece, nell'Italia settentrionale, fece rinchiudere i nostri soldati in campi di concentramento. Furono gli innumerevoli esuli da quei campi a costituire il primo nerbo delle forze partigiane allora in via di formazione.

-Nell'udienza del pomeriggio, KESSELRING, che nella mattinata, si era lasciato pilotare dalle domande del suo avvocato difensore LATERNSEN, si é lasciato andare più al suo sentimento che al suo carattere, dichiarando esplicitamente: "Le rappresaglie, quandi ci vogliono sono necessarie in guerra, anche se - purtroppo - sono sempre gli innocenti a pagare".
"Le rappresaglie, del resto, sono ammesse dagli usi internazionali e gli inglesi ne sanno qualcosa.
L'attentato di via Rasella fu troppo grave perché io comandante supremo in Italia non stimassi doverosa la rappresaglia: fare una <u>rappresaglia su condannati a morte é un non senso, perché tanto vale dire: eseguire una sentenza e non dare un esempio.</u>

-Avevo altro da fare io al mio posto e con la mia responsabilità di comandante supremo di un fronte minacciato, e con una città esplosiva come Roma alle spalle, che preoccuparmi delle leggi! Sappiano gli uomini che <u>un comandante supremo non é tenuto a preoccuparsi dei regolamenti</u>".

-Nell'udienza del 4 marzo 1947 KESSELRING non si é solo limitato a rispondere alle domande postegli accortamente dal suo patrocinatore, perché qualche volta lo ha pure preceduto con una certa abilità.

-Questa deposizione mira a dimostrare l'esistenza di "uno stato di necessità" che lo costringeva, contro il suo volere, ha calcare la mano e contro i partigiani e contro la stessa popolazione, malgrado nel quadro dello "Stato di necessità" si fosse accontentato del minimo della rivalsa. Alla domanda rivoltagli dal Prosecutor sulle rappresaglie che avrebbe potuto adottare in sostituzione della strage dei 335 delle fosse Ardeatine, KESSELRING, facendo un quadro piuttosto pauroso, risponde: "avrei potuto ordinare lo sfollamento di Roma mandando raminghi verso il nord, morenti di stenti e di fame, battuti dall'aviazione alleata, i due milioni di abitanti di Roma. Quante centinaia di persone sarebbero allora morte per istrada? - Avrei potuto dichiarare decaduto lo Status di Città aperta, far rientrare in Roma le nostre truppe e comandi, ed esporre così la cittdinanza dell'Urbe alle distruzioni dei bombardamenti aerei effettuati a tappeto, secondo gli usi anglo-americani.

-Avrei, potuto infine, dare alle fiamme l'intero quartiere di Roma, ma preferisco sedere qui - ha egli esclamato con voce tremante da melodramma - su questo scanno di imputato, piuttosto che avere nella storia un seggio accanto a quello di Nerone".

-Sullo stesso "stato di necessità" si é impegnata la difesa pomeridiana di KESSELRING, per giustificare la sua posizione di fronte agli eccidi ed ai massacri compiuti dalle truppe tedesche dislocate nei vari settori della penisola, in conseguenza, soprattutto, degli ordini repressivi che vennero trasmessi a catena e, perciò, interpolati dai vari comandi a gruppi di individui e a unità minori.-
"La minaccia partigiana - dichiara KESSELRING - venne ad aggravare la situazione disastrosa per il temuto dissolvimento dell'Esercito tedesco".

-"Come comandante supremo avevo <u>il diritto e il dovere di oppormi a questa guerriglia insidiosa di fuori legge, con tutti i mezzi di cui disponevo; mezzi, del resto, consentiti dalle usanze internazionali</u>. Io diramai gli ordini ai comandi di grande Unità che non potevano non applicare le leggi internazionali; se vi furono eccessi da parte di qualche reparto isolato, in sotto ordine, o di gruppi di singoli soldati, questi sono dovuti allo stato di esasperazione in cui la durissima guerra e le azioni insidiosissime dei partigiani - la cui offensiva veniva quando meno la si attendeva, da dietro una casa, da dietro una siepe - avevano ridotto i miei soldati.-
Spero che, comunque vada questo processo, i legislatori di tutte le Nazioni esaminino per l'avvenire, e fissino, in forma inequivocabile, la disciplina dell'azione partigiana, in modo che non vi siano più dubbi in proposito"[81].-

Ciò che non viene detto è l'atteggiamento tenuto dal Feldmaresciallo nel corso del processo. Scrive Macksey:

Se questi vecchi nemici si fossero fatti qualche illusione che il prigioniero alla sbarra avrebbe si sarebbe difeso solo per la propria salvezza personale e per il proprio onore

---

[81] *Fondo Gasparotto* b. 9 fasc. 35, presso archivio Fondazione ISEC (Istituto per la Storia dell'Età Contemporanea), Sesto S.Giovanni (Mi).

sarebbero stati amaramente smentiti.

Albert Kesselring, pur avendo persa la sua ultima battaglia materiale, avrebbe ottenuto un'ultima vittoria morale per la sua nazione ed anche per quella *Wehrmacht* che egli aiutò a creare ed in cui servì con tanta lealtà per una gran parte della propria carriera[82].

Sulla figura di Kesselring grava ancora in Italia l'ombra proiettata della propaganda resistenziale. In effetti Albert Kesselring, oltre a contrastare gli Alleati che dopo l'invasione della Sicilia si illudevano di risalire velocemente lo Stivale, dovette affrontare bande partigiane di varia estrazione che miravano a intralciare il ripiegamento delle truppe tedesche. Per questo secondo aspetto della sua attività venne processato per *crimini di guerra* nel febbraio 1947 a Venezia da una corte marziale britannica: l'accusa era d'aver ordinato le rappresaglie come rappresaglia alle azioni di guerriglia e terrorismo causando la morte di 1.087 civili italiani.

Un passo da uno scritto dell'a.n.p.i. è illuminante: *Processato nel 1947 per crimini di Guerra (Fosse Ardeatine, Marzabotto e altre orrende stragi di innocenti)*: il che corrisponde a verità, come rispondono a verità le cifre dell'accusa britannica. Ovviamente 1087 civili non corrispondono alle cifre strumentalmente gonfiate a dismisura (14.150 civili) da chi sfrutta le vittime della guerra per la propria propaganda, e infatti l'a.n.p.i. nel passo suddetto evita di citarle: ricordiamo che le vittime della resa dei conti dopo la guerra furono 23.000 secondo le cifre ufficiali fornite dal governo italiano, mentre per E. Morris della *Royal Sandhurst Military Academy* le vittime dei partigiani furono centomila[83], cifra ritenuta valida anche da Carlos Caballero Jurado:

> The Communists killed not only the Fascists, but any other anti-Communists (...) When the war ended the north of Italy saw a a wage of savage reprisals against those who had supported Mussolini In this dreadful final chapter to a short but extremely fierche guerrilla war, some 100,000 people lost their lives.[84]

Cifra che, se vera, è cento volte di più delle 1087 vittime di cui fu accusato Kesselring. E ciò senza contare le vittime italiane sul confine orientale dei partigiani di Tito e dei loro ausiliari *garibaldini*, valutate su 10- 20.000.

Neppure aggiungendo gli ebrei italiani morti nei *lager* nazisti si raggiunge una cifra così spropositata.

Su 58.412 cittadini italiani di "razza ebraica o parzialmente ebraica" censiti nel 1938 (sono esclusi i risedenti in Libia, in A.O.I. e nell'Egeo) i deportati dai nazisti furono 4.148 (6.806 comprendendo i 1954 ebrei stranieri arrestati in Italia e 179 i cui dati sono ignoti) e i morti furono 3836 (5969 includendo gli ebrei stranieri e quelli i cui dati sono mancanti) ; sopravvisse il 94, 4 % degli ebrei italiani, la cui stragrande maggioranza non fu coinvolta in arresti e deportazioni: solo il 7, 1 % degli ebrei italiani venne deportato; il 92,9 non fu quindi coinvolto[85]!. .

Va ovviamente ricordato come Kesselring non sia mai stato coinvolto nelle deportazioni,

---

[82]Macksey, op.cit., p.17.

[83]E. Morris, *La guerra inutile. La campagna d'Italia 1943-45*, tr. it. Milano, 1993.

[84] C. Caballero Jurado, *Resistence Warfare 1940-45*, Oxford 1992, p.39.

[85]Cfr. L. Picciotto, *Il Libro della Memoria. Gli ebrei deportati dall'Italia (1943-1945). Ricerca della Fondazione Centro di Documentazione Ebraica Contemporanea*, Milano, 3° ed. 2002; tavole riportate in Fondazione Centro documentazione ebraica contemporanea, "*Statistica generale degli ebrei vittime della Shoah in Italia, 1943-1945*" http://www.cdec.it/home2.asp?idtesto=594.#Tavola_1.__Vittime_della_Shoah_in_Italia

cui fu profondamente avverso non solo per motivi umanitari ma anche di contingenza militare.

Kesselring impiegò gli ebrei di Roma come manodopera nella costruzione di fortificazioni militari, come già aveva fatto a Tunisi in precedenza, sfruttando allo stesso modo appartenenti alla locale comunità ebraica. Avendo bisogno di una vasta forza lavoro per far fronte all'enorme sfida logistica che gli era posta innanzi dalla necessità di contenere la pressione alleata in Italia, Kesselring si oppose a un primo ordine di deportazione nel Reich degli ebrei romani, con il pretesto di non avere a disposizione mezzi di trasporto sufficienti- ma per salvare la biblioteca di Cassino ne troverà!- e che gli fornivano manodopera forzata e gratuita. Himmler decise allora di aggirare il comando di Kesselring e affidò l'ordine di deportazione direttamente al *Sonderkommando* di Adolf Heichmann, che il 16 ottobre 1943, all'insaputa del Feldmaresciallo rastrellarono e deportarono nei campi di sterminio gli ebrei romani.

E' stato scritto, con piena ragione, che il tribunale militare britannico di Venezia che processò il Feldmaresciallo Kesselring, era composto da militari di alto grado e di buona reputazione professionale, che giudicavano Kesselring due anni dopo la conclusione delle ostilità. Avevano davanti a loro un professionista, un loro collega, non solo un soldato di altissimo grado, ma l'eroe di uno delle più grandi ritirate fatte combattendo negli annali della storia militare.

In qualsiasi altro periodo della storia, i componenti di un tale consesso giudicante sarebbero state dominate dalla simpatia per un comandante che, di fronte a un nemico superiore in numero, di gran lunga superiore nell'equipaggiamento, che aveva il dominio indiscusso del mare e dell'aria, aveva opposta una resistenza ininterrotta, passo dopo passo, dalle coste meridionali della Sicilia ai piedi delle Alpi, fino a quando le sue valorose truppe, private del supporto aereo per mancanza di benzina e ostacolate prima da un alleato infido, e in seguito tradite ed attaccate alle spalle, furono travolte dalla disfatta generale senza esser state mai sconfitte sul campo[86].

Ciò che è così singolare è che l'accusa contro il feldmaresciallo Kesselring sia stata quella che meno probabilmente avrebbe dovuto colpire dei militari: l'accusa di aver adottato metodi troppo severi per proteggere le sue truppe, colpite alle spalle dagli attacchi a tradimento da parte di bande di civili armati. La maggior parte dei membri della Corte erano consapevoli per averli visti personalmente della natura e dei metodi della resistenza italiano con il quale Kesselring aveva dovuto fare i conti. In circostanze simili essi stessi avrebbero adottato misure simili, misure che furono, in effetti, adottate senza esitazione dagli americani sei anni dopo nella guerra di Corea nel 1950, quando le loro linee di comunicazione furono attaccate dagli irregolari comunisti, dai francesi in Indocina e in Algeria ed ancora dagli statunitensi in Vietnam meno di vent'anni dopo[87].

Molto diversa era stata la reazione degli ufficiali britannici in passato di fronte ad analoghe circostanze. Così, per esempio, il professor Charles W.C. Oman, nella sua opera *A History of the Peninsular War*[88] , segnala che, come conseguenza dell'aver assistito alle atrocità dei guerriglieri spagnoli contro le truppe napoleoniche, molti ufficiali di Wellington svilupparono un pregiudizio chiaramente filofrancese. In particolare, si Oman nota come uno degli ufficiali di Wellington, Sir William Napier, nel suo lavoro divenuto uno dei classici della storia militare in lingua inglese, *War in the Peninsula* , divenne

---

[86] F.J.P. Veale, *Trial of Kesselring*, cit. in http://www.heretical.com
[87] Ibid.
[88] London 1902.

così prevenuto da essere *troppo duro con gli spagnoli e troppo indulgente con Bonaparte ... invariabilmente esagera le sconfitte spagnole e minimizza i successi spagnoli.*
Non c'era nulla di eccezionale o unico nella situazione che portò il Feldmaresciallo Kesselring a trovarsi nelle mani dei nemici stranieri che occupavano il suo paese.

> Allo stesso modo, dopo la sconfitta di Napoleone nel 1814, la Francia era completamente alla mercé dei suoi conquistatori come lo era la Germania nel 1945, e la maggior parte dei generali francesi aveva, in un momento o un altro, affrontato il compito di far fronte, e sempre in maniera spietata, alla guerriglia spagnola durante le campagne in Spagna dal 1808 al 1814. Ma, sebbene fosse stato molto aiutato nelle sue operazioni dalle attività dei guerriglieri, il Duca di Wellington non si sentì mai obbligato a vendicare l'esecuzione degli assassini e dei sabotatori che si erano infiltrati dietro le linee francesi attaccando distaccamenti isolati, pugnalando sentinelle, torturando i prigionieri e mutilando i feriti.
> Al contrario, solo due anni dopo la fine delle ostilità, quando Wellington era comandante in capo dell'esercito di occupazione alleato in Francia, restituiva al maresciallo Massena, [duca di Rivoli e principe di Auerstadt, ndA] una visita amichevole a casa di un altro *criminale di guerra*, il maresciallo Soult, [duca di Dalmazia, ndA], e scambiando con lui ricordi della campagna di Spagna.
> A quanto pare l'idea che entrambi questi celebri soldati dovessero essere processati per il loro trattamento del *movimento clandestino* spagnolo non è mai saltata nella mente di Wellington. Anche al maresciallo Suchet[89], che si era particolarmente distinto per l'energia con cui aveva represso le bande di civili spagnoli che avevano assalito le sue truppe in Aragona, fu permesso di terminare i suoi giorni con una pensione onorevole a Parigi senza molestie[90]

da parte degli occupanti stranieri che avevano sconfitto la Francia napoleonica.
La difesa sostenne che in realtà Kesselring si era limitato a trasmettere agli ufficiali subalterni gli ordini che giungevano direttamente da Berlino, come nel caso delle Fosse Ardeatine, riuscendo a moderarne l'entità- Hitler avrebbe voluto cento italiani per ogni altoatesino vittima dei terroristi, cifra che Kesselring, peraltro contrario alla rappresaglia, riuscì a ridurre a dieci- rilevando che l'esecuzione degli ostaggi era contemplata dal diritto internazionale di guerra. Se la corte che processò Kesselring fossa stata composta da civili, si potrebbe facilmente comprendere perché potesse sembrare orribile che una persona innocente potesse venir passata per le armi per i crimini commessi da altri; ma la corte era composta da militari di carriera, che sapevano benissimo come l'esecuzione di ostaggi fosse unanimemente adottata dalle autorità militari di ogni nazione belligerante come misura coercitiva per tutelare la sicurezza dei propri uomini nei confronti di attacchi portati da individui non riconosciuti come legittimi belligeranti secono le convenzioni internazionali.
La difesa di Kesselring ricordò a tal proposito come gli articoli 453 e 454 del *British Manual of Military Law* fossero espliciti sull'argomento rappresaglie. L'articolo 453 recitava:

> Reprisals between belligerents are retaliation for illegitimate acts of warfare for the purpose of making the enemy comply in future with the recognized laws of war. They are not a means

---

[89] Louis- Gabriel Suchet si guadagnò nelle campagne in Spagna il bastone di Maresciallo di Francia ed il titolo di duca di Albufera. Fu uno dei generali di Napoleone più duro nella controguerriglia.
[90] Veale, *Trial of Kesselring,* cit., http://www.heretical.com/veale/kessel.html

of punishment or arbitrary vengeance, but of coercion.

mentre l'articolo 454 spiegava che

> The coercive force of reprisals arises from the fact that in most cases they inflict suffering on innocent individuals. Reprisals are an extreme measure because in most cases they inflict suffering upon innocent individuals. In this, however, their coercive force exists and they are indispensable as a last resource.

Per il *British Manual of Military Law*, infine,

> The rules of international law apply only to warfare between civilized nations where both parties understand them and are prepared to carry them out.

L'articolo 358 del Regolamento militare statunitense da parte sua autorizzava l'esecuzione degli ostaggi come misura necessaria per salvaguardare la vita delle forze combattenti. Lo riportiamo in originale, in modo da dimostrare come sostenuto dalla difesa che il comportamento di Kesselring nei confronti dei partigiani italiani non si discostò in nulla da quanto stabilito dalle leggi internazionali e dai regolamenti anche degli alleati..

> RULES OF LAND WARFARE - FM 27-10 - 1st October 1940 US Government Printing Office, Washington 1.
>
> Reprisals.-
>
> a. Definition~.-Reprisals are acts of retaliation resorted to by one belligerent against the enemy individuals or property for illegal acts of warfare committed by the other belligerent, for the purpose of enforcing future compliance with the recognized rules of civilized warfare.
>
> b. When and how employed.-Reprisals are never adopted merely for revenge, but only as an unavoidable last resort to induce the enemy to desist from illegitimate practices.
> They should never be employed by individual soldiers except by direct orders of a commander, and the latter should give such orders only after careful inquiry into the alleged offense. The highest accessible military authority should be consulted unless immediate action is demanded as a matter of military necessity, but in the latter event a subordinate commander may order appropriate reprisals upon his own initiative.
> Hasty or ill-considered action may subsequently be found to have been wholly unjustified, subject the responsible officer himself to punishment as for a violation of the laws of war, and seriously damage his cause.
> On the other hand, commanding officers must assume responsibility for retaliative measures when an unscrupulous enemy leaves no other recourse against the repetition of barbarous outrages.
>
> c. Who-may commit acts justifying reprisals.-Illegal acts of warfare justifying reprisals may be committed by a government, by its military commanders, or by a community or individuals thereof, whom it is impossible to apprehend, try, and punish.
>
> d. Subjects of reprisals.-The offending forces or populations generally may lawfully be subjected to appropriate reprisals. Hostages taken and held for the declared purpose of insuring against unlawful acts by the enemy forces or people may be punished or put to death if the unlawful acts are nevertheless committed. Reprisals against prisoners of war are expressly forbidden by the Geneva convention of 1929.

E se si fosse ritenuto che Kesselring fosse da condannare perché il tribunale considerava eccessivo il rapporto di 10 a 1, adottato dopo la strage terroristica di via Rasella a Roma, la difesa ricordò come, quando i francesi occuparono Stoccarda nell'aprile 1945, fu annunciato che sarebbero stati fucilati ostaggi nel rapporto di 25 a 1 per ogni soldato francese assassinato dalla popolazione civile tedesca; e che quando gli americani entrarono nel distretto di Harz, l'esecuzione venne minacciata nel rapporto di 200 a 1 per ogni soldato americano che fosse stato assassinato[91].

Il numero delle vittime è comunque spaventoso. Ma anche qui mette conto di ricordare quali erano state le rabbiose reazioni del Fuhrer all'attentato di via Rasella: fucilazione di 100, poi ridotti a 50 ostaggi italiani per ogni soldato tedesco ucciso; distruzione dell'intero quartiere (Quirinale e Fontana di Trevi compresi!) e la deportazione da Roma di 1000 uomini per ogni tedesco caduto nell'attentato.

Furono Kesselring e il suo stato maggiore -come dovette riconoscere anche l'accusa- a negoziare con Berlino una rappresaglia meno apocalittica:

> È vero, ammise il *Prosecutor* colonnello Hals, che la proporzione di 50 ostaggi italiani per ogni tedesco ucciso inizialmente richiesta da Hitler, a seguito dell'intervento del comando di Kesselring fu modificata nel rapporto di 1 a 10[92].

Questa linea difensiva non riuscì tuttavia a impedire che il 6 maggio 1947 Kesselring fosse condannato a morte: ma si noti che Kesselring venne condannato per le Fosse Ardeatine e non per il resto delle imputazioni, che comprendevano *tutte* le esecuzioni di civili italiani, quantificate dall'accusa in 1087, da parte delle sue truppe.

È questione troppo complessa spiegare qui fino a che punto si ' trattasse di un errore giudiziario, commenta Bidwell[93].

La condanna inflitta al Feldmaresciallo provocò lo sdegno dello stesso Maresciallo Alexander che non tacque la propria indignazione per la condanna del suo vecchio avversario, sottolineando come Kesselring si fosse sempre dimostrato un nemico cavalleresco e osservante delle leggi di guerra; la notizia della sentenza. chiaramente faziosa- perché punire Kesselring per essersi comportato in maniera conforme a quanto ritenuto legittimo dai regolamenti britannico e statunitense? Ciò

> Destò tanto turbamento in Inghilterra – scrive ancora Bidwell – da indurre Churchill a fare appello ad Attlee (allora primo ministro laburista) perché intervenisse.

Poche settimane dopo, il 4 luglio 1947, infatti la pena capitale fu commutata nell'ergastolo. Nel 1948 fu ridotta a 21 anni di detenzione. Il trattamento inflitto al Feldmaresciallo dai britannici ben difficilmente potrebbe essere definito consono al rispetto dovuto al grado ed ai più elementari diritti di un prigioniero di guerra; Kesselring tuttavia non polemizzò mai sull'argomento, tanto il lamentarsi era lontano dalla sua concezione dell'onore militare.

Una fotografia scattatagli mentre attendeva di essere giustiziato ce lo mostra con il suo famoso sorriso, e con in mano un mazzolino di fiori selvatici appena colti .

---

[91] Ibid.
[92] V. Ferretti, *Kesselring*, Milano, 2009, pag. 7.
[93] Bidwell, cit., p. 344.

La vicenda giudiziaria si sarebbe chiusa nel 1952 con la liberazione di Kesselring per motivi di salute, quando gli venne diagnosticato un cancro alla gola: Kesselring era un fortissimo fumatore sin dalla Grande Guerra.
Sebbene i britannici fossero sospettosi circa la diagnosi non vollero che si ripetesse il caso del *Generalleutnant* della *Luftwaffe* Kurt Mälzer, morto d'infarto in prigionia, e trasferirono Kesselring in un ospedale militare per ulteriori accertamenti, che confermarono la diagnosi.
Durante i due anni trascorsi come prigioniero di guerra, le otto settimane in attesa d eli' esecuzione e i cinque anni nel carcere civile di Werl nella Germania Federale, Kesselring si comportò con coraggio, dignità e, va detto, altezzosità adeguati al proprio rango. Fu chiamato a testimoniare a Norimberga in merito alla linea di condotta tedesca nei bombardamenti e, irritato dal tono del controinterrogatorio condotto dal pubblico ministero inglese, dichiarò: *Ho testimoniato come ufficiale tedesco con oltre quarant' anni di servizio, e come feldmaresciallo tedesco sotto giuramento! Se si ha così poco rispetto per le mie dichiarazioni, non farò altre deposizioni*, atteggiamento che indusse il tribunale a presentargli le sue scuse.
Da ufficiale tedesco e ritenendosi innocente di ogni colpa, scrive Bidwell, poteva affrontare con rassegnazione un plotone d'esecuzione, ma *venir rinchiuso con criminali di professione e ccon i peggiori delinquenti* costituì per lui un insulto. Non cessò, comunque, di essere sereno né perse del tutto il suo caustico senso dell'umorismo, vantandosi di essere diventato dopo quarant'anni di carriera militare un eccellente incollatore di buste postali, lavoro da lui svolto in carcere.
In seguito le condizioni di prigionia, dapprima volutamente punitive, furono migliorate; gli fu concesso di studiare e di dedicarsi alla stesura di quelle che furono pubblicate come le sue Memorie, *Soldat bis zum letzen tag, Soldato sino all'ultimo giorno*.
 Sempre sincere, a volte incaute e perfino ingenue, esse offrono, scribe ancora Bidwell, uno spaccato unico della mente di un generale tedesco alle prese con i problemi della politica e della guerra.
Il Feldmaresciallo venne quindi rilasciato nel mese di ottobre.
In seguito il Feldmaresciallo, che non aveva rinnegato il proprio passato, ma che coerentemente lo rivendicava con orgoglio, divenne fino alla morte presidente dell'associazione di ex-combattenti *Stahlhelm- Bund der Frontsoldaten*, di impostazione fortemente conservatrice, rifiutando il ruolo di portavoce di tutte le associazioni reducistiche tedesche, propostogli dal suo vecchio sottoposto gen. Trettner. proprio per non abbandonare lo *Stahlhelm*.
Kesselring, in veste di presidente dello *Stahlhelm*, si preoccupò della sorte degli ex combattenti, e si impegnò anche in battaglie simboliche, come il far sostituire il tricolore bianco- nero- rosso dello *Stahlhelm* con quello federale tedesco giallo- neo- rosso, e contro la denazificazione dei distintivi e delle decorazioni, sostenendo che la svastica non fosse più da considerarsi un simbolo di partito ma un emblema nazionale.
Nel 1953 l'anziano Feldmaresciallo si tolse un sassolino dalla scarpa con i britannici, che tanto male l'avevano trattato durante la detenzione, dichiarando nel corso di un'intervista alla BBC che l'operazione *Seelöwe* non era stata effettuata nel 1940 solo per la scarsa preparazione logistica tedesca; se fosse avvenuta, come lui avrebbe desiderato, la Germania avrebbe sicuramente vinto, visto che gli inglesi non avrebbero resistito seriamente, ponendo così fine alla guerra e salvando migliaia di vite di entrambe le parti[94].
Ciò infastidì non solo gli inglesi, convinti di aver vinto la *battaglia d'Inghilterra*, ma

---

[94]...*Probably enjoyed irritating the British whom he blamed for what he perceived as his unjust imprisonment:* Sangster, op. cit., p.300.

anche le nuove autorità federali tedesche, che vedevano di malocchio Kesselring come simbolo delle tradizioni militari del passato; e la sua figura veniva utilizzata dalla propaganda sovietica e del regime fantoccio tedesco- comunista per attaccare la Repubblica Federale accusandola di essere ancora nazista e guerrafondaia.
Come scrive acidamende Sangster, che

> It was difficult to ignore Kesselring; he only had to speak and it was instantly in print for analysis and comment. This was the hub of the problem; the ex-Field-Marshal had lost the ability of diplomatic caution for which he had once been known. He tended to say what he was thinking, and he appeared completely lost in the new developing West Germany[95]

La morte di Kesselring avvenne per un attacco cardiaco in un ospedale a Bad Nahueim il 16 luglio 1960.
Aveva settantaquattro anni.
Kesselring fu sepolto, insieme alla moglie Pauline, morta nel 1957, nel *Bergfriedhof* di Bad Wiessee. Fu l'ultimo Feldmaresciallo della storia militare tedesca.
Ai funerali di colui che fu insieme a Erich von Manstein il più grande generale tedesco – e non solo tedesco – del secondo conflitto mondiale non partecipò nessun alto rappresentante della *Bundeswehr*. Ma c'erano i suoi veterani di Salerno, Anzio, Cassino, Rimini.
I membri dello *Stahlhelm* portarono a spalla il feretro, avvolto nella *Reichskriegsflagge*, e spararono una salva d'onore sulla tomba del Feldmaresciallo. Siegfried Westphal, già suo Capo di Stato Maggiore, parlò a nome dei veterani d'Africa e d'Italia, descrivendo Kesselring come un uomo dotato d'un'ammirevole forza di volontà, che si preoccupò sempre del benessere dei soldati di qualsiasi grado.
Il generale Josef Kammhuber tenne un discorso piuttosto ambiguo a nome della risorta *Luftwaffe*, augurandosi che che Kesselring fosse ricordato più per quanto da lui realizzato all'inizio, piuttosto che per gli avvenimenti successivi. Erano presenti anche l'*SS-Oberstgruppenführer* Joseph Sepp Dietrich, l'ex Cancelliere del Reich Franz von Papen, il *Generalfeldmarschall* Ferdinand Schörner, il *Grossadmiral* ed effimero *Reichspräsident* Karl Dönitz, il generale Otto Remer, che aveva svolto un ruolo fondamentale nello stroncare il golpe militare del 20 luglio 1944 a Berlino, l'*SS Standartenführer* Jochen Peiper[96], l'ambasciatore tedesco presso il Governo della R.S.I. Rudolf Rahn.
Nel 2000, a Bad Wiessee venne tenuta una commemprazione per il quarantesimo anniversario della morte di Kesselring[97]. Non vi prese parte alcun rappresentante della *Bundeswehr*, con la motivazione che *Kesselring non è degno della nostra tradizione*.
A commemorare il *Generalfeldmarschall* furono due associazioni di veterani, la *Deutsche Montecassino Vereinigung* (l'Associazione tedesca dei reduci di Monte Cassino) e il *Bund Deutscher Fallschirmjäger* (Associatione dei paracadutisti tedeschi).
Se non per l'esercito della nuova Germania, per i suoi vecchi soldati Albert Kesselring, l'ultimo Feldmaresciallo tedesco, il vero vincitore della campagna d'Italia, rimaneva un comandante da commemorare e di cui essere orgogliosi per aver servito ai suoi ordini.
Questo solo conta.

---

[95]Ibid.
[96]Altro esempio, come Kesselring, di memoria non condivisa: asso dei corazzati, valorosissimo combattente per gli uni, boia di Boves per gli altri. Cfr. M. Reynolds, *The Devil's Adjutant: Jochen Peiper, Panzer Leader,* Haverton 2004.
[97]Macksey, op. cit., p. 245.

13-
IL MONUMENTO
DEL CAMERATA KESSELRING

Ad oltre settant'anni dalla fine del conflitto, ed a quasi sessanta dalla morte di Kesselring, in Italia la figura dell' *Oberbefehlshaber Süd* rimane ancora vittima di una condanna senza appello, fatta di invettive e insulti contro *Kesserling*, come spesso viene chiamato da chi grida al dovere del ricordo e della conoscenza degli avvenimenti[98], *una* damnatio memoriae *fatta di lamentazioni e rancore, ispirata dai retori resistenziali*, come la già citata frase circa il *bruto feroce e testardo, che voleva la difesa a oltranza della penisola per saccheggiarla con tutto comodo,* e come il Calamandrei con la sua poesia pomposamente definita *epigrafe ad ignominia*, che, per quanto nota, non ci sentiamo di negare al lettore:

Lo avrai
camerata Kesselring
il monumento che pretendi da noi italiani
ma con che pietra si costruirà
a deciderlo tocca a noi.

Non coi sassi affumicati
dei borghi inermi straziati dal tuo sterminio
non colla terra dei cimiteri
dove i nostri compagni giovinetti
riposano in serenità
non colla neve inviolata delle montagne
che per due inverni ti sfidarono
non colla primavera di queste valli
che ti videro fuggire.

Ma soltanto col silenzio dei torturati
più duro d'ogni macigno
soltanto con la roccia di questo patto
giurato fra uomini liberi
che volontari si adunarono
per dignità e non per odio
decisi a riscattare
la vergogna e il terrore del mondo.

Su queste strade se vorrai tornare
ai nostri posti ci ritroverai
morti e vivi collo stesso impegno
popolo serrato intorno al monumento
che si chiama
ora e sempre
RESISTENZA

---

[98]Particolarmente colorito è il commento, rintracciabile in rete, sotto una foto del Maresciallo, che, seppure effettivamente non proprio un adone, viene così descritto: *Il mostro che vedete nella foto, si chiama, appunto, Albert Kesselring. Che sia dannato in eterno.* (https://www.sanpieropatti24.it/diario-notturno-verdammt-kesselring-di-diego-sergio-anza/)

Nessun commento a parte la stranezza di non voler fare monumenti con il vento o con la neve, più adatta quest'ultima alla realizzazione di pupazzi che di monumenti o busti; ma si noti l'enfasi con cui Calamandrei ciancia bombasticamente de

la primavera di queste valli
che ti videro fuggire

davanti non agli Alleati, no, ma... ai partigiani! Se l'inchiostro e la retorica fossero un'arma certi personaggi di terza o quarta fila sarebbero dei condottieri imbattibili, ed i partigiani avrebbero davvero *liberato* qualcosa. A prescindere che Kesselring nella primavera del 1945 non era più in Italia, ma saperlo sarebbe stato pretendere troppo dall'avv. Calamandrei, sicuramente miglior giurista e costituzionalista che esperto di storia militare o di poesia. Piero Calamandrei (1889- 1956) fu insigne giurista. Non chiese mai la tessera del Partito Nazionale Fascista, in quanto iscritto alla massoneria, ma da professore universitario giurò fedeltà al re ed al regime.
Calamandrei, giurata fedeltà al regime fascista, insegnò e svolse la professione forense durante tutto il Ventennio, iscrivendosi al *Sindacato Fascista Avvocati e Procuratori*. Collaborò con il Guardasigilli Dino Grandi alla stesura del Codice di Procedura Civile, guadagnandosi l'elogio di Mussolini, che disse che tra i compilatori (gli altri erano Carnelutti e Redenti) *il più fascista è il non fascista Calamandrei,* che commentò con Grandi : *Tutto sta a vedere che significato Lei dà alla parola fascista*. Grandi rispose *In senso buono* , al che Calamandrei ribatté soddisfatto *Allora me ne compiaccio* .
All'inizio della seconda guerra mondiale Calamandrei venne richiamato alle armi ma ottenne il congedo per l'intervento di Grandi, nel frattempo diventato Presidente della Camera dei Fasci e delle Corporazioni, cui si era rivolto per evitare il fronte. Nel 1941 pubblicò *Gli studi di diritto processuale civile in Italia nel Ventennio fascista* per conto del Centro di Studi Giuridici, di tono a dir poco apologetico, e collaborò anche alla stesura del VI libro del Codice Civile, che ancor oggi reca nella prima pagina le firme di Vittorio Emanuele III e di Mussolini.
Nel 1943 quando, venne accusato di disfattismo da un collega rientrato dal fronte russo, il Calamandrei negò, protestando la propria innocenza e ribadendo la propria fiducia nella vittoria dell'Asse, e chiese aiuto al Guardasigilli e membro del Gran Consiglio del Fascismo Alfredo de Marsico, anch'egli avvocato e massone, che si rivolse personalmente a Mussolini che intervenne e fece archiviare l'accusa.
Appena caduto il Fascismo aderì al Partito d'Azione- salvo retrodatare l'adesione al 1942- e divenne Rettore dell'Università di Firenze il 31 luglio; l'otto settembre si nascose precauzionalmente prima nella sua casa di campagna a Treggaia e poi a Collicello Umbro fino al passaggio del fronte. Dopo l'occupazione alleata di Firenze rientrò in città e riprese il posto di Rettore. La costituzione italiana, dapprima, venne da lui definita *tripartitica, di compromesso, malfatta*; poi cambiò idea, e disse in un celebre discorso del 1956, che era *un testamento di centomila morti...Dovunque è morto un italiano per riscattare la libertà e la dignità, andate lì, o giovani, col pensiero perché lì è nata la nostra costituzione.*
Il sito dell'anpi inserisce Calamandrei tra i *perseguitati politici*[99].

---

[99]Cfr. F. Cipriani, *Il codice di procedura civile tra gerarchi e processualisti*, Napoli 1992; A. Barbera, "Luci e ombre su Calamandrei", *Storia in Rete* 112- 113 [Febbraio- marzo 2015]; G. Cianferotti, "Ufficio del giurista nello Stato autoritario ed ermeneutica della reticenza. Mario Bracci e Piero Calamandrei dalle giuri-

Ma torniamo all'*epigrafe*, scritta in risposta ad un'affermazione del Feldmaresciallo, certamente eccessiva nella conclusione, sebbene paradossale nelle intenzioni, ma che chi ha avuta la pazienza di seguirci sin qui non può negare sia almeno in parte fondata:

> Si deve al mio intervento se moltissimi partigiani e sacerdoti sono ancora in vita e centinaia di migliaia di persone mi devono gratitudine per gli orrori che ho risparmiato quando evitai l'evacuazione di Roma. Invece di una condanna a morte, avrei meritato che mi erigessero un monumento.

In compenso, di fronte alle smargiassate del Calamandrei contro Kesselring nel 1953 la Repubblica Federale Tedesca protestò ufficialmente con una nota trasmessa dall'ambasciatore di Bonn dopo che a Cuneo era stata scoperta una lapide con il testo succitato. Nella nota dell'ambasciata della Repubblica federale di Germania, datata 7 febbraio 1953, si legge:

> Tali dimostrazioni, a prescindere dagli attacchi contro Kesselring, sono inadatte ai tempi attuali, in quanto inutilmente riaprono vecchie ferite e minacciano di compromettere la cooperazione tanto necessaria nell'opera della comune difesa europea.

In effetti, Calamandrei era ostile all'ingresso dell'Italia nella NATO, e la poesia venne sfruttata politicamente dal P.C.I. togliattiano per lanciare l'equivalenza Patto Atlantico-nazisti.

Il ministro degli Esteri, che era Alcide De Gasperi, dovette scusarsi ufficialmente con le autorità di Bonn, replicando con una nota ufficiale, che in buona sostanza dava ragione alle proteste tedesche.

> Seppur presa in autonomia, De Gasperi definì l'iniziativa del comune di Cuneo, a parer nostro non molto felice... un tentativo di riversare su nuove situazioni il peso di torti altrui,

anche se poi rimasero lapide e poesia, ossessivamente e pavlovianamente ripetuta ad ogni venticinque aprile[100].

Come non ripensare alle già citate righe del Malaparte circa gli *eroici topi della libertà... i clowns della libertà coperti di coccarde, di bracciali, di galloni, di piume di struzzo, e dal viso tricolore*?

Del resto lo stesso Malaparte, che la Guerra di liberazione la fece a differenza dell'avvocato Calamandrei, scrisse dei versi che andrebbero, questi sì!, messi sulle lapidi, per ricordare come andarono davvero le cose:

> *L'Otto settembre è un giorno memorando:*
> *volta la fronte all'invasor nefando,*
> *l'Italia con l'antico suo valore*
> *alla vittoria guidò il vincitore.*
>
> *L'Otto settembre è memorabil data:*

---

sdizioni di equità della grande guerra al codice di procedura civile del 1940", *Quaderni fiorentini*, 37. 2008.
[100]La nota è stata riscoperta nell'aprile del 2018: http://www.lastampa.it/2018/04/26/cuneo/lambasciata-tedesca-contest-la-lapide-contro-kesselring-xykWOy1A13q7tpr4u0D9hI/premium.html

> *volta le spalle all'infausta alleata,*
> *già col ginocchio a terra,*
> *corremmo a vincer coi nostri nemici*
> *arditamente quella stessa guerra*
> *che avevamo già persa con gli amici.*
>
> *Tutto è chiaro fin qui, semplice e onesto:*
> *son due modi di dire,*
> *né val saper se quello è meglio o questo.*
> *Or dobbiam stabilire*
> *quale fu mai l'amico*
> *e quale fu il nemico,*
> *qual l'alleato e quale l'invasore.*
>
> *Dopo aver decretato*
> *che nemico e alleato,*
> *amico ed invasore,*
> *fu il vinto, e il vinto solo, è da chiarire*
> *quale fu il vincitore.*

Concetti ribaditi dallo scrittore pratese anche ne *La pelle*:

> Il nostro amor proprio di soldati vinti era salvo: ormai combattevamo al fianco degli Alleati, per vincere insieme con loro la loro guerra dopo aver perduto la nostra, ed era perciò naturale che fossimo vestiti con le uniformi dei soldati alleati ammazzati da noi.

Un quadro ben diverso da quello autoassolutorio ed eroicomico del Calamandrei, che millantava una presunta granitica unità del popolo italiano contro il bieco invasore.
Accettare la colpevolezza di Kesselring in quanto comandante delle truppe tedesche in Italia vuol dire, sullo stesso piano, considerare Alexander, in quanto comandante delle Forze alleate nel Mediterraneo ed in Italia colpevole per le stragi in Sicilia e per gli stupri[101] compiti dai reparti francesi nel maggio- giugno 1944, o Raffaele Cadorna responsabile delle sevizie e delle violenze inflitte alle ausiliarie ed alle uccisioni di prigionieri e civili inermi compiute dalle formazioni partigiane a guerra finita, che, con buona pace dell'amnistia Togliatti, restano crimini di guerra (come lo restano quelle opera dei nazifascisti) e come tali imprescrittibili secondo il diritto internazionale[102].
Kesselring condusse una guerra durissima, ed aveva tutto il diritto di difendere le proprie truppe. Venne assolto dall'accusa di essere responsabile dei massacri di civili nel processo- farsa di Venezia, a differenza delle Fosse Ardeatine, perché semplicemente non poteva esserne preventivamente a conoscenza e anzi spesso intervenne per moderare le violenze naziste. Del resto, aveva da occuparsi della conduzione della guerra, più che delle operazioni di polizia demandate in massima parte al SD ed alle SS.

---

[101] Il numero 402 stupri che la storiografia resistenziale attribuisce agli Hiwi della 162. div. *Turkistan* sull'appennino piacentino è solo il frutto della propaganda postbellica che prese come modello i crimini dei *goumiers*. Vi furono certo casi di violenza carnale, ma nell'ordine di meno di una decina, immediatamente repressi con la fucilazione dei responsabili: Colloredo 2018,p.79 n.87.
[102] La Convenzione sull'imprescrittibilità dei crimini di guerra e dei crimini contro l'umanità venne adottata dall'Assemblea Generale delle Nazioni Unite il 26 novembre 1968 ed entrò in vigore l'11 novembre 1970. Il testo prevede l'imprescrittibilità anche di reati commessi prima dell'entrata in vigore della medesima Convenzione.

La poesia di Calamandrei si inserisce in un'ottica di riscrittura della storia, in cui tutti i crimini erano dei nazisti. Per esempio, gli 80- 120.000 civili uccisi dalle bombe alleate, ben più numerosi delle 1087 vittime per le quali Kesselring venne processato a Venezia, andavano cancellati dalla memoria.Scrive Claudia Baldoli che in Gran Bretagna, la storia dei bombardamenti effettuati dalla *Luftwaffe* e della resistenza della popolazione civile è diventata parte dell'identità nazionale, grazie a letteratura, film, documentari e insegnamento nelle scuole; ma, anche se un numero molto maggiore di bombe fu sganciato sull'Italia e un numero simile di civili fu ucciso nei due Paesi, in Italia è mancata invece un'elaborazione pubblica della memoria dell'evento. Se i bombardamenti non sono stati dimenticati dalle comunità che li subirono, essi sono stati però marginalizzati dalla memoria ufficiale a livello nazionale. Episodi in cui i *liberatori* uccisero civili innocenti e gli occupanti tedeschi contribuirono a operazioni di salvataggio non si inseriscono facilmente nella narrativa nazionale e ufficiale della Seconda guerra mondiale; con poche eccezioni, la maggioranza dei monumenti per ricordare le vittime delle incursioni aeree non accusa i responsabili. Le stragi di civili provocate dai bombardamenti strategici americani e britannici erano da rimuovere e nascondere. L'antifascismo si trovò a dover giustificare politicamente l'esistenza di una guerra *giusta*, la cui violenza venne esorcizzata attribuendo le morti non a chi le aveva causate, ma al regime fascista od ai tedeschi, giustificando (o nascondendo!) gli eccidi in Sicilia, le *marocchinate*, i bombardamenti terroristici, gli infoibamenti in nome della *liberazione*, tanto che alcuni monumenti che ricordano i bombardamenti ne attribuiscono la responsabilità al regime fascista, che aveva portato l'Italia in guerra, o addirittura ai tedeschi e non a chi aveva sganciato quelle bombe sui civili! .

Il teatro di guerra italiano fu forse il più difficile tra quelli della Seconda Guerra Mondiale. Per certi versi, ricordava i campi di battaglia della Prima guerra mondiale, campi di battaglia che Kesselring ben conosceva. La popolazione civile non fu risparmiata in alcun modo dalle atrocità, di guerra e non, perpetrate sia da una parte sia dall'altra. L'Italia in quegli anni conobbe una tragedia umana e materiale senza pari, in cui semplicemente le due parti si equivalsero quanto a violenze: non si può continuare a scaricare dopo ottant'anni la colpa solo sui tedeschi, semplicemente perché è riduttivo e non corrispondente alla realtà. Anche se non mancarono certo efferatezze e crudeltà, si deve riconoscere che risponde in linea di massima al vero: ciò che scrisse Kesselring, nelle sue memorie:

> I soldati tedeschi [...] non hanno trascurato l'osservanza dei princìpi di umanità e le esigenze della cultura e dell'economia, e ciò in una misura che raramente è dato riscontrare in conflitti di così grave portata.

Maggio 1945, Saalfelden.
Un invecchiato Maresciallo Kesselring al momento della resa alla Quinta Armata statunitense.

CONCLUSIONI.

Quando ogni 25 aprile si commemora la *festa della liberazione*, con sempre meno partecipazione di popolo col passare inesorabile degli anni, tra le immancabili polemiche, si finisce a discutere di fascismo, antifascismo, liberazione etc., da una parte e dall'altra: ma non ci si pone la domanda corretta.

Chi ha davvero vinto la campagna d'Italia? Gli angloamericani con il codazzo di alleati di varia provenienza o i tedeschi?

Non sembri una domanda retorica o scontata. Tutt'altro.

Nell'aprile del 1945 gli anglo-americani disponevano in Italia di 1.333.856 uomini contro 332.524 tedeschi e 160.180 militari della R.S.I.; di 4.000 aerei contro 79; eppure gli Alleati, contro un nemico enormemente inferiore in mezzi ed uomini avevano spesso subito l'iniziativa germanica, come nei contrattacchi in Sicilia, a Salerno, a Nettuno e ancora nel dicembre 1944 in Garfagnana, oltre che in miriadi di contrattacchi minori e locali, risalendo la penisola lentamente, venendo tenuti lontani dal territorio del Reich; e mentre i sovietici erano già vicini a Berlino, ai primi di aprile, i tedeschi erano ancora padroni di tutta l'Italia settentrionale, schierati su un fronte che partiva dal ferrarese giungendo sino alla Versilia; e malgrado l'offensiva alleata, se non fosse crollato lo stesso Reich e caduta Berlino era prevista la resistenza sulla linea del Po e poi sulle Alpi. Alla fine, gli alleati ebbero 313.495 caduti, feriti e dispersi[103], perdendo 8.011 aerei nel corso della campagna.

Dall'ottobre 1943 al febbraio 1945 i tedeschi persero in Italia 44.825 uomini; nel maggio 1945 le perdite tedesche – inclusi i militari della Repubblica Sociale – erano di 336.500 soldati, in maggior parte prigionieri di guerra catturati al momento della resa: dal 9 aprile, inizio dell'offensiva alleata, al 2 maggio 1945, data della fine della guerra in Italia, le perdite dei tedeschi e degli italiani della R.S.I., tra morti, feriti e dispersi, furono di circa 70.000 uomini, per un totale di circa 114.800 perdite in tutta la campagna d'Italia, e di circa 221.700 prigionieri arresisi al momento di deporre le armi. È quindi improponibile ed errato fare confronti, come pure è stato fatto, con quelle alleate da noi riportate affermando la sostanziale equivalenza delle perdite dei due schieramenti, per sminuire l'abilità dei combattenti germanici: gli angloamericani subirono la perdita in combattimento di 198.670 uomini in più rispetto alle truppe di Kesselring: per ogni caduto tedesco ve ne furono circa tre alleati; la percentuale aumenta ancora se si ricorda come la gran parte delle perdite germaniche fosse dovuta all'aviazione ed all'artiglieria alleate, mentre quelle alleate quasi esclusivamente al combattimento ravvicinato.

Bisogna avere il coraggio di dire che strategicamente a vincere la campagna d'Italia fu la Germania; e questo è dovuto, oltre al valore dei combattenti germanici, sia i reparti regolari che le truppe d'*élite* come i *Fallschirmjäger*, appoggiati a volte da reparti di seconda linea come ausiliari dell'Est e da unità della Repubblica Sociale Italiana, alle capacità di un uomo, il Feldmaresciallo Albert Kesselring.

Nelle proprie memorie questi tracciò un biancio delle operazioni in Italia, in cui difende la propria idea di difesa in profondità su più linee rispetto a quella di Rommel di abbandonare la penisola per arroccarsi sulle Alpi. Eccolo:

---

[103] Americani: 119.279 caduti; Brasiliani: 2.211; Britannici: 89.436; Truppe coloniali britanniche: 448; Canadesi: 25.889; Francesi: 27.625; Greci: 452; Indiani, 19.373; Italiani cobelligeranti: 4.729; Neo Zelandesi; 8.668; Polalcchi: 11.217 casualties; Sudafricani: 4.168.

Ogni valutazione della campagna d'Italia a distanza di diversi anni deve decidere se la nostra decisione di mantenere linee difensive profondamente scaglionate in Italia per diversi anni possa venir fidifesa da un punto di vista militare e se i principi strategici seguiti abbiano raggiunto i migliori risultati possibili, Nelle rifelessioni seguenti ignorerò ogni valutazione politica. Ho altrove precisato che l'intervento intempestivo dell'Italia in guerra non era stato richiesto né cercato, e che, al contrario, la Germania aveva piuttosto interesse ad una neutralità italiana. Ogni improvvida estensione del teatro di guerra portava con sé grandi svantaggi, consistenti soprattutto nello sforzo eccessivo imposto al nostro potenziale bellico, e nelle complicazioni per i rifornimenti e la strategia. Tuttavia, se le nostre considerazioni devono venir limitate al campo militare dobbiamo trovare una risposta alla domanda circa il fatto se una resa prematura di tutta o di parte d'Italia potesse essere la miglior soluzione dal punto di vista militare. Evacuare l'intera Italia e difendere il Reich dalle Alpi [come avrebbe voluto Rommel, ndA] non sarebbe servito ad economizzare i nostri effettivi; avrebbe data al nemico illimitata libertà di movimento in direzione della Francia e dei Balcani, avrebbe significato sacrificare una zona di combattimento in profondità e lasciar scatenare la guerra aerea sulla Germania meridionale e l'Austria. Allo stesso modo, evacuare l?Italia meridionale e centrale e tenere le Alpi e gli Appennini non avrebbe portato a nessun risparmio di uomini e di mezzi né avrebbe ridotto significativamente il pericolo di sbarchi e aviosbarchi, né l'estensione della guerra aerea di cui sopra. In entrambi i casi sarebbe aumentato il pericolo per le linee di rifornimento. Per ritirarsi con qualche prospettiva di successo, la preparazione sarebbe dovuta iniziare molto prima, dal 1942-43, quando, però, non era possibile per ragioni politiche. La conclusione è che la battaglia d'Italia fu non solo giustificata ma anche imperativa ed il problema di cosa fare per il solo teatro operativo di propria competenza irrispettoso del piano strategico generale. Naturalmente se l'obbiettivo era di concludere la guerra il prima possibile, e . senza preoccuparsi di quante possibilità rimanessero di strappare un successo semipolitico, allora la guerra nel Mediterraneo deve essere considerata non necessaria, ma questa è una visione che non posso condividere.

Kesselring fu senza dubbio uno dei migliori comandanti tedeschi, come dimostra l'efficace e lunga difesa della penisola italiana, nonostante la totale supremazia aeronavale alleata. Inoltre, come scrive a ragione Andrea Lombardi nella scheda dedicata al Feldmaresciallo nella sua opera dedicata ai *Ritterkreuztragern*, Kesselring fu uno dei pochi ufficiali superiori tedeschi ad avere una visione strategica del conflitto, avendo ben chiara l'importanza del coordinamento tra le operazioni delle forze di terra e quelle aeronavali, e dell'importanza delle linee di collegamento marittime. Nelle sue memorie, Kesselring non tende tanto a discolparsi dalle accuse che gli furono mosse, ma intende ricordare le gesta del soldato tedesco:

> È una verità incontrastata che i tedeschi hanno dato in guerra una prova magnifica delle loro qualità. Liddel Hart così si esprime su questo argomento: "Nell'eseguire questa analisi si scopre che le offensive Alleate hanno avuto raramente successo quando le nostre truppe non possedevano una superiorità numerica di almeno 5:1 rispetto ai tedeschi [...] In alcuni casi speciali e veramente deplorevoli, le nostre truppe non riuscirono a sfondare le linee avversarie neppure con una superiorità di 10:1, moltiplicata dalla padronanza del cielo. [...] si ebbe talvolta l'impressione penosa che i tedeschi in genere fossero superiori ai loro avversari presi singolarmente, uomo contro uomo. Sul fronte orientale i tedeschi riuscirono ripetutamente ad opporsi con successo ad un nemico altrettanto superiore numericamente". [...] I grandi successi dei combattenti tedeschi non sarebbero stati possibi-

li se fosse mancato un senso di cameratismo totale fra gli uomini ed i loro superiori. Il cuore mi batteva di gioia durante le mie visite al fronte quando constatavo questa intima unione di intenti. Sono stato orgoglioso di vedere il contegno esemplare mantenuto nel 1945 dai soldati tedeschi nel momento di consegnare le armi al nemico.

Da notare – prosegue Lombardi – come la superiore efficienza delle unità tedesche, osservata da Liddel Hart, portò l'US Army ad attivare una specifica commissione (*Historical Evaluation and Research Organization*), la quale riconobbe empiricamente, anche con l'uso di modelli matematici, applicati alla ricostruzione di un gran numero di scontri tra unità alleate, sovietiche e tedesche, una maggiore capacità combattiva, sia in attacco che in difesa, ai soldati della *Wehrmacht* rispetto ai loro avversari. Seguirono poi gli studi degli storici militari Martin van Creveld e Trevor Nevitt Dupuy, che analizzarono approfonditamente questi risultati, confermandone la generale validità. Paul Savage e Richard A. Gabriel, due ricercatori e militari di professione statunitensi conlusero nel loro saggio *Crisis in Command: Mismanagement in the Army* del 1978:

> Nonostante le ripetute catastrofi, la Wehrmacht rimase così coesa da combattere efficacemente sino a quando fu sopraffatta [...] La coesione tedesca sul campo di battaglia derivava direttamente dai singoli soldati [...] che percepivano i loro diretti superiori, Ufficiali e Sottufficiali, come uomini d'onore, eminentemente degni di rispetto, i quali a loro volta avevano cura dei loro uomini. Gli ufficiali dell'Esercito tedesco erano selezionati con grande attenzione, e virtualmente tutti avevano una cultura superiore al tedesco medio. Inoltre, questi standard furono mantenuti nel corso della guerra [...] Le qualità combattive dell'Esercito tedesco possono essere attribuite in buona parte alle qualità dei suoi comandanti [...] Il modello storico tedesco durante la seconda guerra mondiale spicca come uno di alta professionalità militare e coesione[104].

L'eroe della campagna d'Italia è e resta il soldato tedesco, uno contro dieci, un carro armato contro dieci carri, un cannone contro venti cannoni, niente di niente contro nugoli di bombardieri e di caccia, minacciato alle spalle da un nemico invisibile e pronto a nascondersi dopo aver colpito alla schiena. Eppure tenne duro per quasi due anni. Specifichiamolo, ché non siano possibili fraintendimenti: il soldato tedesco di Salerno, Cassino, Anzio, Corinaldo, Rimini: non i massacratori di Sant'Anna, Marzabotto, Vinca e delle altre decine di eccidi! Citiamo a mo' di esempio il passo, da noi già citato, dal carteggio tra il Maresciallo Alexander e Churchill del 20 marzo 1944, in cui il generale spiegava anche con questa motivazione il mancato conseguimento degli obiettivi prefissatisi da Freyberg nella terza battaglia di Cassino:

> La tenacia dei paracadutisti tedeschi è davvero eccezionale, ove si consideri che sono stati sottoposti al più grande concentramento di fuoco mai prima attuato, per ben sei ore, ad opera dell'intera aviazione del Mediterraneo e di gran parte dei nostri 800 pezzi d'artiglieria. Stento a credere che vi siano altre truppe al mondo che avrebbero potuto resistere a tale tempesta di fuoco e poi passare all'attacco con la ferocia da essi dimostrata.

E insieme a loro il vero vincitore della campagna, colui che tenne lontane forze superiori e armatissime dai confini tedeschi fu Albert Kesselring.

---

[104] A. Lombardi, *I decorati della Ritterkreuz mit Eichenlaub und Schwertern*, 2: *Luftwaffe-Kriegsmarine-Waffen-SS*, Genova 2007, ad vocem.

Carlo D'Este ha scritto che Kesselring

> Personificò la difesa tedesca dell'Italia, e divenne il pilastro sul quale venne edificata. Dove altri avrebbero preso decisioni errate o reagito scompostamente, Kesselring rimase calmo e fu pressoché letteralmente il collante che tenne insieme l'esercito tedesco in Italia[105].

E Bidwell apre la sua biografia con le seguenti parole.

> Kesselring ha avuto tre carriere, tutte e tre memorabili.
> I tedeschi possono oggi ricordare con legittimo orgoglio l'ufficiale di stato Maggiore che ebbe un ruolo tanto importante nella ricostruzione dell'esercito tedesco dopo la Prima Guerra mondiale, o, per esser più precisi, nel costruire la nuova Reichswehr che sostituì i vari eserciti separati dell'impero del Kaiser. Egli poi divenne uno dei fondatori della *Luftwaffe*, aviatore e Feldmaresciallo. Gli inglesi, che hanno tanta esperienza di battaglie difensive e di ritirate, hanno buoni motivi di rispettare il tedesco che a dispetto di condizioni tanto sfavorevoli ha tenuto in scacco gli Alleati in Italia durante una ritirata fatta combattendo per 800 miglia durata venti mesi, dalla punta dell'Italia sino alle rive del Po[106].

Per altri, per i malapartiani *topi della libertà... coperti di coccarde, di bracciali, di galloni, di piume di struzzo*, per i tromboni della retorica resistenziale, invece c'è *la primavera di queste valli* che *lo videro fuggire*, c'è *il bruto feroce e testardo*.
La maniera in cui la *vulgata* (per usare un termine caro a Renzo De Felice) presenta gli avvenimenti della prima metà del XX secolo, soprattutto degli anni tra il 1918 ed il 1945, sembra esser regredita all'idea medievale di una storia avente una funzione *moralistico- utilitaria*, di cui Federico Chabod scriveva:

> Il pensiero medievale (…) assegna alla storia, e di conseguenza alle ricerche di storia, un compito non autonomo, bensì totalmente subordinato ai più alti fini dell'etica e della teologia [107].

L'unico monumento che spetta a Kesselring è un ramo di alloro ed un posto nella storia militare tedesca a fianco di Federico il Grande, Gneisenau, Moltke e Manstein[108].
Per avere un'idea di quale sia ancor oggi l'idea prevalente nei paesi germanofoni sul Feldmaresciallo Kesselring, citiamo un sito francescano austriaco, dove si parla della madre Rosina, ospite nel 1943 al Quartier Generale di Frascati, che conversando con il monaco benedittino tedesco Athanas Miller, gli avrebbe detto di recitare ogni giorno l'*Ave Maria*, sebbene protestante, e per questo di non aver paura della morte
Ora, al di là dell'aneddoto in sé, è interessante vedere come Kesselring sia presentato non solo come un comandante *der von vielen sehr geachtet war*, che è stato rispettato da molti, ma come un figlio affezionato di una madre devota e cristiana, che vuole vicina

---

[105] *Kesselring symbolised the German defence of Italy, and he became the bedrock upon which it was built. Where others would have drawn the wrong conclusion or over-reacted Kesselring remained composed and was quite literally the glue that held the German Army in Italy together*: D'Este, op. cit.,p.132
[106] Bidwell, op. cit., p.265.
[107] F.Chabod , *Lezioni di metodo storico*, Roma- Bari 1999, pp.11 e 9- 10. Cit. in P. Romeo di Colloredo, Prefazione, *I Pilastri del Romano Impero*, Genova ITALIA 2009.
[108] http://www.franziskaner-schwaz.at/spirit/Geistliche_Miniaturen-hauptframe.htm#Kesselring.

anche in guerra: non è certo l'idea di un criminale di guerra!
Kesselring dimostrò una tale abilità nel difendere la Penisola che verso di lui

> Oggi i tedeschi possono legittimamente nutrire ammirazione, scrive Bidwell, e ancora: Gli inglesi [...] hanno motivo di rispettare il tedesco che, nonostante le circostanze avverse, tenne in scacco gli Alleati in Italia durante una combattuta ritirata di 1.300 chilometri durata venti mesi.

Cosa riconosciuta da tutti gli storici militari, tranne che dalla propaganda e dalla storiografia antifascista. Si legga quanto pubblicato sul sito (istituzionale!) della regione Toscana:

> Il maresciallo Kesselring non aveva l'agilità mentale di Rommel: era un bruto feroce e testardo, che voleva la difesa a oltranza della penisola per saccheggiarla con tutto comodo e sfruttare fino all'ultimo le risorse agricole e industriali della Pianura Padana.
> [...]
> Tra le opposte tesi di Rommel e di Kesselring, il caporale Hitler optò per quella di Kesselring: la più idiota e la più sanguinaria[109].

Tanto l'insipienza e la faziosità possono oscurare la verità fattuale.
Alle affermazioni su riportate, si può rispondere come Kesselring sia stato elogiato per le capacità nelle operazioni difensive non solo dai suoi colleghi ufficiali tedeschi ma anche dai suoi nemici. Il generale Mark Clark, che ebbe di fronte Kesselring in Italia, disse di lui:

> Il feldmaresciallo Albert Kesselring, (fu) uno dei più abili ufficiali degli eserciti di Hitler. [...] Kesselring era ben qualificato, sia come comandante che come organizzatore, e condusse le operazioni dell'Asse in Italia con grande abilità per due anni, dopodiché fu trasferito al comando del Fronte Occidentale in Germania. Ero felice di vederlo andare via.

Il suo primo biografo, Kenneth Macksey, scrisse che Kesselring *fu uno dei tre migliori soldati tedeschi*[110] della Seconda Guerra Mondiale, insieme a Rommel e Guderian., e altrove lo si definisce

> The hero of one of the greatest fighting retreats in military annals...a commander who, faced by an enemy superior in numbers, vastly superior in equipment, and enjoying undisputed command of the sea and air, had maintained an unbroken resistance, step by step, from the southern shores of Sicily to the foothills of the Alps, until his gallant troops, deprived of air support by lack of petrol and hampered by treacherous allies, were engulfed, still undefeated, in the general ruin[111].

Anche un autore come Andrew Sangster, tendenzialmente ostile al Feldmaresciallo[112], deve ammettere che

---

[109] http://www.regione.toscana.it/storiaememoriedel900/linea-gotica/una-guerra-nella-guerra
[110] K. Macksey, *Kesselring. The Making of the Luftwaffe*, London 1978, p.17.
[111] *The Trial of Field Marshal Kesselring*, in http://www.heretical.com
[112] A. Sangster, *Field-Marshal Albert Kesselring in Context*, University of East Anglia, 2014, pubblicato poi non a caso con il titolo *Field-Marshal Kesselring: Great Commander or War Criminal?*, Cambridge, 2015.

> [...] Kesselring is viewed as a non-political soldier, an educated man who was a linguist, good-natured and just followed orders. This would be Kesselring's own projected self-image, viewing himself as an honest career soldier who obeyed his government.
> He always claimed that, although a patriot, he had no idea of Hitler's plans for war. As a Luftwaffe leader who oversaw the bombing of Warsaw, Rotterdam and London, he is often regarded as the originator of strategy-bombing and a successful commander. When he was transferred to Italy and the Mediterranean he was understood by most, then and since, to have been in total charge, and was considered as sympathetic to the Italians.
> He had issues with Rommel because of supply problems, and leaving Malta militarily viable, but few consider this to have been Kesselring's fault. From the defeat in North Africa, through Sicily and Italy he developed a legendry reputation in defence.
> The American military historian D'Este described Kesselring as bearing *'the stamp of genius for defensive operations'*. Graham and Bidwell in their history of the Italian Campaign informed their readers that the Allies were 'facing as good a general as emerged from the German Army in the Second World War and certainly the best on either side in the ItalianThere is a body of opinion that believed Kesselring operated independently from Hitler, and that he was the saviour of much of Italy's cultural heritage. He always claimed total ignorance of the Holocaust and other barbarities, claiming the Wehrmacht always fought a 'clean war.' In Western Europe, in the final months, he fought to the bitter end claiming it was to save German soldiers fighting on the Eastern Front, as all he cared for was his soldiers and Germany's future[113].

Da parte sua Bidwell conclude il suo profilo della vita del Maresciallo con le seguenti parole:

> Dove Kesselring si rivelò straordinario è nel fatto che non poté usufruire di uno speciale addestramento operativo e non passò mai dai gradi successivi di divisione, di corpo e d'armata. Aveva tutte le qualità necessarie, ma ci arrivò con la sua sola intelligenza. Il principio della mobilità - che lui chiamava «operazioni libere» - la necessità di tenere una riserva, l'abilità nell' improvvisare, e soprattutto la capacità di reagire a una crisi, come fece ad Anzio, senza troppa programmazione contingente - troppa carta sprecata troppo spesso - erano qualità che possedeva per natura. Aveva sangue freddo. Più volte mise a tacere comandanti d'armata e di corpo che chiedevano di retrocedere mostrandosi tuttavia disponibile a capire le motivazioni psicologiche. Aveva un'enorme autorità. Era sì il «sorridente Alberh> , ma mai nessuno gli disubbidì due volte. Senza esitazioni destituì von Mackensen che non aveva eseguito l'ordine di distaccare una divisione di riserva presso un' altra sua armata, e punì l'eccellente comandante della 1 6a Panzerdivision, che per quattro giorni aveva resistito sotto l'attacco dell' intera sa armata a Salerno nel 1 943 , per aver tardato quello stesso anno a ottemperare a un ordine di contrattacco. Ma, come si è detto, da tutti i generali tedeschi ci si poteva aspettare un comportamento di tal livello. Kesselring fu unico perché dovette confrontarsi con il difficile compito di fungere da comandante supremo in una guerra di coalizione, nell' interfaccia dove s' incontrano la ' politica e la «Strategia globale». E difficile trovargli un difetto. Se mai ne ebbe uno, fu l'ossessiva lealtà, il rigido senso del dovere che imprigionò lui e altri nella trappola dell'ubbidienza ad Adolf H itler.

Questo dicon onon solo gli storici militari, ma anche scrittori quali il britannico Frede-

---

[113] Sangster, *Field- Marshal Kesselring.* cit., pp. 17- 18.

rick Forsyth che in un suo racconto traccia di Kesselring il seguente ritratto, che abbiamo posto in apertura del presente volume:

> A mio parere fu uno degli ufficiali più sottovalutati della seconda guerra mondiale. Era stato nominato Maresciallo nel 1940, ma in quel momento qualunque generale avrebbe vinto facilmente sul fronte occidentale. Subire la sconfitta, continuando a ritirarsi dinanzi a forze superiori, è molto più difficile. Esiste un tipo di generale per le avanzate gloriose, un altro per le ritirate armi in pugno. Rommel apparteneva al primo tipo, Kesselring al secondo. Dovette indietreggiare combattendo, dalla Sicilia fino all'Austria. Padroni dei cieli, in possesso di carri armati migliori e scorte illimitate di carburante e rifornimenti, con la popolazione locale al loro fianco, nel 1944 gli Alleati avrebbero dovuto conquistare l'Italia entro metà estate. Kesselring li costrinse a combattere centimetro dopo centimetro. Ma, a differenza di altri, non era un selvaggio. Era un uomo colto e amava l'Italia, appassionatamente. Hitler gli aveva ordinato di far saltare tutti i ponti sul Tevere. Si tratta tuttora di veri gioielli dell'architettura. Kesselring si rifiutò, facilitando l'avanzata delle truppe alleate...Kesselring ordinò al generale Schlemm di far uscire da Siena il I corpo paracadutisti senza sparare un solo colpo. Nulla doveva essere distrutto o danneggiato[114].

Ma alcuni, nella loro bovitudine, pensano che fosse un *bruto feroce e testardo*.

---

[114] F. Forsyth *Il veterano*, tr. it. Milano, 2002, Racconto: *Il miracolo*, p. 155

Kesselring in visita al fronte di Anzio con il generale Westphal, comandante della 14. Armee, 1944

Nettuno, 15 febbraio 1944. i Marescialli Kesselring e Wolfram von Richtofen in prima linea durante l'operazione Fischfang. *Sulla destra si vede Westphal.*

Roma, 23 marzo 1944. Civili allineati davanti al muro di Palazzo Barberini da soldati del Pol.-btl. Bozen, *militi della G.N.R. e della Polizia dell'Africa Italiana, Metropolitani e marò del btg.* Barbarigo *della Xa MAS dopo la strage compiuta dai gappisti in via Rasella. Si noti come la massima parte dei militari siano italiani.*

Il *Generalfeldmarschall* Albert Kesselring con la *Ritterkreuz mit Eichenlaub und Schwertern und Brillanten*, conferitagli il 19 luglio 1944.

Il Generalfeldmarschall *Albert Kesselring. nel luglio 1944; si noti come non indossi più le decorazioni italiane*

Liguria, 22 settembre 1944. Il Generalfeldmarschall Kesselring, accompagnato dal Capo di SM dell'Heeresgruppe C Generale Hans Röttiger, ispeziona le difese costiere nell'area di competenza della 34. Infanterie-Division.

Aprile 1944. Kesselring in visita al fronte di Nettunia.

Italia, 1944. Kesselring assiste alle prove di tiro di uno StuG IV.

Italia, 1944. Un ufficiale illustra a Kesselring nuove e vecchie armi della fanteria. Da sinistra: l'innovativo MP 43/StG 44 con affianco i tre distintivi caricatori curvi, il Kar 98k con tromboncino lanciagranate Schiessbecher, il Gewehr 41 (impugnato dall'ufficiale e osservato da Kesselring), l'MP 40, e le MG 34 e MG 42.

Kesselring si cimenta nel tiro con l'MP 43/StG 44.

*E osserva in seguito una prova di tiro comparativa tra l'*MG 42 *(in primo piano) e la* MG 34.

Kesselring con il Duce. Mussolini intervenne più volte presso il Feldmaresciallo per stigmatizzare e moderare le violenze e gli eccessi delle truppe tedesche verso la popolazione italiana. (Da Kesselring, 1954)

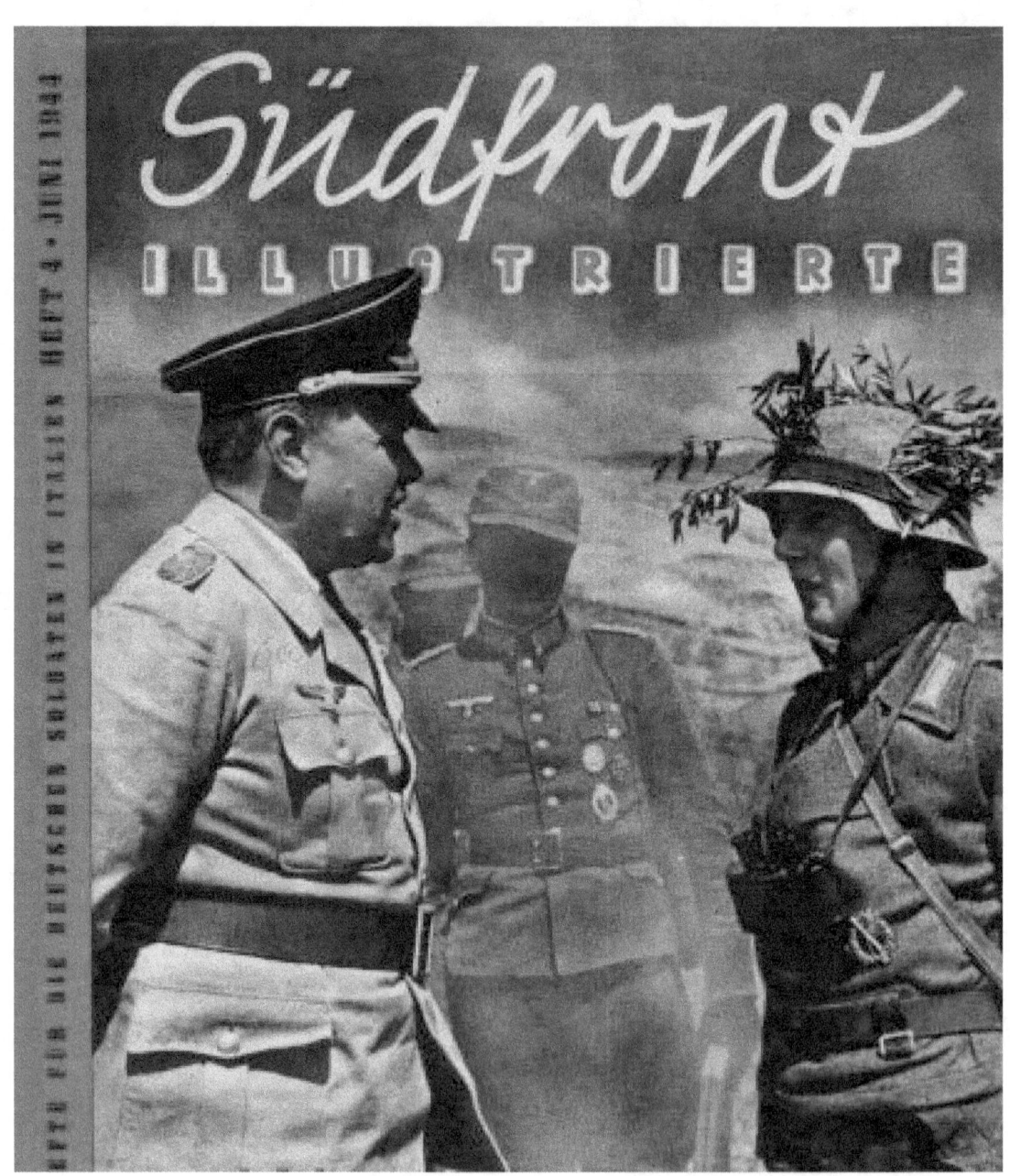

Kesselring sulla copertina di un numero della rivista delle truppe tedesche sul fronte italiano, Südfront Illusrierte.

*Montignoso (MS), cippo lungo la sponda nord del canale del Cinquale che inìdica l'inizio della Linea Gotica (*Grünen- Linen 1*; la linea* Grünen 2 *iniziava sotto Carrara, lungo il fiume Carrione). Qui le truppe di Kesselring combatterono dal settembre 1944 all'aprile 1945.*

A seguito del noto appello indirizzato dal Feldmaresciallo Kesselring agli Italiani, lo stesso Feldmaresciallo ha ora impartito alle proprie truppe i seguenti ordini:

1. - Iniziare nella forma più energica l'azione contro le bande armate di ribelli, contro i sabotatori ed i criminali che comunque con la loro opera deleteria intralciano la condotta della guerra e turbano l'ordine e la sicurezza pubblica.

2. - Costituire una percentuale di ostaggi in quelle località dove risultano esistere bande armate e passare per le armi detti ostaggi tutte le volte che nelle località stesse si verificassero atti di sabotaggio.

3. - Compiere atti di rappresaglia fino a bruciare le abitazioni poste nelle zone da dove siano stati sparati colpi di arma da fuoco contro reparti o singoli militari germanici.

4. - Impiccare nelle pubbliche piazze quegli elementi ritenuti responsabili di omicidi o capi di bande armate.

5. - Rendere responsabili gli abitanti di quei paesi dove si verificassero interruzioni di linee telegrafiche o telefoniche nonchè atti di sabotaggi relativi alla circolazione stradale (spargimento di rottami di vetro, chiodi o altro, sui piani stradali, danneggiamento di ponti, ostruzioni delle strade).

Feldmaresciallo KESSELRING

Le draconiane disposizioni emanate da Kesselring
nel giugno 1944 contro il movimento partigiano. Tali ordini gli costarono l'incriminazione a Venezia come responsabile della morte dei 1087 italiani vittime delle rappresaglie tedesche.

Rimini, 16 agosto 1944.
I corpi dei partigiani della 29a Brigata Gap "G. Sozzi", Mario Capelli, Luigi Nicolò e Adelio Pagliarani impiccati in Piazza Giulio Cesare (oggi Piazza Tre Martiri) per aver cercato di impedire la mietitura del grano destinato alla produzione di pane da distribuire alla popolazione.

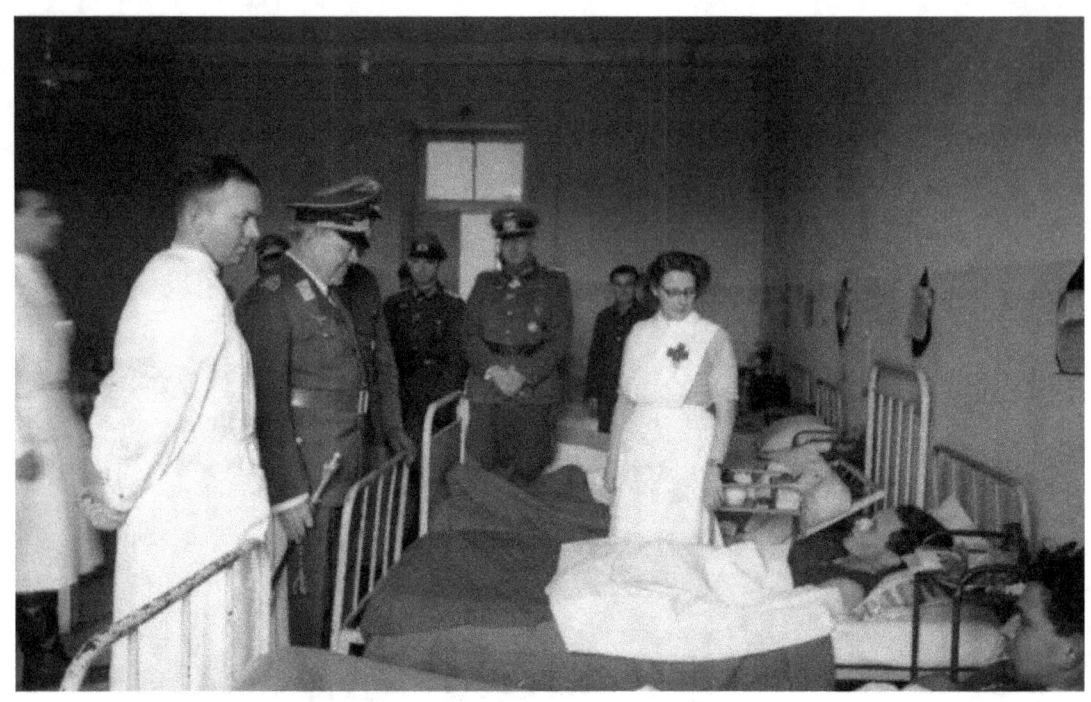

Italia, 1944. Visita di Kesselring a un ospedale militare tedesco.

Italia, area di Rimini-Ancona, 1944. Uno stato maggiore espone la situazione locale al Feldmarschall *Kesselring.*

Italia, 1944. Relazioni e studio della situazione di ufficiali della Heer *e della* Kriegsmarine *sotto l'attento sguardo di Kesslering.*

Berghof, 10 Maggio 1945. Il Maresciallo Kesselring con il generale Maxwell D. Taylor, comandante della 101st Airborne Division *statunitenser dopo la resa agli statunitensi*

10 Maggio 1945. Il Maresciallo Kesselring con il Brigadier General *G. J. Higgins,* Assistant Commander *della* 101st *(*US Army Signal Corps)

La foto segnaletica del prigioniero di guerra Kesselring Albert matricola 3IG 350008.

Kesselring al Berchtesgadener Hof *dopo la resa, agli statunitensi, maggio 1945 (sopra) e testimone a Norimberga (sotto)*

Keselring interrogato a Norimberga quale testimone d'accusa (sopra) e in un momento di pausa (sotto)

Un irriconoscibile Feldmaresciallo Kesselring in prigionia, il 22 giugno 1946.

*Norimberga, marzo 1946. Albert Kesselring depone all'*International Military Trial *(IMT)*

Kesselring durante il processo di Venezia.

*Il colonnello Alex Scotland dell'*Intelligence Service, *testimone d'accusa al processo di Venezia*

Copertina de La Domenica del Corriere *del 23 febbraio 1947 dedicata al processo di Venezia contro Kesselring, (disegno di Walter Molino).*

La notizia della condanna a morte del Maresciallo sulla stampa britannica (sopra) e la scheda di registrazione del detenuto Albert Kesselring (sotto)

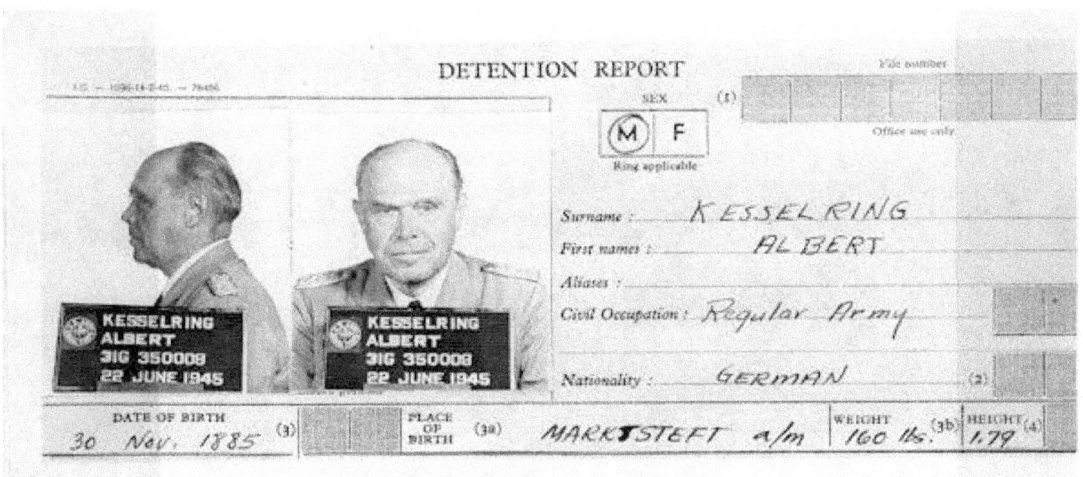

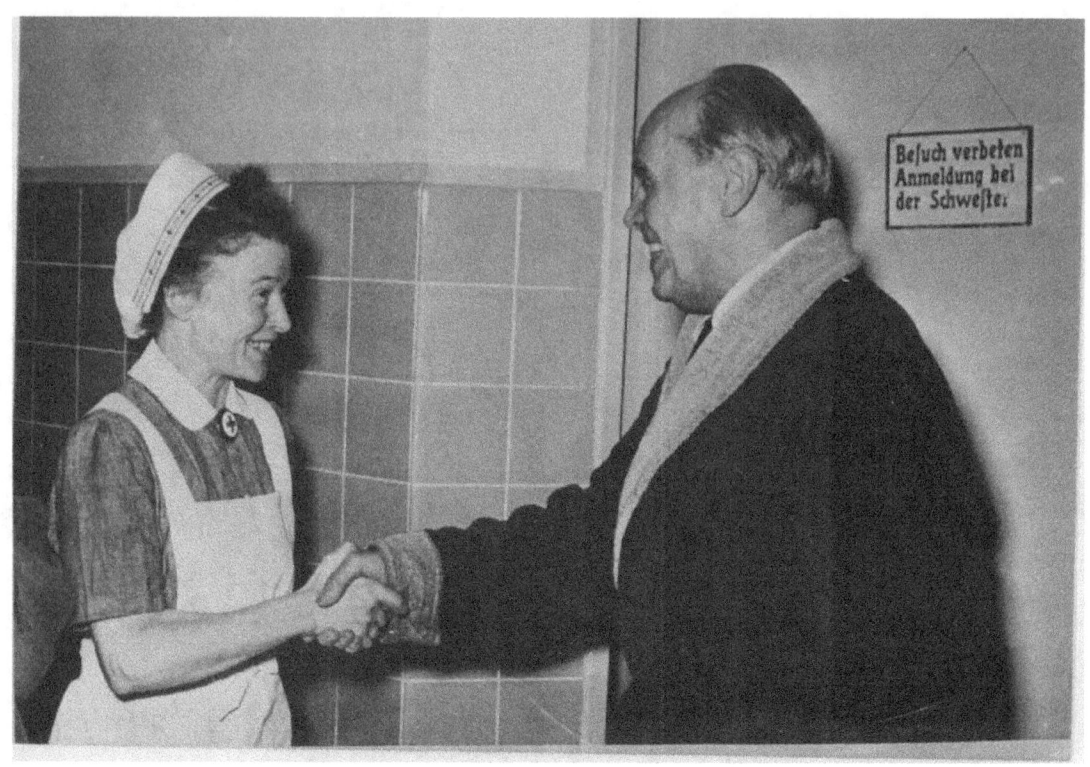

Kesselring in ospedale stringe la mano ad un'infermiera.

Düsseldorf, 29 settembre 1956 Da sin., seduti, il Generalfeldmarschall *a.D. Albert Kesselring, il generale Paul von Lettow-Vorbeck, leggendario difensore dell'Afica Orientale Tedesca nella Grande Guerra e Lucie Rommel, la vedova di Erwin Rommel, durante la riunione del* Kameradschaftsabends des Afrika-Korps.

Germania, 1958. Kesselring a un evento dello Stalhelm, Bund der Frontsoldaten.

durante la stessa manifestazione dello Stalhelm.

Il funerale di Albert Kesselring a Bad Wiessee. In secondo piano la bara del Feldmarschall *rivestita di una bandiera, in primo piano un suo "vecchio soldato" visibilmente commosso porta su di un cuscino le decorazioni di Kesselring.*

Una recente fotografia della tomba di Albert Kesselring e della moglie.

I GENERALI DI KESSELRING

Una delle ragioni del successo della strategia di Kesselring durante la campagna d'Italia fu sicuramente quello di essersi circondato di subordinati dalle straordinarie capacità militari, nate non solo dallo studio nelle accademie militari ma dalla pratica acquisita con anni di comando sui vari fronti di guerra, soprattutto sul fronte orientale. Troppo spesso dimenticati, questi comandanti si dimostrarono in generale di gran lunga superiori ai loro avversari, riuscendo a mantenere spesso l'iniziativa strategica nelle condizioni più avverse, come, per fare un esempio solo, Mackensen dopo lo sbarco alleato di Nettunia nel gennaio 1943. Non sempre i comandanti hanno avuto la capacità di circondarsi di personalità di tale livello: si pensi a Napoleone, che, con poche eccezioni, si circondò di marescialli decisamente mediocri e alla prova dei fatti incapaci di comandare senza la presenza dell'imperatore.

Ci sembra perciò necessario dedicare ai principali collaboratori dell'*Oberbefhelshaber Süd* un rapido schizzo biografico ad integrazione di quanto scritto nella trattazione delle operazioni.

Generaloberst der Wehrmacht Heinrich Gottfried von Vietinghoff

Generale, comandante della 10. *Armee*, Vietinghoff fu un colto, abile e malleabile mediatore tra le truppe e l'alto comando, sebbene non fosse in particolar modo popolare presso il soldato semplice. Nacque a Magonza il 6 dicembre 1887 e dal 1898 entrò nell'esercito come cadetto. Il 6 marzo 1906 all'età di sedici anni, divenne sottotenente nell'esercito prussiano e, un anno dopo, il 27 gennaio 1907 tenente nel *Grenadierregiment* nr. 2 della guardia. Allo scoppio della prima guerra mondiale fu promosso *Truppeoffizier* e, nel 1915, capitano presso lo stato maggiore generale del comando dell'esercito. Nel 1919 entrò nella *Reichswehr* e nel 1921 divenne comandante di compagnia nel 9° Reggimento fanteria. Il 1° marzo 1926 fu promosso maggiore e assegnato allo stato maggiore della 2. Infanterie- Division a Stettino. Nel 1929 fu trasferito al Ministero della difesa; del 1° febbraio 1931, col grado di tenente colonnello, ebbe il comando del I. *Bataillon* del 14° Reggimento fanteria.

Il 1° aprile 1933 fu promosso colonnello e dal febbraio 1934 Vietinghoff fu posto a capo della *Abteilung Landsverteidigung* (forza di difesa civile); il 1° aprile 1936 fu promosso *Generalmajor* e, due anni dopo, assunse il comando della 5. *Panzerdivision*, di nuova formazione, che guidò nella campagna di Polonia dal settembre 1939. Dal 21 ottobre 1939 divenne comandante del XIII. *Panzerkorps*. e, in temporanea sostituzione del *Generaloberst* Walter Model, comandò la 9. *Armee*.

Dal 15 dicembre 1942 ebbe il comando della 15. *Armee* e il 15 agosto 1943 assunse quello della 10. *Armee* in Sicilia.

Vietinghoff si oppose allo sbarco degli Alleati a Salern]] la sera dell'8 settembre 1943, non riuscendo però ad avere la meglio a causa della preponderanza navale ed aerea degli avversari; la notte del 17 settembre ordinò la ritirata e predispose una linea di difesa 35 chilometri più a nord, sulVolturno. Contese poi alla 5ª armata statunitense, secondo le istruzioni di Kesselring, il possesso del territorio italiano palmo a palmo e fermò l'avanzata alleata a Cassino, ciò che gli valse l'aggiunta delle Fronde di Quercia alla Croce di Cavaliere.

Vietinghoff fece dunque ritorno in Germania e ricevette la decorazione il 16 aprile 1944 da Hitler in persona, la numero 456 a essere elargita; si trattenne in patria fino a metà maggio, quando gli anglo-statunitensi lanciarono una massiccia offensiva contro la Linea *Gustav*, che fu sfondata il 18 maggio. Il 25 ottobre 1944, con gli Alleati a ridosso della Linea Gotica, successe brevemente a Kesselring, ricoverato in ospedale a seguito di un incidente; nel gennaio 1945 venne inviato sul fronte orientale, assumendo il comando dell'*Heeresgruppe Kurland*.

Dopo circa due mesi, il 23 marzo 1945, fu di nuovo in Italiai come comandante dell'*Heeresgruppe* C, comprendente anche la 10. *Armee*. Vietinghoff il 2 maggio 1945 firmò la resa a Caserta delle sue forzee venne internato nel campo speciale numero 11 di Bolzano fino al 23 maggio 1946, quando venne rilasciato.

Heinrich von Vietinghoff morì a Pfronten il 23 febbraio 1952, all'età di 64 anni.

Generaloberst der Wehrmacht
Ewald von Mackensen

Figlio del Feldmaresciallo August von Mackensen, e fratello di Hans Georg von Mackensen ambasciatore tedeso a Roma, von Mackensen si distinse come comandante di truppe corazzate sul fronte orientale alla testa del 3.*Panzerkorps*' una formazione corazzata assegnata al 1. *Panzergruppe* del generale Ewald von Kleist, elemento di punta dell'*Heeresgruppe Süd* del feldmaresciallo von Rundstedt, avanzando nel 1942 fino al Caucaso.

Trasferito in Italia nel 1943 assunse nel gennaio 1944 il comando della 14. *Armee* incaricata di fronteggiare le truppe anglo-americane sbarcate ad Anzio e riuscì a bloccare l'avanzata nemica. Von Mackensen si impegnò con tenacia e abilità per contenere le forze alleate sbarcate ad Anzio e per costituire un solido schieramento difensivo; l'avanzata nemica verso Roma venne bloccata e le truppe tedesche ottennero entro la fine del mese di gennaio 1944 anche alcuni importanti successi locali.Durante l'offensiva alleata da Anzio e Cassino, Kesselring ordinò quindi a von Mackensen di ripiegare con la 14. Armata su una nuova posizione più arretrata mantenendo il collegamento con l'ala destra della 10. *Armee* che si stava ritirando dal settore di Cassino. La difficile manovra tuttavia non ebbe successo; von Mackensen non riuscì a difendere il settore chiave di Valmontone- Velletri; le truppe alleate si infiltrarono in un varco delle difese tedesche e il 31 maggio 1944 sfondarono la nuova posizione tedesca avanzando verso Roma che venne occupata il 4 giugno; il Feldmaresciallo decise di destituire von Mackensen dal comando della 14. Armata che venne affidato al generale Joachim Lemelsen.

Durante il suo periodo di comando in Italia era anche il comandante militare dell'area di Roma e si rese responsabile di crimini di guerra; in particolare fu lui che decise, dopo l'attentato terroristico di via Rasella, il rapporto di dieci italiani per ogni soldato tedesco morto.

Nel novembre 1946 venne processato a Roma e condannato alla pena di morte mediante fucilazione; tuttavia la pena non venne eseguita e von Mackensen venne rimesso in libertà nel 1952.

General der Panzertruppe
Joachim Lemelsen

Nato a Berlino, figlio di un ufficiale di carriera dell'esercito tedesco, Lemelsen entrò nell'esercito nel 1907. Durante la Prima Guerra mondiale Lemelsen prestò servizio come ufficiale d'artiglieria sino al 1916 quando venne trasferito allo staff della 52ª divisione di fanteria. Nel 1917 venne trasferito allo staff di comando della costa settentrionale della Germania.

Nella Seconda Guerra Mondiale, Lemelsen comandò la 29. *Infanterie- Division* nella campagna di Polonia nel 1939) e nelle prime fasi della campagna di Francia. Il 28 maggio 1940 Lemelsen ottenne il comando della 5. *Panzer-Division* con la quale partecipò alla battaglia di Dunkerque.

Il 25 novembre 1940, Lemelsen ottenne il comando del XXXVII *Korps* appena costituito, che comandò a Smolensk e nelle battaglie di Kiev e Bryansk. Il Corpo divenne *Panzerkorps*'nel giugno del 1942 e prese parte alle operazioni antipartigiane, mentre nell'estate 1943 venne impegnato nell'operazione *Zitadelle*, a Kursk.

Nel 1943, trasferito in Italia,, Lemelsen venne posto in riserva e comandò temporaneamente la 10. Armee. Lemelsen ottenne il comando della Iª Armee sulle coste atlantiche della Francia nel maggio del 1944. Solo un mese dopo, a seguito dell'occupazione di Roma da parte degli Alleati , Lemelsen venne assegnato al comando della 14. *Armee* con la quale combatté in Italia dal giugno 1944 sino alla sua resa nel maggio del 1945, distinguendosi nel ripiegamnento e nei combattimenti della Linea Gotica.

Lemelsen venne decorato con la *Deutsche Kreuz in Gold* e la Croce di cavaliere della Croce di Ferro con foglie di quercia.

Rilasciato dalla prigionia nel 1947, Joachim Lemelsen morì a Gottinga nel 1954.

General der Panzertruppe
Fridolin von Senger und Etterlin

Dotato di sensibilità e di gusto artistico, Frido *Freiherr* von Senger und Etterlin che comandava il XIV *Panzerkorps* era nato a Waldshut il 4 settembre 1891. All'età di 19 anni, il 10 ottobre 1910 si arruolò come volontario nel V. btl/ 76. *Artillerie-Regiment* del Baden; poi frequentò l'università di Oxford. Nel 1914 era tenente della riserva, il 27 giugno 1917 passò nel servizio attivo. Alla fine della prima guerra mondiale entrò nella Reichswehr come comandante di squadrone nel 18.*Kavallerie- Regiment* a Bad Cannstatt. Il 1° gennaio 1927 fu promosso *Rittmeister* (capitano di cavalleria); il 1° agosto 1936, tenente colonnello; il 10 novembre 1938 comandante del 3.*Kavallerie- Regiment* e il 1° marzo 1939 fu promosso colonnello. Dal novembre 1939 ebbe il comando del 22. *Reggimento cavalleria* e dal 22 febbraio 1940 quello della 2. *Kavallerie-Brigade*.

Nella campagna in occidente von Senger guidò la *Schnelle Brigade von Senger* e dal luglio 1940 al luglio 1942 fu capo della delegazione tedesca presso la Commissione d'armistizio italo-francese (Torino). Il 1° settembre 1941 fu promosso maggior generale e dal 10 ottobre 1942 ebbe il comando della 10. *Panzerdivision* impegnata sul fronte orientale; il 1° maggio 1943 fu promosso tenente generale.

Dal giugno 1943 comandò le truppe tedesche in Sicilia e, dall'agosto 1943, assunse il comando di quelle dislocate in Sardegna e in Corsica, che evacuò nel settembre 1943 dopo duri combattimenti presso Bastia.

Da ricordare il fatto che rifiutò di eseguire l'ordine di Hitler di fucilare gli ufficiali italiani priginieri in Corsica, in quanto incompatibile con il proprio onore di ufficiale tedesco e di cattolico (era terziario benedettino). Dall'8 ottobre 1943 assunse il comando del XIV. *Panzerkorps* e il 1° gennaio 1944 fu promosso *General der Panzertruppe*.

Dopo la guerra passò due anni di prigionia nel Galles, divenendo poi preside della scuola di Spestgart. Mori nel 1963.

Generalleutnant Ernst Gunther Baade

Ernst Gunther Baade nacque a Falkenhagen/Branderburg Comandante della *90.Panzergrenadier-Division* dal 20/12/1943 al 9/12/1944.
Combattè prima in Russia epoi in Africa Settentrionale con l'*Afrikakorps*; si distinse durante la battaglia di Ain el Gazala il 27 maggio 1942 alla testa dello *Schützen-Regiment 115* riuscendo a respingere un attacco sferrato alle spalle della 15. *Panzerdivision*'. Un battaglione del reggimento sotto il suo comando riuscì a penetrare dentro Bir Hacheim il giorno successivo, sconfiggendo i legionari francesi dopo 24 ore di aspri combattimenti. Baade ricevette per questo la *Ritterkreuz*; venne poi ferito ad El Alamein il 28 luglio 1942.
Il colonnello Baade fu posto a capo della difesa dello Stretto di Messina durante la ritirata delle forze tedesche dalla Sicilia alla penisola italiana agli inizi di agosto 1943.
Promosso'*Generalmajor* il 20 marzo 1944, Baade assunse il comando della 90. *leichte Infanterie-Division*, a Cassino. Combatté durante il ripiegamento e sulla Gotica, e venne promosso *Generalleutnant* il primo agosto del '44. In Italia aggiunse alla Ritterkreuz le Foglie di Quercia il 22.2.1944 e le Spade il 16.11.1944 come comandante della *90.Panzergrenadier-Division*. Fu l'unico generale a fregiarsi de Distintivo di distruttore di carri per essere riuscito a distruggere un carro armato nemico con un *panzerfaust*.
Dopo la ritirata nell'Italia settentrionale, Baade sparò, uccidendolo, ad un ufficiale inferiore delle SS che aveva osato dargli un ordine.
Fu un personaggio eclettico, a tratti bizzarro (in Libia indossava un kilt scozzese e una spada *Claymore*), dotato di un notevole acume militare e di spiccate capacità di comando ed era molto amato dai suoi soldati anche per le sue frequenti visite di ispezione in prima linea Poco incline alle formalità, la sua fama raggiunse anche le linee alleate.
Baade morì l'otto maggio 1945 nell'ospedale di Bad Segeberg/Holstein per le conseguenze delle ferite riportate in uno spezzonamento a bassa quota con bombe al fosforo.

Richard Heidrich
General der Fallschirmtruppen

Richard Heidrich nacque il 28 luglio 1896 a Lewalde in Sassonia. Nell'agosto del 1914 entrò volontario nel 102° Reggimento di fanteria e, sempre nel 1914, dopo la promozione, raggiunse il fronte occidentale con il 182° Reggimento di fanteria. Fu comandante di Plotone e di compagnia, e infine aiutante del Reggimento fino alla fine della guerra.

Dopo la smobilitazione, Heidrich andò in Lituania con *Freikorps*. Poi, entrato a far parte dell'esercito dei 100.000 uomini, fu destinato al 10° Reggimento di fanteria. Qui rimase per molti anni, quale comndante di plotone in una compagnia di fucilieri *«camminando al seguito degli allegri sonatori»*. Dopo aver passato l'esame al Distretto Militare, venne inviato alla Scuola di guerra nel 1925, dove furono suoi maestri i Feldmarescialli von Manstein e von Witzlebel. Ma *date le mie scarse capacità non divenni ufficiale di Stato Maggiore* Heidrich raggiunse però il grado di Generale anche passando per la carriera dell'ufficiale di comnado di truppa.

Dopo essere stato comndato al 2° Gruppo dell'artiglieria di marina a Wilhelmshaven, Heidrich tornò al 10° Reggimento di fanteria, dove per molti anni ebbe incarico alla scuola sottufficiali, agli ordine del colonnello Bolze; poi, nel 1934, fu trasferito alla scuola di guerra di Dresda prima, e alle scuole di Monaco e Potsdam poi, come insegnante di tattica. Insegnò a Potsdam fino al 1937, direttamente alle dipendenza di Rommel.

Da lì si arruolò nelle truppe paracadutiste dell'Esercito, delle quali esisteva una sola compagnia, a Stendal. Nel 1938 Heidrich ingrandì la Compagnia portandola alla forza di un Battaglione e ne divenne comandante. Quando il Battaglione paracadutisti dell'Esercito venne sottoposto all'aviazione, il 1° gennaio 1939, Heidrich venne trasferito allo Stato Maggiore della 7ª Flotta aerea, ma in seguito a divergenza di opinioni avvenuta dopo la campagna polacca, egli tornò all'Esercito.

Nell'ambito della 294a Divisione di fanteria egli creò il 514° Reggimento di fanteria e con questo andò in Francia nel 1940. Mentre stava avanzando venne richiamato a Berlino per assumere il riordinamento del 3° Reggimento paracadutisti composto dal suo vecchio battaglione fanteria paracadutisti. Questo Reggimento venne poi da lui comandato a Leningrado e a Creta.ùNella primavera del 1942 egli addestrò 5.000 ufficiali del personale terrestre dell'aviazione e dell'artiglieria antiaerea che dovevano essere ceduti all'Esercito trasformandoli in ufficiali di fanteria. Nell'autunno del 1942 assunse il comando della 1. FJ -*Division* e nel novembre del 1944 venne nominato Generale Comandante del 1. *Fallschirmkorps*.

Meritò le più alte decorazioni: la Croce di Cavaliere per Creta, le Fronde di Quercia per Ortona, e, per Cassino, le Fronde di Quercia con Spade.

Dopo gravi umiliazioni subite durante la prigionia americana, fu consegnato in custodia agli inglesi e venne processato sotto l'accusa di crimini di guerra. Ma fu possibile confutare le accuse a lui mosse.

Nell'estate del 1947 venne rilasciato dalla prigionia, colpito da una malattia mortale, e il 22 dicembre 1947 morì ad Amburgo-Bergedorf, dove il 27 dicembre i suoi soldati lo accompagnarono all'ultima dimora.

Kesselring e *il General der Fallschirmtruppen* Richard Heidrich (primo a sin., in piedi appoggiato al tavolo) sul fronte di Cassino, 1944

FORZE TEDESCHE PRESENTI AL MOMENTO DELLO SBARCO DI ANZIO- NETTUNO, 22 GENNAIO 1944

Tra Tarquina e Roma:

KG *von Bohr* (elementi della 90 *Pz.Gren.Div.*)
II/*Pz.Gren.Rgt.* 200
III/*Pz.Art.Rgt.* 190
FEB 190

Tra la foce del Tevere e Astura:

I *Fsch.Jg.Korps*
LW-Pi.Btl. 22 (2 compagnie).
29. *Pz.Gren.Div.*
II/*Pz.Gren.Rgt.* 71
9/*Art.Rgt.* 29
2/*Pz.Pi.Kp.*

Tra Astura e Terracina:

29. *Pz.Gren.Div.*
Pz.Aufkl.Abtl. 129

Colli Albani:

Pz.Kp. (*Tiger*) *Schwebbach*
una batteria *Stu.Abtl.* XI *Fl.Korps* (semoventi it. da 75/18)
una *leichte Flak.Bttr.*

Dintorni di Roma:

4. *Fsch.Jg.Div.*
Stab
Fsch.Jg.-Sturm-Rgt. (I, II, III)
Fsch.Jg.Rgt. 10 (II, III)
Fsch.Jg.Rgt. 11 (I, II)
Pak Bttr. (12 3.7cm Pak)
Art.Abtl. XI *Fl.Korps* (1. e 2. *Bttr.*, ognuna con 4 LG2)
Fsch.Jg.-Lehr-Btl.
Pol.Btl.-Bozen

FEB *Hermann Göring*

Sul Garigliano, alle dipendenze del 10. AOK:

I *Fsch.Jg. Korps*
29. *Pz.Gren.Div.* (tranne *Aufkl.Abtl.* 129)
90. *Pz.Gren Div.* (tranne II/*Pz.Gren.Rgt.* 200, III/*Pz.Art.Rgt.* 190 e *FEB* 190)

*Firma autografa del Maresciallo Kesselring
in calce ad un documento del 1 settembre 1944*

ORDINE DI BATTAGLIA DELL' *HEERESGRUPPE* C
AL 31 DICEMBRE 1944

Sotto il Comando dell' *Heeresgruppe* **C**
162. Infanterie- Division Turkestan (nell'area a sud di Piacenza)

XCVII *Armeekorps* **(a Nord Est d'Italia)**
188. Gebirgs-division (riserva)
237. Infanterie- Division
155. Infanterie- Division (in formazione sul campo)
710. Infanterie- Division

10. ARMEE (*Generaloberst* H. von Vietinghoff)

Riserva d'armata (nell'area di Bologna)
26. Panzer- Division
98. Infanterie- Division
305. Infanterie- Division
157. Gebirgs-Division

LXXIII *Armeekorps* **(dalla costa dell'Adriatico a Bagnacavallo)**
114. Jäger- Division
16. SS Panzergrenadier- Div. Reichsführer SS
356. Infanterie- Division

LXXVI *Panzerkorps* **(da Bagnacavallo a sud della SS9)**
278. Infanterie-Division
29. Panzergrenadier-Division.

Kommandeur Venetianisches Küstenland
90.Panzergrenadier- Division

XIV Panzerkorps (da sud di Faenza alla valle dell'Idice)
715. Infanterie- Division
334. Infanterie- Division

I. *Fallschirmkorps* **(dalla valle dell'Idice alla SS64)**
1. Fallschirmjäger- Division
42. Jäger- Division
362. Infanterie- Division
65. Infanterie- Division
4. Fallschirmjäger- Division
94. Infanterie- Division

14. ARMEE (General d. Panzertruppen J. Lemelsen)

LI. *Gebirgskorps* (dalla SS64 alla costa del Tirreno settentrionale)
232. Infanterie- Division
148. Infanterie- Division
3ª Divisione Alpina Monte Rosa
1ª Divisione Bersaglieri Italia

ARMATA LIGURIA (Maresciallo d'Italia R. Graziani)

Corpo d'Armata *Lombardia* (Golfo di Genova)
135. Festungbrigade
3ª Divisione di Fanteria di Marina San Marco

LXXV *Armeekorps* (sulla frontiera tra Francia e Italia)
34. Infanterie- Division
5. Infanterie- Division
2ª Divisione Granatieri Littorio

SOTTO IL SUPREMO COMANDO DELLE SS E DELLA POLIZIA (SS *Obergruppenführer* K. Wolff)

Divisione F.M. Xa
29 Waffen Grenadier- Division d. SS (ital. nr. 1)
24. Waffen Gebirgs- Division d. SS Karstjäger *(ital. nr. 2)*
Brigate Nere.

ELENCO DEI MILITARI
DELL'11. *KOMPANIE* / III. *POLIZEI- BTL.* "BOZEN"
CADUTI NELL'ATTENTATO DI VIA RASELLA

Dal diario di guerra della 14. *Armee* risulta che i feriti nella strage gappista del 23 marzo 1944 furono cinquantatré; il testo riporta trentadue caduti e cinquantaquattro feriti, essendo stato redatto prima della morte del trentatreesimo soldato: entro l'estate morirono altri nove feriti, portando il totale delle vittime dell'attentato a 42 morti e 41 feriti. A proposito delle vittime del *Bozen* Lorenzo Baratter scrive:

> Quelli che persero la vita erano sudtirolesi, quasi tutti già anziani, arruolati per forza appena tre mesi prima, partiti malvolentieri e scaraventati come tanti altri nella bolgia di una guerra non voluta né capita, incerti pure sulla loro cittadinanza al punto che non avrebbero saputo dire con sicurezza se dovevano considerarsi, per la burocrazia, italiani o tedeschi. [...] Avevano tutti documenti d'identità italiani in tasca ma parlavano tedesco; indossavano la divisa della polizia tedesca ma erano stati in precedenza, quasi tutti, soldati italiani[115].

Risulta infatti che, a prescindere dalla cittadinanza acquisita in seguito alle opzioni, coloro che furono inviati a Roma avevano in gran parte già prestato servizio militare nel Regio Esercito italiano, essendo stati molti di loro fanti a Torino, artiglieri di montagna a Merano e a Rovereto, alpini nell'11° Reggimento a Brunico, genieri a Casale Monferrato. Johann Kaufmann, caduto nell'attentato, era stato fante a Palermo; il sopravvissuto Peter Putzer, originario di Varna, era stato artigliere da montagna nel Gruppo Belluno del 5° Reggimento Artiglieria Alpina, compiendo l'addestramento al passo del Tonale con cannoni austro-ungarici catturati durante la prima guerra mondiale. A proposito della nazionalità dei caduti, poco dopo essere stato rintracciato in Argentina, Erich Priebke dichiarò che, non essendo i caduti tedeschi, tra gli esecutori del massacro delle Fosse Ardeatine non era sentito alcun desiderio di vendetta:

> A noi ufficiali dei morti in via Rasella non importava niente. Non erano nostri ragazzi, erano del Tirolo, più italiani che tedeschi. [...] Nessuno di noi pensava o voleva vendicarsi, l'ordine arrivò molto dall'alto[116]

Per ciascuno dei 33 caduti sono riportati il nome, l'età e la provenienza.

1 Karl Andergassen 30 Kaltern / Caldaro sulla Strada del Vino
2 | Franz Bergmeister 37   Kastelruth / Castelrotto
3 Josef Dissertori 30 Eppan / Appiano
4 Georg Eichner 41 Sarnthein / Sarentino
5 Jakob Erlacher 42 Enneberg / Marebbe
6 Friedrich Fischnaller 41 ND
7 Johann Fischnaller 39 Mühlbach / Rio di Pusteria
8 Eduard Frötscher 31 Lazfons (frazione di Klausen / Chiusa)

---

[115] Baratter, *Le Dolomiti del Terzo Reich*, Milano 2005. p. 203.
[116] E. Audisio, "Il Vaticano mi aiutò a fuggire in Argentina", *La Repubblica*, 10 maggio 1994.

9 Vinzenz Haller   ND   Ratschings / Racines
10 Leonhard Kaspareth   29   Kaltern / Caldaro
11 Johann Kaufmann   30   Welschnofen / Nova Levante
12 Anton Matscher   31   Brixen / Bressanone
13 Anton Mittelberge   36   Gries-San Quirino Gries (frazione di Bolzano)
14 Michael Moser   39   Kitzbühel (Austria)
15 Franz Niederstätter   26   Aldein / Aldino
16 Eugen Oberlechner   35   Mühlwald / Selva dei Molini
17 Mathias Oberrauch   33   Bolzano
18 Paulinus Palla   28   Buchenstein / Livinallongo del Col di Lana
19 Augustin Pescosta   31   Kolfuschg / Colfosco (Corvara in Badia)
20 Daniel Profanter   22-5-1915   28   Andrian / Andriano
21 Josef Raich   37   St. Martin / San Martino in Badia (o San Martino in Passiria?)
22 Anton Rauch   33   Völs / Fiè allo Sciliar
23 Engelbert Rungger   36   Welschellen / Rina (frazione di Marebbe)
24 Johann Schweigl   35   St. Leonhard / San Leonardo in Passiria
25 Johann Seyer   3-6-1904   39   Gais
26 Ignatz Spiess   32   Schweinsteg / Sant'Orsola (frazione di San Leonardo in Passiria)
27 Eduard Spögler   35   Sarnthein / Sarentino
28 Ignatz Stecher   32   Schluderns / Sluderno
29 Albert Stedile   28   Bolzano
30 Josef Steger   35   Prettau / Predoi
31 Hermann Tschigg   32   St. Pauls / San Paolo (frazione di Appiano)
32 Fidelius Turneretscher   30   Untermoi / Antermoia (frazione di San Martino in Badia)
33 Josef Wartbichler   36   ND.

ORDINE DI OPERAZIONE CONTRO LE BANDE
(1° OTTOBRE 1944)

Vermerke KR - G Kdos *Geheim*
3 Ausfertigungen Befördere
1. Ausfertigung Durchschlag ...
2Ausf Abgang 1.10.44
O.B. *Südwest.*
Ohkdo -
H Gr C la T
1 A.O.K. 10
2 A.O.K. 14
3 A.O.K. *Ligurien*
4 Höchst. SS-u. Pol. Fhr. Italien
5 Befh. Op. Zone Alpenvorland
6 Befh. Op. Zone Adr. Küstenland
7 Bev. Gen. d. dt. Wehrm. i. Italien
 8 Dt. Marine Kdo. Italien
9 Komm. Gen. d. dt. Lw. in Italien
10 Oberster Kommissar Alpenvorland
11 Oberster Kommissar Adr. Küstenland Betr.: Bandenbekämpfung.

I. *Die Bandentätigkeit im ital. Raum hat in der letzten Zeit ständig zugenommen.*

Banden sind auch in Gebieten aufgetreten, die bisher nahezu bandenfrei waren. Der Versorgungsverkehr ist stark behindert. Sabotageakte häufen sich.
Mit allen zur Verfügung stehenden Mittel muss dieser Pest im Interesse der Versorgung der fechtenden Truppen und der völligen Ausnutzung des Kriegspotenlials des deutschbesetzten Italien entgegengetreten werden. Als erste Massnahme befehle ich daher die Durchführung einer « Bandenbekämpfungswoche» in der Zeit vom 8.10-14.10.44. Dabei sind in den Haupthandengehieten grösserer Unternehmungen, in den übrigen Gebieten örtl. begrenzte, kleinere Unternehmungen durch die im Raum liegenden Truppen durchzuführen. I.

II. *Im Einzelnen befehle ich:*

1) Im Bereich des Bev. Gen. d. dt. Wehrm. I. Italien einschliesslich der. Op. Zone Alpenvorland sind durch Höchsten SS.-und Pol. Fhr. i. Italien unter Zusammenfassung aller Kraefte groessere Unternehmungen in folgenden Räumen durchzuführen:
a) Cortina d'Ampezzo — Pieve di Cadore
b) Belluno — Feltre
c) Sappada — S. Stefano — Lorenzago — Ampezzo —• Tolmezzo — Sutrio — Rigolato.

2) Im Op. Gebiet, in den rückwärtigen Armeebereichen und im Bereich des Befh. Op. Zone Adr. Küstenland sind mit Schwierpunkt an Versorgungsstrassen und Eisenbahnen gleichfalls in den Haupthandengebieten Unternehmungen durchzufuehren. Armeen und Hoechst. SS-u. Pol. Fhr. Italien melden fuer ihre Gebiete bis 8.10 ihre Absichten.

III. *Kräfte.*

Zu den Unternehmungen sind neben den Bandenbekaempfungsverbaenden des Hoechsten SS-u. Pol. Fhrs. Italien alle im Raum befindlichen taktischen Reserven, voruebergehend freizumachende Teile von Versorgungstruppen, Schulen, Alarmeinheiten der Platzund Orts-Kommandaturen usw.einzusetzen.
Zwischen den Wehrmachtund Polizeidienststellen ist hinsichtlich Vorbereitung und Durchfuehrung engstes Einvernehmen herzustellen.

IV. 1) Anlauf der Unternehmungen am 8.10.44. Bereits geplante Unternehmen sind auf diesen Termin abzustimmen.
2) Zum 17.10. berichten die Armeen und Hoechster SS-u. Pol. Fhr. Italien ueber Durchfuehrung, Erfolge und gemachte Erfahrungen.

V. Geheimhaltung.

Die Banden verfuegen ueber einen ausgezeichneten Nachrichtendienst, groesstenteils werden sie von der gezwungen italienischen Bevoelkerung unterstuetzt und ueber alle Verschiebungen und Vorbereitungen deutscher Truppen in Kenntnis gesetzt. Saemtliche Vorbereitungen sind daher als Alarmuebungen oder aehnliches zu tarnen, ueber die Absichten sind nur die Führer in dem unbedingt notwendigen Masse in letzter Stunde zu unterrichten.
Weitergabe an die Truppe hat zu unterbleiben.
Bei Führern ital. Truppenteile sind nur einwandfreie zuverlaessige Persoenlichkeiten in Kenntnis zu setzen.

VI. Die « Bandenbekaempfungswoche» muss den Banden mit aller Deuthchkeit den Umfang der eigenen Machtmittel zeigen, der Kampf gegen die Banden muss entsprechend den von mir gegebenen Richtlinien mit aller Schärfe durcligefuelirt werden.

KESSELRING

O.B. Südwest (Obkdo. H. Gr. C.)
IaT Nr...... /44 g. Kdos.

Oberstlt. i. G.
(*firma illeggibile*)

Die Verfuegungen 0. B. Südwest Ia T Nr. 21 334/44 geheim vom 21.8.44 O. B. Südwest Ia T Nr. 9 286/44 g. Kdos. v. 24.9.44 und O. B. Südwest Ia T Nr. 26 137/44 geheim vom 27.9 sind jedoch allen Beteiligten zur Kenntnis zu gehen.

Traduzione.

Telegramma del Comandante in Capo Tedesco, Sud Ovest. Segreto.
A: 1. Comando 10. Armata.
2. Comando 14. Armata.
3. Comando Armata della Liguria.
4. Capo Supremo delle S.S. e della Polizia, in Italia.
5. Comandante della Zona di operazioni Prealpina.
6. Comandante della Zona di operazioni Costiera Adriatica.
7. Generale plenipotenziario della *Wehrmacht* in Italia.
8. Comando Navale Tedesco in Italia.
9. Generale Comandante la *Luftwaffe* tedesca in Italia.

10. Alto Commissario della Zona Prealpina.
11. Alto Commissario della Zona Costiera Adriatica.

Data: 1 Ottobre 1944

Oggetto : Lotta contro le bande.

I. L'attività delle bande nel settore italiano è negli ultimi tempi costantemente aumentata.
Bande sono apparse anche in aree che finora erano quasi libere da bande. Il traffico dei rifornimenti è fortemente ostacolato. Gli atti di sabotaggio crescono. Ci si deve opporre con tutti i mezzi a disposizione a tale peste, nell'interesse dei rifornimenti alle truppe combattenti e del completo utilizzo del potenziale di guerra dell'Italia occupata dai tedeschi. Come prima misura io ordino quindi l'attuazione di una « Settimana di lotta » contro le bande, dall'8 al 14 ottobre 1944.
A questo riguardo sono da effettuare da parte delle truppe che si trovano nelle zone, azioni di maggiore importanza nelle aree considerate di particolare attività di bande, e minori azioni di carattere locale nelle rimanenti zone.

II. In *dettaglio ordino:*

1. Nell'area del Generale plenipotenziario della Wehrmacht in Italia, ivi compresa la Zona di operazioni Prealpina, il Capo Supremo delle SS. e della Polizia in Italia riunirà tutte le forze ed effettuerà azioni di importanza nelle seguenti zone:

a) Cortina d'Ampezzo — Pieve di Cadore.
b) Belluno — Feltre.
c) Sappada — San Stefano — Lorenzago — Ampezzo — Tolmezzo — Sutrio — Rigolato.

2. Nella zona di operazioni, nelle zone delle retrovie dell'esercito e nel territorio di competenza del Comandante della Zona di operazioni Costiera Adriatica, sono parimenti da eseguire azioni nelle zone principali delle bande, gravitando sulle vie di rifornimento e le ferrovie.
3. Le Armate ed il Capo Supremo delle S.S. e della Polizia in Italia rendano noti per le rispettive zone i loro piani entro l'8 ottobre.

III. *FORZE DA IMPIEGARE.*

Per queste operazioni sono da impiegare, oltre ai reparti di lotta antibande del Capo Supremo delle S.S. e della polizia in Italia, anche tutte le riserve tattiche che si trovano nella zona : una aliquota, da rendere temporaneamente disponibile, di reparti scuola, di unità d'allarme e di comandi di piazza e area. Occorrerà stabilire la più stretta coordinazione fra la Wehrmacht e la Polizia nei riguardi della preparazione e nella esecuzione delle operazioni. IV.
1. Inizio delle operazioni: 8 ottobre 1944. Operazioni già predisposte devono essere concretizzate su tale data.
2. Entro il 17 ottobre l'esercito e il Capo Supremo delle S.S. e della Polizia dovranno riferire sulla esecuzione e sulle esperienze acquistate.

V. *MANTENIMENTO DEL SEGRETO.*

Le bande dispongono di un buon servizio di informazioni; nella maggior parte dei casi sono sostenute dalla popolazione italiana costretta e tenute al corrente su tutti gli spostamenti e i preparativi delle truppe tedesche.
Tutti i preparativi dovranno perciò essere « mascherati » come esercizi di allarme o alcunché di simile, mentre le azioni effettive sono da comunicare ai Comandanti nei limiti assolutamente

necessari e all'ultimo momento. Nessuna comunicazione deve essere trasmessa alle truppe. Per quanto riguarda i Comandanti di truppe italiane, possono essere messi a conoscenza solo gli elementi considerati di tutta fiducia.

VI. La *Settimana di lotta contro le bande* dovrà dimostrare alle bande in modo assolutamente chiaro l'entità della nostra potenza, e la lotta contro le bande deve essere condotta con la massima asprezza in conformità alle mie direttive.

 fto : *KESSELRING*

Comandante Supremo Sud Ovest.

Il Ten. Col, incaricato
(*illegibile*)

(*omiss*)

Volontari della 162 Turkestanische Infanterie Division "Turkistan", *una delle unità di seconda linea utilizzate per la lotta alle bande. Ritirata dalla prima linea dopo aver ceduto davanti ai canadesi durante l'operazione* Olive *e destinata alla lotta antipartigiana, la 162. divenne tristemente famosa per le violenze verso le popolazioni civili nel corso delle operazioni* Wallestein, Regenwetter *e* Totila *sull'appennino parmense e e piacentino (1944- 45)*

IL PROCESSO DI VENEZIA.

LE MOTIVAZIONI DELLA CONDANNA A MORTE DEL FELDMARESCIALLO KESSELRING.

THE TRIAL OF ALBERT KESSELRING

BRITISH MILITARY COURT AT VENICE, ITALY, 17TH FEBRUARY- 6TH MAY, 1947

A. OUTLINE OF THE PROCEEDINGS

1. THE CHARGES

The accused was charged with " being concerned in the killing as a reprisal of some 335 Italian nationals, in the Ardeatine Caves (first charge), and with" inciting and commanding . . . forces . . . under his command to kill Italian civilians as reprisals in consequence of which 1087 Italian civilians were killed" (second charge).

2. THE EVIDENCE

(I) *Evidence on the first charge*

Most of the evidence was agreed upon by Counsel for the Defence and Counsel for the Prosecution. The evidence on the bomb explosion in Rosella Street, on the 23rd March, 1944, and on the mass shooting in the Ardeatine Caves, on the 24th March, 1944, was substantially the same as the evidence given with regard to these events in the Mackensen trial. The accused returned from the front to his headquarters on the evening of the 23rd and the events of Rosella [sic per Rasella] Street were reported to him immediately.
Then two telephone conversations took place. A staff officer from Hitler's headquarters spoke to Kesselring's chief-of-staff and informed him that the Fuhrer had ordered that as a reprisal for the bomb attack, 10 Italian hostages were to be killed for every German policeman who had died as a result of that bomb attack.
With regard to the second telephone conversation which took place between the head of the SD (Security Service) in Rome and the accused, the evidence for the Prosecution and the evidence for the Defence are at variance. The head of the SD testified that he informed the accused that he had enough persons" worthy of death" to carry out the reprisal. This, he explained, meant persons under sentence of· death or charged with offences for which the death penalty could be imposed. The accused maintained that he was informed by the head of the SD in the course of this telephone conversation that he had sufficient persons actually sentenced to death in the prisons of Rome. The accused then issued the following orders to General Mackensen, the commander of the 14th Army, which was one of the armies under the accused's command:

" Kill 10 Italians for every German. Carry out immediately."

Later, during the night a second order from the Fuhrer's headquarters was received at Kesselring's headquarters. It repea'ted the first order and added that" the execution was to be carried out by the SD." This order was passed down to 14th Army by the accused's chief-of-staff, who, also, informed the accused.

The case for the prosecution on this evidence was that the accused had ordered reprisals at the rate of ten to one, which was excessive, and as he had passed the orders to subordinate army formations, he was responsible for the way in which they were carried out. .The case for the defence was that on receiving the news of the bomb attack, the accused had ascertained that there were sufficient persons already sentenced to death to carry out the reprisal without killing innocent people. The two main arguments of the defence were:

(1) that in passing down the order received from the Fuhrer to the 14th Army, the accused had deliberately left out the word" hostages" to avoid any persons not sentenced to death being killed. He thus' carried out the orders he was given in the most humane way that was open to him.

(2) That the second order charged the SD with the execution and thus freed the accused from all responsibility for carrying out the execution and that therefore after passing on the second order the accused never enquired into the manner in which it was carried out. The Judge Advocate said: "The Field Marshal's real defence is: "I never carried out any orders at all, all I did was to pass along the chain of communication, a message to the SD."

(II) *The Evidence on the second charge*

On 1st May, 1944, Field Marshal Keitel, as Commander-in-Chief of all German forces, issued an order which gave the accused, as Commander-inChief of all German forces in Italy, the overall command and direction in the fight against Italian partisans who had become a serious menace to the security of the German forces in that theatre.
For this particular purpose all SS and police forces in Italy, as well as the fighting services, were brought under his command.
On the 17th June, 1944, the accused issued an order to his troops concerning " new regulations for partisan warfare," which contained the following passage:

"The fight against the partisans must be carried out with all means at our disposal and with the utmost severity. I will protect any commander who exceeds our usual restraint in the choice and severity of the means he adopts whilst fighting partisans. In this connection the old principle holds good, that a mistake in the choice of the means to achieve an objective is always better than failure to act or neglect . . . partisans must be attacked and destroyed."

On 28th June, 1944, the accused issued an appeal to the Italian population over the wireless in which he
condemned the method of fighting adopted by the allies in Italy. 'He alleged that the allied commanders had issued anumber of proclamations in which they had incited the Italian population to assail German military posts, attack sentries by stabbing them in .the back and to kill as many Germans as possible. He continued:

"Up to now I have proved that to me the respect of human principles is a matter of normal logic . .. However, as a responsible commander I can no longer hesitate to prevent by the most repressive means this despicable and medireval method of fighting. I give warning that I shall use these means forthwith. Followers of the Allies and subversive elements are warned not to continue the behaviour shown hitherto."

On 1st July, 1944, the accused issued a second order to his troops in which he pointed out that his broadcast announcement was not to be an empty threat. The order said,

" where there are considerable numbers of partisan groups a proportion of the male population of the area will be arrested. In the event of acts of violence being committed these men will be shot. The population must be informed of this. Should troops, etc., be fired on from any village, the village will be burned down. Perpetrators or ringleaders will be hanged in public."
The order ends with the sentence:

" All counter measures must be hard but just. The dignity of the German soldier demands it."

During the months of July and August many punitive actions were carried out by the German forces in Italy, both against the partisans and against the civilian population, in the course of which over a thousand Italians, amongst them women and children, were killed.
The prosecution submitted affidavit evidence of over twenty instances of indiscriminate killing of Italians by German troops during the relevant period. On the 21st August, 1944, the accused acknowledged these facts in an order to his troops in which he pointed out tha

t" instances have occurred within the last few weeks which caused the greatest harm to the dignity and discipline of the German armed forces, and which had nothing to do with punitive measures."

On the 24th September, 1944, the accused, in another order to his troops, stated:

"The Duce has furnished me with fresh instances whieh are revolting in the manner in which they have been carried out and are driving even the peaceful elements of the population into the enemy's camp or to the partisans."

Relying on these facts, the Prosecutor said:
"the orders of 17th June and 1st July, were contrary to the laws and usages of war.. The order of the 17th June was an incitement to the troops under the accused's command to commit excesses, and the prosecution obviously relies on the expression , I will protect any commander,' etc. I say no more than that this is an incitement, but in the order of the 1st July the accused goes further and orders his troops to take reprisals and it is not until 24th September that he says' this must stop.' That is the gravamen of this charge."

The Prosecution further maintained that these orders on the one hand and the atrocities alleged to have been committed by the German troops in Italy on the other were cause and effect and that the accused must therefore be held responsible for the actions of the troops under his command. The case for the defence was that the orders of the 17th June and 1st July were not illegaland that they, in effect, said to the German forces, " You must be hard, you may do many severe things but you must keep within the law."
The defence submitted that in the first order the assurance to officers that they would be protected if they attacked partisans was necessary, as in the past commanders had been taken to account for action against partisans as politically undesirable. The re-stating of the "old principle" which for a century had appeared in most training pamphlets for the German army was appropriate in these circumstances.
With regard to the second order, the defence maintained that it outlined the taking of hostages and the infliction of reprisals both of which were legal as everything set out in the order was conditioned by the last sentence, that all measures taken" must be hard, but just. " As far as instances of unlawful killings by German troops were concerned, the defence denied some instances altogether, attacking the credibility of the Prosecution's evidence which on this point was predominantly affidavit evidence, and admitting other instances while pleading that they occurred not as a result of the accused's orders but as a result of independent actions by the troops or by local commanders. The issue which the court had to decide was, therefore, in the words of

the Judge Advocate, whether the accused's orders were "a definite incitement to kill Italians or just badly worded orders which were rather carelessly drafted, " and whether all or any of the instances of indiscriminate killings of Italians by German troops were a direct consequence of these orders.

3. FINDINGS AND SENTENCES

The accused was found guilty on both charges and sentenced to death by shooting. The sentence was commuted by the confirming officers to one of life imprisonment.

B. NOTES ON THE CASE 1. THE LEGALITY OF KILLING INNOCENT PERSONS BY WAY OF REPRISALS

In presenting the Prosecution's case on the first charge the Prosecutor conceded that the German authorities were justified in imposing reprisals after the bombing attack in Rosella Street. After quoting some authorities on the subject,e) he pointed out that whereas there was authority for destruction of property and incarceration of nationals of occupied territory as reprisals, there was no authority for the taking of human life.
The defence argued that in extreme circumstances the taking of human life in the course of reprisals was permissible. A commentary on German Military Law published during the second world war, was quoted by Counsel in this context. The author says:

(1) "Hostages are held in a kind of safe custody.
They vouch with their lives for the lawful conduct of the opponent. According to the usages of war it must be announced that hostages are being taken and for what purpose. Above all, the taking of hostages has to be brought to the notice ofthose for whose lawful conduct the hostages are a guarantee. If the event which was to be prevented by the taking of hostages occurs, e.g. if the opponent continues his unlawful conduct, the hostages can be killed.

(2) "Defence Counsel argued that the first step towards the inflicting ofreprisals is the taking of hostages. He said that" any military commander in the course of reprisals is authorjsed to arrest civilians in case partisans should attack his troops or military establishments. If at a later stage outrages against the troops of the occupying power are committed, prisoners belonging to the group detained as hostages may be killed in the course of reprisals." In support of this proposition Defence Counsel quoted section 358(d) of the American Rules of Land Warfare.

(3) "Hostages taken and held for the declared purpose of ensuring against unlawful acts by the enemy forces or people may be punished or put to death if unlawful acts are nevertheless committed." The Judge Advocate said in his summing up: "I have come to the conclusion that there seems to be on the part of writers a very deliberate attempt not to come out in the open and answer t~e very question that the Court wants answered and this is 'Can you shoot, in certain circumstances, an innocent person by way of reprisal'? ... International Law is generally on a high level. It is about what one belligerent may do to another belligerent, but wh'ft Field Marshal Kesselring had to deal with were not countries which were organised with governments but irresponsible people in the main whom he could not negotiate with, people in respect of whom he could not say to responsible leaders' You must control your followers.'
Therefore I do suggest that if there ever were circumstances in which one would have to resort to reprisals if one failed after proper application to find the real culprit that that is the sort of thing in which a reprisal must have been considered appropriate.... I have come to the conclusion that there is nothing which makes it absolutely clear that in no circumstances and especially in the circumstances which I think are agreed in this case that an innocent person properly taken for the purpose of a reprisal cannot be executed. I feel that if there is some doubt in the law, the benefit

of that doubt must be given to the Field Marshal and therefore I am not prepared to put this case to you on the basis that if you ate satisfied that the Field Marshal. was deliberately shooting one innocent person by way of reprisal, that that in itself is a war crime of which he should be convicted." . The issues before the court on the first charge were these:

(1) Were the German armed forces, represented by the accused, or the Security Service, represented by the head of the SD in Rome, responsible for the shootings?

(2) Was the shooting of 335 Italians a legitimate reprisal or a war crime? With regard to the first question, the Judge Advocate advised the court in his summing up, that :" if you feel that it is right on the evidence as a whole that the shooting was clearly the responsibility of the Security Service and that all responsibility had passed from the Wehrmacht, then to my mind you are bound to acquit the accused."

It seems then that the court found that the accused bore the responsibility for these shootings. With regard to the second question, the court found that the shootings constituted a war crime but this finding does not supply an answer to the question whether the taking of human life as a reprisal is permissible or not as the finding of the court could be supported either by holding that the ratio of 10 to 1 was excessive or by the fact that 335 persons were killed instead of 330 as ordered.

The Judge Advocate said in his summing up: " whatever you may think about International Law and reprisals, clearly five of these 335 Italians were murdered. That was a war crime and you cannot get away from it. There was no Fuhrer order to cover it and it was quite outside the reprisal." The issue before the court on the second charge was not merely whether the measures ordered by the accused were legitimate reprisals or not but, as the Judge Advocate pointed out in his summing up: "The charge is a much more serious and grave one and that is that the Field Marshal deliberately and knowingly when he produced the relevant orders, was having them produced in such form that he knew what the results would be and that he intended by bringing these orders into existence, to bring about these results. That is what the Prosecution have to prove on this charge." Thus, the finding of the court on both charges leaves the question of the legality of killing of innocent persons as a reprisal, open.

2. HOSTAGES AND REPRISALS

The killings of Italian nationals with which the accused was charged, were in both charges described as reprisals. The shooting in the Ardeatine caves which was the subject of the first charge was no doubt a reprisal and was described as such by the German authorities. The order of the 1st July which forms the main subject of the second. charge orders both the taking of hostages (... " proportion of the male population of the area will be arrested and in the event of acts of violence being committed these men will be shot ") and the infliction of reprisals (... " should troops, etc., be fired oil from any village, the village will be burned down ").

The Prosecution described both parts of the order as reprisals; Defence Counsel treated the taking of hostages as the first step towards inflicting reprisals. The Judge Advocate did not refer to the distinction in his summing up. This distinction was also made in the judgment of the .American Military Government Court in the United States v. List and others :

" For the purpose of this opinion the term ' hostages ' will be considered as those persons of the civilian population who are taken into custody for the purpose of guaranteeing with their lives the future good conduct of the population of the community from which they were taken. The term 'reprisal prisoners' will be considered as those individuals who are taken from the civilian population to be killed in retaliation for any offence committed by unknown persons within the occupied area ... where innocent individuals are seized and punished for a violation of the laws of war which has already occurred, no question of hostages is involved. It is nothing more than an infliction of a reprisal. . ... Throughout the evidence in the present case we find the term' hostages' applied where a ' reprisal' only was involved."

Professor Lauterpacht (Oppenheim-Lauterpacht, *International Law,* Vol.II, p.460) points out that the taking of hostages " must not be confused with the still existing practice of seizing enemy individuals for the purpose of making them the object of reprisals." It is usual to speak of " hostages" in occupied territories when the occupying forces imprison members of the community of the occupied territory announcing at the same time that they will be treated as hostages if the community does not refrain from certain activities against the occupying forces. The term" reprisal" is used in this connection for measures taken by the occupying forces in retaliation for the unlawful conduct of unidentified members of the community of the occupied territory. Thus hostages are taken before the act of illegitimate warfare committed by the enemy whereas reprisals are inflicted after such an act.

TRIBUNALE MILITARE BRITANNICO A VENEZIA, ITALIA

17 Febbraio - 6 Maggio 1947
A. Descrizione del procedimento
I capi di imputazione

L'imputato è stato accusato di "coinvolgimento nell'uccisione, per rappresaglia, di circa 335 cittadini italiani" presso le Fosse Ardeatine (primo capo di imputazione), e di "aver incitato e ordinato ... alle forze ... sotto il suo comando di uccidere numerosi civili italiani per rappresaglia, cosa per cui 1087 civili italiani sono stati uccisi " (secondo capo di imputazione).

Le prove

(i) Prove relative al primo capo di imputazione

La maggior parte delle prove sono state concordate tra l'Avvocato della Difesa e il Pubblico Ministero.
Le prove della bomba esplosa in Via Rasella il 23 marzo 1944 e del massacro presso le Fosse Ardeatine del 24 marzo 1944 sono state fondamentalmente le stesse fornite al riguardo nell'ambito del Processo Mackensen. L'imputato era rientrato al suo Comando dal fronte la sera del 23 e gli avvenimenti di Via Rasella gli erano stati riferiti immediatamente. Poi c'erano state due conversazioni telefoniche. Un Ufficiale di Stato Maggiore del Comando di Hitler aveva parlato con il Capo di Stato Maggiore di Kesselring e l'aveva informato che il Führer aveva ordinato che, in rappresaglia per l'esplosione della bomba, dovevano essere uccisi 10 ostaggi italiani per ogni poliziotto tedesco morto a causa di quell'attacco.
Con riferimento alla seconda conversazione telefonica, intercorsa tra il Capo dell'SD (Servizio di Sicurezza) a Roma e l'imputato, le prove dell'Accusa e quelle della Difesa discordano. Il Capo dell'SD ha testimoniato di aver informato l'imputato di avere a disposizione un numero di persone "meritevoli di morte" sufficiente ad eseguire la rappresaglia. Ciò significava, ha spiegato egli, persone condannate a morte o accusate di reati per i quali poteva essere comminata la pena di morte. L'imputato ha confermato di essere stato informato dal Capo dell'SD, nel corso della conversazione telefonica, che egli aveva a disposizione persone in effetti condannate a morte nelle prigioni di Roma. L'imputato allora aveva impartito i seguenti ordini al Generale Mackensen, Comandante della 14^ Armata, che era una delle Armate sotto il comando dell'imputato:

"Uccidere 10 italiani per ogni tedesco. Eseguire immediatamente."

In seguito, nel corso della notte, era arrivato al Comando di Kesselring un secondo ordine del Comando del Führer. Esso ribadiva il primo ordine e aggiungeva che "l'esecuzione doveva essere affidata all'SD."
L'ordine fu trasmesso alla 14^ Armata dal Capo di Stato Maggiore dell'imputato, il quale ne informò anche l'imputato.
La fattispecie per l'Accusa, sulla base di queste prove, era che l'imputato aveva ordinato le rappresaglie in un rapporto di dieci a uno, eccessivo, e che, (p.10) dal momento che era stato lui a trasmettere gli ordini alle formazioni dell'Armata alle sue dipendenze, era lui il responsabile delle modalità con cui tali ordini erano stati eseguiti. La fattispecie per la Difesa era che, ricevuta la notizia dell'attacco esplosivo, l'imputato aveva accertato che c'era un numero di persone già condannate a morte sufficiente ad eseguire la rappresaglia senza uccidere degli innocenti.
I due principali argomenti della Difesa erano:
(1) che, nel trasmettere alla 14^ Armata l'ordine ricevuto dal Führer, l'imputato aveva deliberatamente [o]messo la parola "uccidere ostaggi condannati a morte", in modo da evitare qualunque persona non condannata a morte. Egli quindi aveva eseguito gli ordini che gli erano stati impartiti nel modo più umano a lui possibile.
(2) Che il secondo ordine incaricava dell'esecuzione l'SD, e quindi sollevava l'imputato da ogni responsabilità nei confronti dell'esecuzione dell'ordine, e che per questo l'imputato, dopo aver trasmesso il secondo ordine, non indagò mai in quale modo esso fosse stato eseguito.
Il Pubblico Ministero ha affermato: "La vera difesa del Feldmaresciallo è: 'Non ho mai eseguito alcun ordine; tutto quello che ho fatto è stato trasmettere, lungo la catena di comunicazione, un messaggio all'SD'".

(I) Prove relative al secondo capo di imputazione

Il 1 maggio 1944 il Feldmaresciallo Keitel, Comandante in Capo di tutte le forze tedesche, aveva emanato un ordine che assegnava all'imputato, in quanto Comandante in Capo di tutte le forze tedesche in Italia, il comando generale e la direzione della guerra contro i partigiani italiani, che erano diventati una seria minaccia per la sicurezza delle forze tedesche in quel teatro. Per questo particolare scopo tutte le SS e le forze di polizia in Italia, così come i servizi combattenti, erano state messe sotto il suo comando. Il 17 giugno 1944 l'imputato aveva diramato alle sue truppe un ordine riguardante le "nuove regole contro la guerra partigiana", che conteneva il seguente passaggio:

"La lotta contro i partigiani deve essere condotta con tutti i mezzi a nostra disposizione e con la massima severità. Io proteggerò qualunque Comandante che, nella scelta e nella severità dei mezzi adottati nella lotta contro i partigiani, ecceda rispetto a quella che è la nostra abituale moderazione. Vale al riguardo il vecchio principio per cui un errore nella scelta dei mezzi per raggiungere un obiettivo è sempre meglio dell'inazione o della negligenza ... i partigiani devono essere attaccati e distrutti."

Il 28 giugno 1944 l'imputato aveva lanciato via telegrafo un appello alla popolazione italiana in cui condannava il metodo di lotta adottato dagli alleati in Italia. Egli accusava i Comandanti alleati di aver emanato una serie di proclami nei quali si incitava la popolazione italiana ad assalire le postazioni militari tedesche, ad attaccare le sentinelle pugnalandole alle spalle e ad uccidere quanti più tedeschi potevano. Egli continuava:

"Fino ad ora ho dimostrato che per me il rispetto dei principi umani è questione di normale logica ... Tuttavia, come Comandante responsabile, non posso più esitare a prevenire, con i mezzi più repressivi, questo deprecabile e medievale metodo di lotta. Avverto che da ora in poi utilizzerò questi mezzi. I seguaci degli alleati e gli elementi sovversivi sono ammoniti a non persistere nel comportamento dimostrato finora."

Il 1 luglio 1944 l'imputato aveva diramato un secondo ordine alle sue truppe, in cui sottolineava che l'annuncio diramato via etere non era una vuota minaccia. L'ordine diceva che "laddove c'erano numeri considerevoli di gruppi partigiani, una parte della popolazione maschile di quell'area doveva essere arrestata. Nel caso in cui fossero stati commessi di atti di violenza, questi uomini sarebbero stati uccisi.
La popolazione doveva essere informata di ciò.
Nel caso in cui le truppe, ecc. fossero state fatte oggetto di attacchi di fuoco da un villaggio, quel villaggio sarebbe stato bruciato. Gli esecutori dell'azione o i leader che guidavano il gioco sarebbero stati impiccati pubblicamente." L'ordine finisce con la frase: "Tutte le contromisure devono essere dure ma giuste. Lo richiede la dignità del soldato tedesco."
Nei mesi di luglio e agosto erano state compiute dalle forze tedesche in Italia molte azioni punitive, sia contro i partigiani che contro la popolazione civile, e nel corso di esse oltre mille italiani, tra i quali donne e bambini, erano stati uccisi. L'Accusa presentava prove in affidavit di oltre venti casi di uccisioni indiscriminate di italiani da parte delle truppe tedesche durante il periodo in questione. Il 21 agosto 1944 l'imputato ammetteva questi fatti in un ordine alle sue truppe in cui sottolineava che "si erano verificati nelle ultime settimane casi che arrecavano il più grave danno alla dignità e alla disciplina delle forze armate tedesche, e che non avevano nulla a che fare con le misure punitive."
Il 24 settembre 1944 l'imputato, in un altro ordine alle sue truppe, aveva dichiarato: "Il Duce mi ha riferito di casi recenti che risultano rivoltanti per il modo in cui sono stati condotti e che stanno inducendo anche gli elementi pacifici della popolazione a passare dalla parte del nemico o dei partigiani."
Sulla base di questi fatti, la Pubblica Accusa ha dichiarato: "Gli ordini del 17 giugno e del 1 luglio erano contrari alle leggi e alle usanze di guerra. L'ordine del 17 giugno era un incitamento alle truppe sotto il comando dell'imputato a commettere eccessi, e l'Accusa ovviamente si basa sull'espressione 'proteggerò qualunque Comandante', ecc. Dico solamente che ciò costituisce incitamento; ma nell'ordine del 1 luglio l'imputato va oltre e ordina alle sue truppe di effettuare rappresaglie, e soltanto il 24 settembre egli dice 'ciò deve cessare'. E' questo il gravamen di questa accusa."
La Pubblica Accusa ha continuato a sostenere che questi ordini da un lato e le atrocità che si dice siano state commesse dalle truppe tedesche in Italia dall'altro erano gli uni causa e le altre effetto, e che l'imputato deve pertanto essere ritenuto responsabile delle azioni delle truppe sotto il suo comando.
La tesi della Difesa era che gli ordini del 17 giugno e del 1 luglio non erano illegali e che essi, in effetti, dicevano ai soldati tedeschi: "Voi dovete essere duri, dovete effettuare molte azioni dure, ma nei limiti consentiti dalla legge". La Difesa ha sostenuto che nel primo ordine l'assicurazione, nei confronti degli Ufficiali, che essi sarebbero stati protetti se avessero attaccato i partigiani era necessaria, perché in passato alcuni Comandanti erano stati chiamati a rispondere di azioni contro i partigiani in quanto politicamente indesiderabili. Il ribadire il "vecchio principio" che per un secolo era stato presente nei pamphlet addestrativi dell'Esercito tedesco, in queste circostanze era appropriato.
Per quanto riguarda il secondo ordine, la Difesa ha mantenuto la tesi secondo cui esso descriveva la presa di ostaggi e l'imposizione di rappresaglie, entrambe legittime perché tutto quanto era espresso nell'ordine era condizionato all'ultima frase, che diceva che tutte le misure prese "dovevano essere dure, ma giuste." Per quanto concerne i casi di uccisioni illegittime da parte delle truppe tedesche, la Difesa ha negato alcune di queste istanze in toto, attaccando la credibilità delle prove portate dall'Accusa, che nel caso specifico erano prevalentemente prove in affidavit, e accettandone altre sostenendo che si tratta di eventi accaduti non a seguito degli ordini dell'imputato, ma a seguito di azioni indipendenti compiute dalle truppe o dai Comandanti locali.

La questione su cui la Corte era chiamata a decidere era, pertanto, nella formulazione del Pubblico Ministero, se gli ordini dell'imputato fossero stati "un preciso incitamento ad uccidere italiani o se non fossero stati invece semplicemente ordini mal formulati, che erano stati redatti senza troppa cura," e se tutti o alcuni dei casi di uccisione indiscriminata di italiani da parte delle truppe tedesche fossero diretta conseguenza di questi ordini.

CONCLUSIONI E SENTENZE

L'imputato era stato giudicato colpevole di entrambe le imputazioni ed era stato condannato a morte mediante fucilazione. La pena di morte era stata poi commutata dagli Ufficiali di Conferma [confirming officers] in una condanna all'ergastolo.

B. Annotazioni sul caso

1. Legittimità dell'uccisione di persone innocenti per rappresaglia

Nel presentare la tesi dell'Accusa riguardo al primo capo di imputazione, l'Accusa ha ammesso che l'imposizione di rappresaglie da parte delle Autorità tedesche era giustificata, dopo la bomba di Via Rasella. Dopo aver citato alcune fonti autorevoli in materia .
Essa aveva sottolineato che se c'era autorità di distruggere la proprietà e di incarcerare cittadini del territorio occupato per rappresaglia, non c'era però autorità di togliere la vita. La Difesa ha obiettato che in circostanze estreme il togliere la vita nel corso di rappresaglie era legittimo. Un commento al Diritto Militare Tedesco, pubblicato nel corso della II Guerra Mondiale, era stato citato dall'Avvocato della Difesa in questo contesto. L'autore affermava: "Gli ostaggi sono tenuti in una specie di custodia a fini di sicurezza. Essi garantiscono con la loro vita della giusta condotta dell'oppositore. Secondo le usanze di guerra, si deve annunciare sia che si prendono degli ostaggi sia la ragione per cui essi sono presi. Soprattutto, la presa di ostaggi deve essere portata a conoscenza di coloro della cui legittima condotta gli ostaggi sono garanzia. Se si verifica l'evento per garantirsi contro il quale gli ostaggi sono stati presi, se per esempio la parte avversaria persiste nella sua condotta contro legge, gli ostaggi possono essere uccisi" (Waltzog, Recht der Landkriegführung (Leggi della guerra terrestre) 1941, p.83). L'Avvocato della Difesa ha sostenuto che "la prima misura di una rappresaglia è la presa di ostaggi. Egli ha sostenuto che "qualunque Comandante militare nel corso di una rappresaglia è autorizzato ad arrestare civili per il caso in cui i partigiani dovessero attaccare le sue truppe o le sue strutture militari. Se in una fase successiva fossero stati commessi atti di ostilità violenta contro le truppe della potenza occupante, i prigionieri appartenenti al gruppo detenuto in ostaggio avrebbero potuto essere uccisi in corso di rappresaglia". A supporto di questa tesi, l'Avvocato della Difesa ha citato la sezione 358(d) del testo americano sulle Rules of Land Warfare (Norme relative alla guerra terrestre) (FM 27/10, Rules of Land Warfare, 1940)".
Gli ostaggi, presi e tenuti allo scopo dichiarato di garantirsi contro atti contro legge delle forze nemiche o di gente nemica, possono essere puniti o mandati a morte se, ciononostante, tali atti contro legge vengono compiuti".
Il Pubblico Ministero nella sua requisitoria ha detto: "Sono arrivato alla conclusione che sembra esserci da parte dei giuristi un deliberato tentativo di non venire allo scoperto e di non rispondere al quesito per il quale la Corte chiede sia data risposta, vale a dire "se sia possibile, in talune circostanze, sparare ad una persona innocente per rappresaglia". ... Il Diritto Internazionale rimane generalmente ad un livello alto. Riguarda ciò che una parte belligerante può fare contro un'altra parte belligerante; ma quel che il Feldmaresciallo Kesselring doveva gestire non era rappresentato da Paesi organizzati con i loro Governi, ma da persone irresponsabili in generale, con cui non era possibile negoziare; persone rispetto alle quali egli non poteva dire a leader responsabili 'Voi dovete controllare i vostri seguaci'. Perciò suggerisco che se mai ci sono state circostanze in cui si sarebbe dovuto far ricorso alla rappresaglia nel caso in cui non si fosse riu-

sciti, pur applicandosi in modo adeguato, a scoprire il vero colpevole, quelle circostanze rappresentano il tipo di caso in cui la rappresaglia deve essere considerata appropriata. ... Sono giunto alla conclusione che non c'è nulla che renda assolutamente chiaro che non c'è circostanza - soprattutto nelle circostanze su cui credo si concordi in questo caso-, in cui una persona innocente, presa espressamente allo scopo di rappresaglia, non possa essere condannata a morte. Io credo che se vi è un qualche dubbio nella legge, il beneficio di quel dubbio debba essere concesso al Feldmaresciallo, e perciò non sono disposto a porre il caso nei termini per cui, se voi accettate la tesi che il Feldmaresciallo ha deliberatamente sparato ad innocenti per rappresaglia, questa azione debba considerarsi di per sé un crimine di guerra per il quale egli debba essere incriminato".

Le questioni di fronte alla Corte per il primo capo di imputazione erano queste:

Le forze armate tedesche, rappresentate dall'imputato, o il Servizio di Sicurezza, rappresentato dal Capo dell'SD di Roma, sono responsabili delle uccisioni?

L'uccisione di 335 italiani è stata una legittima rappresaglia o è stata invece un crimine di guerra? Per quanto riguarda la prima domanda, il Pubblico Ministero ha suggerito alla Corte nella sua requisitoria che "se riteneva che, sulla base delle prove in generale, le uccisioni fossero state chiara responsabilità del Servizio di Sicurezza e che tutta la responsabilità fosse stata trasferita dalla Wehrmacht, allora, secondo la sua opinione, essa era tenuta a prosciogliere l'imputato". E la Corte appare aver ritenuto l'imputato responsabile di queste uccisioni. Con riferimento al secondo quesito, la Corte ha ritenuto in effetti le esecuzioni un crimine di guerra, ma ciò non risolve in realtà il quesito se sia lecito o meno togliere la vita per rappresaglia; perché le conclusioni della Corte potrebbero essere supportate sia sostenendo che il rapporto di 10 a 1 era eccessivo che adducendo il fatto che sono state uccise 335 persone invece che 330, come era stato ordinato. Il Pubblico Ministero, nella sua requisitoria, ha affermato: "Comunque la pensiate sul Diritto Internazionale e sulle rappresaglie, chiaramente cinque di questi 335 italiani sono stati assassinati. E' stato un crimine di guerra, e da qui non si sfugge. Non c'erano ordini del Führer a coprirlo, ed era al di fuori di qualunque rappresaglia."

La questione di fronte alla Corte, riguardo al secondo capo di imputazione, non era semplicemente se le misure ordinate dall'imputato fossero o meno legittima rappresaglia, ma, come ha sottolineato il Pubblico Ministero nella sua requisitoria: "L'accusa è molto più seria e grave ed è che il Feldmaresciallo deliberatamente, e consapevolmente, quando ha prodotto quegli importanti ordini, li aveva prodotti in forma tale che sapeva quali sarebbero stati i loro risultati e che, nel redigere questi ordini, egli intendeva produrre questi risultati. Questo è ciò che la Pubblica Accusa deve provare, con riferimento a questo capo di imputazione".

Così, il verdetto della Corte su entrambe i capi di imputazione lascia aperta la questione della legittimità o meno dell'uccisione di persone innocenti per rappresaglia.

2. Ostaggi e rappresaglie

Le uccisioni di cittadini italiani di cui l'imputato era stato accusato erano, in entrambe le imputazioni, descritte come rappresaglie. Le uccisioni alle Fosse Ardeatine, oggetto del primo capo di imputazione, furono senza dubbio rappresaglia, e come tale furono rappresentate dalle Autorità tedesche. L'ordine del 1 luglio, che costituisce l'oggetto principale del secondo capo di accusa, ordina sia la presa di ostaggi (... "una proporzione di popolazione maschile dell'area sarà arrestata e, nel caso in cui siano commesse delle violenze, questi uomini saranno uccisi") che l'inflizione di rappresaglie (... "nel caso in cui le truppe, ecc. fossero fatte oggetto di fuoco da qualunque villaggio, il villaggio sarebbe bruciato"). La Pubblica Accusa ha descritto entrambe le parti dell'ordine come rappresaglia; il Consiglio di Difesa ha considerato la presa di ostaggi come il primo passo verso l'inflizione di una rappresaglia. Il Pubblico Ministero non ha fatto riferimento a tale distinzione nella sua requisitoria finale. Questa distinzione è stata fatta invece nella sentenza della Corte Governativa Militare americana negli Stati Uniti contro List e altri: "Ai fini di questo parere il termine 'ostaggi' sarà considerato indicare quelle persone, tra la popolazione civile, che sono prese in custodia affinché garantiscano, con la loro vita, della futura buona condotta del gruppo di popolazione da cui esse sono prese. Il termine 'prigionieri per rappresaglia' sarà considerato indicare quegli individui che sono presi dalla popolazione civile per essere uccisi in rappresaglia per i reati commessi da ignoti all'interno dell'area occupata; ... casi in cui innocenti cittadini sono catturati e puniti per una violazione delle leggi di guerra che è già avvenuta; qui non è questione di ostaggi. E' soltanto l'inflizione di una rappresaglia. ... In tutte le prove di questo caso troviamo il termine 'ostaggi' applicato laddove si è trattato invece solo di 'rappresaglia'".

Il Professor Lauterpacht (Oppenheim-Lauterpacht, *International Law* (Diritto Internazionale), Vol.II, p.460) sottolinea che la presa di ostaggi "non deve essere confusa con l'uso, ancora praticato, di catturare singoli nemici al fine di renderli oggetto di rappresaglia".

Si è soliti parlare di "ostaggi" nei territori occupati quando le forze occupanti imprigionano membri della comunità del territorio occupato annunciando al contempo che essi saranno trattati come ostaggi se la comunità non si asterrà da determinate attività contro le forze occupanti. Il termine "rappresaglia" è utilizzato in connessione con ciò per le misure adottate dalle forze occupanti per ritorsione contro la condotta illegittima di membri non identificati della comunità del territorio occupato. Gli ostaggi, dunque, sono presi prima che l'atto illegittimo di guerra sia compiuto dai nemici, mentre le rappresaglie sono inflitte dopo un atto di questi ultimi.

CRONOLOGIA DELLA VITA DEL
GENERALFELDMARSCHALL ALBERT KESSELRING

1885.
Albert Kesselring nasce a Marksteft il 30 novembre.

1904.
Si diploma alla *Lateinschule* di Bayreuth.
Il 20 luglio entra nell'esercito bavarese come *Fahnenjunker* nel 2. *Bayerische Fussartillerie Regiment.*

1906.
8 marzo. Riceve la nomina a sottotenente d'Artiglieria nel 2. *Bayerische Fussartillerie Regiment.*

1910.
Sposa Pauline Anna Keysler.

1912.
Frequenta il corso di osservatore sui palloni frenati.

1913.
Non avendo figli i coniugi Kesselring adottano Reiner Kesselring, nipote di Albert.

1914.
Presta servizio sul Fronte Occidentale.

1915- 1917.
Presta servizio in Francia come ufficiale di Stato Maggiore d'Artiglieria, distinguendosi a Vimy e Messines, venendo decorato di *Eisenkreuz* di II e I classe.

1917.
Promosso per compiti di Stato Maggiore Generale e trasferito sul fronte orientale.

1918.
Di nuovo sul fronte occidentale come ufficiale di Stato Maggiore a livelli di Corpo d'Armata e d'Armata.

1919- 1922.
Entra nella *Reichswehr* e destinato al comando di una batteria dopo i contrasti politici con *Freikorps* e socialdemocratici.

1922.
Promosso tenente colonnello, e trasferito al ministero della Guerra come Capo di Stato Maggiore del generale Hans von Seeckt.

1931.
Colonnello comandante di reggimento.

1933.
Trasferito al Ministero dell'Aviazione come direttore dell'amministrazione.

1934.
Promosso *Generalmajor*.

1935.
Nasce ufficialmente la *Luftwaffe*.
Kesselring promosso *Generalleutenant*.

1936.
Capo di Stato Maggiore della *Luftwaffe*.

1937.
Promosso *General der Flieger* e comandante del *Luftkreis* III.

1938.
Comandante del *Luftwaffe Gruppenkommando* I, poi dal 1 settembre 1939 ridenominato *Luftflotte* I.

1939- 1940.
Alla testa della *Luftflotte* I in Polonia, Danimarca, Paesi Bassi, Belgio e Francia.
A dicembre 1940 viene promosso *Generalfeldmarschall*.

1941.
Battaglia d'Inghilterra.
Comanda la *Luftflotte* I durante l'invasione dell'URSS.
A dicembre Kesselring viene nominato *Oberbefehlshaber* per il Mediterraneo.

1942.
Bombardamenti di Malta; battaglia dei convogli.
Controffensiva italo- tedesca in Libia: battaglia di Gazala e conquista di Tobruk.
Abbandono dell' operazione *Herkules*/ C3.
Battaglie di El Alamein e operazione *Torch*.
Ripiegamento dell'Asse in Tunisia.

1943.
13 maggio. resa della 1ª Armata Italiana a Capo Bon.
10 luglio: sbarco in Sicilia; 8 settembre, armistizio italiano e sbarco a Salerno.
Bombardamento di Frascati: nel tentativo di colpire Kesselring vengono uccisi circa seimila civili italiani.
Rommel inviato in Francia: Kesselring diviene Comandante in Capo dell'*Heeresgruppe* C.

Battaglie sulle linee Bernhard e Gustav.

1944.
22 gennaio: sbarco alleato a Nettunia.
Controffensiva tedesca contro la testa di sbarco (op. *Fischfang*).
Battaglie di Cassino.
Dopo la caduta della Linea Gustav e della testa di ponte di Nettunia ripiegamento sulle linee Trasimeno- Gotica.
Operation *Olive*; gli alleti vengono ancora una volta bloccati.
A novembre grave incidente stradale: Kesselring ricoverato per trauma cranico.

1945.
A gennaio torna per un breve periodo al comando del fronte italiano.
A marzo viene nominato Comandante in Capo Ovest. Il due maggio si arrende agli statunitensi.

1946.
Testimone al processo Dostler ed a Norimberga.

1947.
Processo di Venezia. Kesselring viene condannato a morte; la sentenza verrà commutata in ergastolo per l'intervento di Churchill ed Alexander.
Viene trasferito nella prigione di Werl (Germania Ovest).

1952.
Viene scarcerato a causa di un tumore ai polmoni.

1953.
A capo dello *Stahlhelm*. Pubblica *Soldat bis zum letzen Tag*.

1957.
Muore la moglie Pauline.

1960.
16 luglio. Muore a Bad Nauheim per un infarto.

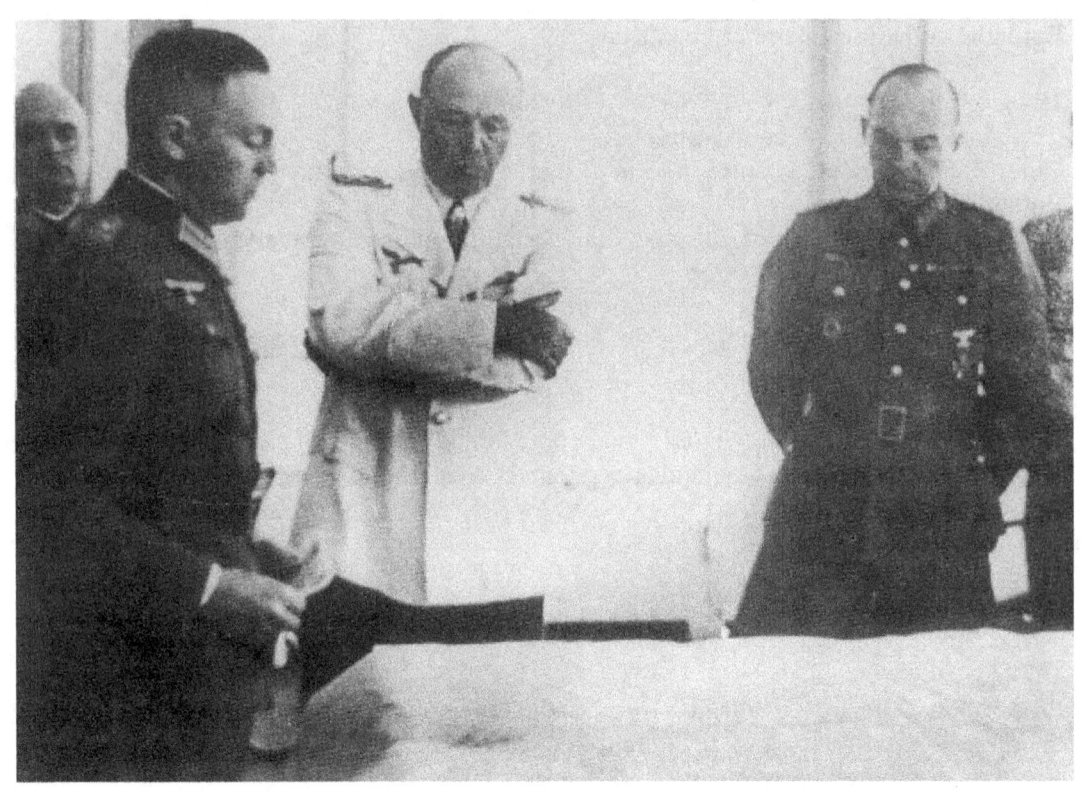

Recoaro Terme. Kesselring (in uniforme bianca) con il suo Stato Maggiore, 1944

BIBLIOGRAFIA

AA.VV., *Kameraden unterm Edelweiss, 1939-1945, Kriegsgeschichte der 2. Kompanie Gebirgsjäger Regiment 100,,* Nürnberg, 1998.

AA.VV., *The Third Reich. The Southern Front*, New York, 1993.

W. L. Allen, *Anzio: Edge of Disaster.* New York, 1978.

G. Amendola, *Lettere a Milano. Ricordi e documenti 1939-1945*, Roma, 1973.

D. Amicarella,*Quelli della* San Marco. *Sul fronte dell'Abetone, gennaio-aprile 1945*, Milano, 2005.

D. Amicarella, *Sulla linea del fuoco. Storie di partigiani, soldati e gente comune sulla linea gotica pistoiese (1943-44)*, Milano, 2009.

F. Andrae, *La Wehrmacht in Italia. La guerra delle forze armate tedesche contro la popolazione civile 1943-1945*, Roma 1997

G. Artese, *La guerra in Abruzzo e Molise, 1943-1944*, 3 voll., Teramo, 1998.

R. Atkinson, *Il giorno della battaglia. Gli Alleati in Italia 1943-44*, tr. it. Milano, 2008.

P. P. Battistelli, *Albert Kesselring*, Oxford, 2012.

P.P. Battistelli, P. Crociani, *World War II Partisan Warfare in Italy*, Oxford, 2015.

H. Belote, *Once in a Blue Moon: Airmen in Command; Lauris Norstad, Albrecht Kesselring and Their relevance to the Twenty First Century*, Maxwell Air Force Base, 2000.

S. Bidwell, *Albert Kesselring*, in C. D. Barrett (cur.), *I generali di Hitler. I condottieri della macchina da guerra nazista*, tr.it. Milano 1991.

T. Bitner, *Kesselring: an Analysis of the German Commander at Anzio*, s.l., 1956.

G. Blaxland, *Alexander's Generals: The Italian Campaign, 1944-45.* London,1979.

M. Blumenson, *Anzio: The Gamble that failed,* New York, 1963.

M. Blumenson , *Salerno to Cassino*, Washington, 1969.

R. Bohmler, *Monte Cassino*, tr. it. Roma, 1979.

H. L. Bond, *Inferno a Cassino - La battaglia per Roma*, tr. it.Milano, 1994.

F. Borsato, *La strada per Roma*, Roma, 2009.

T. R. Brooks, *The War North of Rome (June 1944 – May 1945)* London, 2003.

P. Cappellari, *Lo sbarco di Nettunia e la battaglia per Roma 22 gennaio-4 giugno 1944*, Roma 2010.

C. Caballero Jurado, *Resistence Warfare 1940- 1945*, Oxford, 1985.

F. Carloni, *La battaglia di San Pietro Infine*, Milano, 2003.

S. Casaldi, *Gli uomini dello sbarco*, Roma, 2006.

E. Cataldi, R. di Nardo, *La difesa di Roma e i Granatieri di Sardegna nel settembre 1943*, Roma, 1993.

L. Cavallaro, C*assino: le battaglie per la Linea Gustav, 12 gennaio-18 maggio 1944*, Milano, 2004.

U. Cavallero, *Diario 1940-1943*, a cura di G.Bucciante, Roma, 1984.

G. Ciano, *Diario 1937- 1943*,a cura di R. De Felice, Milano, 1990.

L. Clark,. *Anzio: The Friction of War - Italy and the Battle for Rome 1944.*, London, 2006.

M. Clark, *Calculated Risk*, New York , 1950.

M. Clark, *Le campagne d'Africa e d'Italia della 5ª Armata americana*, tr.it. Gorizia, 2010

L. S. Cristini, *L'oro di Hitler...e quello del Duce*, Bergamo 2019.

R. De Felice, *Mussolini l'alleato. 1. L'Italia in guerra 1940-43. 1. Dalla guerra "breve" alla guerra lunga*, Torino, 1990.

R. De Felice, *Mussolini l'alleato. 1. L'Italia in guerra 1940-43.2 Crisi e agonia del regime*, Torino, 1990.

R. De Felice, *Mussolini l'alleato. La guerra civile 1943-1945*, Torino, 1997.

F. W. Deakin, *La brutale amicizia, Mussolini, Hitler e il fascismo italiano*, tr. it. Torino, 1990.

D. Del Giudice, *Aprile 1945: la battaglia della Lunigiana*, Milano, 1999.

D. Del Giudice, *Penne nere sulle Alpi Apuane: ottobre 1944/ aprile 1945*, Vicchio, 2000.

D. Del Giudice, *Bersaglieri sulla linea gotica. Storia della divisione* Italia *della RSI dalla Germania al fronte della Garfagnana*, Milano 2007.

D. Del Giudice, *Alpini sulla linea gotica delle Apuane*, Milano 2011.

C. D'Este, *Fatal decision. Anzio and the battle for Rome,* NewYork- London- Toronto,1991.

F. Fasanotti Saini, *La gioia violata. Crimini contro gli italiani 1940-1946*, Torino, 2004.

F. Di Santo, "Il Maresciallo Harold Alexander nella Campagna d'Italia", *Rivista Militare* 2 (2011).

E. Dollmann, *Roma nazista- 1937/1943. Un protagonista della storia racconta,* Milano, 2002.

W. Fellgiebel, *Die Träger des Ritterkreuzes des Eisernen Kreuzes 1939–1945 — Die Inhaber der höchsten Auszeichnung des Zweiten Weltkrieges aller Wehrmachtteile*, Friedberg 2000.

V. Ferretti, *Kesselring*, Milano, 2009.

E. F. Fisher, Jr., *Cassino to the Alps*, Washington, 1977.

C. Fiaschi, *Guerra sulla Linea Gotica occidentale. Divisione Monterosa 1944-45*, Bologna, 1999.

K. Ford, *Cassino 1944. Breaking the Gustav Line*, Oxford, 2004.

K. H. Frieser, *Die Ostfront 1943/44 – Der Krieg im Osten und an den Nebenfronten*, in K.H Frieser et all., *Das Deutsche Reich und der Zweite Weltkrieg*, VIII, München 2007

R. A. Gabriel, P. L. Savage, *Crisis in Command: Mismanagement in the Army*, New York, 1978.

C. Gentile, *Itinerari di guerra: la presenza di truppe tedesche nel Lazio occupato*, in "www.dhi-roma.it.".

B. Ghigi, *La guerra a Rimini e sulla Linea Gotica. Dal Foglia al Marecchia*, Rimini, 1980

B. Ghigi, *La guerra sulla Linea Gotica. Dal Metauro al Senio fino al Po*, Rimini, 2003

K. R. Greenfield, (cur.). *Command Decisions*, Washington, 1960.

J. Grigg, *1943: The Victory that Never Was*. Kensington, 1982.

W. Haupt, *Kriegsschauplatz Italien 1943-1945*, Stuttgart, 1977.

H. Heiber, D.M. Glantz (curr.), *Hitlers Lagebesprechungen. Die Protokollfragmenten seiner militärischen Konferenzen 1942- 1945*, Münich 1962 (tr. ingl. London 2002).

E.R. Hooton, *Luftwaffe at War: Gathering Storm 1933–39*, 1. London, 2007.

D. Irving, *Hitler's War*, London, 1989.

W.G.F. Jackson, *La battaglia di Roma*, tr. it. Milano, 1977.

W. G.F. Jackson, *La battaglia d'Italia 1943-1945*, tr.it. Milano 2017.

R. Kay, *Italy, From Cassino to Trieste, New Zealand in the Second World War*, Wellington, 1967.
R. Katz, *Morte a Roma. La storia ancora sconosciuta del massacro delle Fosse ardeatine*, tr. it. Roma 1968
R. Katz, *Roma città aperta. Settembre 1943 - Giugno 1944*, tr. it. Milano, 2009
J. Keegan, *The Second World War*, London, 1990.
J. Keegan, J. Wheatcroft, *Who's Who in Military History*, London, 1987.
I. Kershaw, *Fateful Choice*, London, 2007.
I. Kershaw, *The End: Hitler's Germany*, London, 2011.
J. Killen, *The Luftwaffe - A History*, Yorkshire, 2009.
A. Kesselring, *Soldat bis zum letzen Tag*, Bonn 1953.
A. Kesselring, *Memorie di guerra*, tr. it. Milano 1954.(rist. come *Soldato fino all'ultimo giorno*, Gorizia, 2016).
A. Kesselring, *Gedanken zum Zweiten Weltkrieg*, Bonn 1955.
C. Lagomarsino, A. Lombardi, *Lo sbarco di Anzio. L'operazione Shingle vista dai tedeschi*, Genova, 2004.
E. Kuby, *Il tradimento tedesco. Come il Terzo Reich portò l'Italia alla rovina*, tr. it. Milano, 1994.
F. Kurowsky, *Battleground Italy 1943 - 1945 - the German Armed Forces in the Battle for the Boot*, Manitoba, 2003.
F. Kurowsky, *Generalfeldmarschall Albert Kesselring: Oberbefehlshaber an allen Fronten*, München, 2014.
R. Lamb, *War in Italy 1943-45*, London, 1993.
K. von Lingen, *Kesselrings letzte Schlacht. Kriegsverbrecherprozesse,Vergangenheitspolitik und Wiederbewaffnung: Der Fall Kesselring*, Paderborn, 2004.
K. von Lingen, "Soldat bis zum letzten Tag? Generalfeldmarschall Albert Kesselring", in G. Hirschfield, T. Jersak (curr.), *Karrieren im Nationalsozialismus: Funktionseliten zwischen Mitwirkung und Distanz*. Frankfurt am Main- New York, 2004.
B. Liddell Hart, *Storia di una sconfitta. Parlano i generali del III Reich*, tr. it. Milano, 1971.
A. Lombardi, *I decorati della Ritterkreuz mit Eichenlaub und Schwertern*, 2: *Luftwaffe-Kriegsmarine-Waffen-SS*, Genova, 2007.
A. Lombardi, *La controbanda! Storia e operazioni del III gruppo esplorante arditi e della controbanda di Calice Ligure Div.F.M. San Marco,* Genova 2017.
J. Lucas, *Hitler's Enforcers*: *Leaders of the German War Machine, 1939-1945*, London, 1996.
M. Lucchetti, *I generali di Hitler. La vita, le battaglie, i crimini e la morte degli uomini che giurarono obbedienza al Führer*, Roma, 2017.
K. Macksey, *Kesselring: The Making of the Luftwaffe,* New York, 1978.
K. Macksey, *Why the Germans Lose at War. The Myth of German Military Superiority*, London, 1996.
F. Mattesini, *Bari 1943; la Pearl Harbour italiana*, Bergamo 2020.
P. Maurizio, *Via Rasella, cinquant'anni di menzogne*, Roma, 1996.
A. Melis, *La Linea Gotica. Guida ai luoghi, alla storia e ai personaggi*, Treviso 2019.
Military Intelligence Service, *Fifth Army at the Winter Line (15 November-15 January 1943)*, U.S. War Department, Washington 1944.

R. Moncada, *Ordine di Kesselring: arretrare combattendo. La battaglia di inseguimento a nord di Roma*, Milano, 2019.
B. L. Montgomery, *Da El Alamein al fiume Sangro*, tr. it. Milano, 1950.
A. Montemaggi, *Offensiva della Linea Gotica*, Bologna, 1980.
A. Montemaggi, *Rimini-San Marino '44*, Rimini, 1983.
A. Montemaggi, *Savignano '44*, Rimini 1985.
A. Montemaggi, *Gemmano, la Cassino dell'Adriatico*, Gemmano, 1988.
A. Montemaggi, *Linea Gotica avamposto dei Balcani,* Roma, 1993.
A. Montemaggi, "La "carica" di Montecieco", *Storia Militare*, 21, giugno 1995.
A. Montemaggi, *Clausewitz sulla Linea Gotica*, Imola, 2008.
A. Montanari, *I giorni dell'ira. Settembre 1943 – Settembre 1944 a Rimini e a San Marino*, Rimini, 1997;
E. Morris, *La guerra inutile. La campagna d'Italia 1943-45*, tr. it. Milano, 1993.
G. Muhm, *La Tattica tedesca nella Campagna d'Italia,* in A. Montemaggi, *Linea Gotica avamposto dei Balcani*, Roma, 1993.
W. Mühlbauer, *Kesselring und die Luftschlacht um England,* München 2020.
W. Nardini, *Cassino*, Bad Nauheim, 1975.
A. Nicolson Nigel, *The Life of Field-Marshal Earl of Alexander of Tunis*, London, 1973.
D. Orgill, Douglas, *The Gothic Line (The Autumn Campaign in Italy 1944)*. London, 1967.
M. Parker, *Montecassino - 15 gennaio-18 maggio 1944. Storia e uomini di una grande battaglia*, tr. it. Milano, 2009.
M. Patricelli, *La Stalingrado d'Italia. Ortona 1943, una battaglia dimenticata*, Torino, 2002.
M. Patricelli, *L'Italia sotto le bombe. Guerra aerea e vita civile 1940- 1945*, Roma-Bari, 2007.
M. Patricelli,*Settembre 1943, i giorni della vergogna*, Roma-Bari, 2009.
M. Patricelli, *Il nemico in casa. Storia dell'Italia occupata 1943-45*, Roma-Bari, 2014.
A. Peruffo, *Le Waffen SS Germaniche sul fronte italiane.Le divisioni "Reichsfuhrer" e "Karstjager"*, Bergamo 2020.
M. Picone Chiodo, *In nome della resa. L'Italia nella seconda guerra mondiale (1940-1945)*, Milano, 1990.
T. Piffer, *Gli Alleati e la Resistenza italiana*, Bologna, 2010.
M. Puddu, *Tra due invasioni. La campagna d'Italia*, 1943-45, Roma, 1965.
R. Raiber, *Anatomy of Perjury: Field Marshal Albert Kesselring, Via Rasella, and the GINNY mission*, Newark, 2008.
T. Reed Fehrenbach, *La battaglia di Anzio - Lo sbarco alleato che non liberò Roma*, tr. it., Milano, 1962.
J. Ringel, *Hurra die Gams!, Die 5. Geb. Div. im Einsatz*, Graz, 1994.
E. von Rintelen, *Mussolini l'alleato*, Roma,1947.
G. Rochat, *Le guerre italiane 1935-1943. Dall'impero d'Etiopia alla disfatta*, Torino 2005.
P. Romeo di Colloredo, *Südfront. Il Feldmaresciallo Albert Kesselring nella Campagna d'Italia 1943- 1945*, Genova, 2018.
P. Romeo di Colloredo, *Am Arsch der Welt. Le quattro battaglie di Cassino, 1944*, Bergamo 2018.

P. Romeo di Colloredo, *I Goumiers in Italia. Lazio 1944: realtà e leggenda dei più famigerati combattenti della Campagna d'Italia,* Bergamo 2018.

P. Romeo di Colloredo. "Albert Kesselring e la campagna d'Italia", *Ritterkreuz* 57, maggio 2018.

P. Romeo di Colloredo. "Achtung banditen! Guerriglia e controguerriglia", *Ritterkreuz* 61, gennaio 2019.

G. Ronchetti, *La Linea Gotica, I luoghi dell'ultimo fronte di guerra in Italia,* Fidenza 2009

A. Sangster, *Field-Marshal Albert Kesselring in Context,* University of East Anglia, 2014.

A. Sangster, *Field- Marshal Kesselring. Great Commander or War Criminal?,* Cambridge, 2015.

Enzo Santarelli, *Linea Gotica. Eserciti, popolazioni, partigiani,* a cura di Giorgio Rochat, Milano, 1987.

A. Santoni, F. Mattesini, *La partecipazione tedesca alla guerra aeronavale nel Mediterraneo (1940-1945),* Roma, 1980.

A. Segur-Cabanac, *Gefechtsbeispiele aus dem Zweiten Weltkrieg,* Wien 1971.

P. Senise, *Lo sbarco ad Anzio e Nettuno,* Milano, 1994.

F. von Senger und Etterlin, *Combattere senza paura e senza speranza,* tr. it. Milano, 1968.

G. Solinas, *I Granatieri e la difesa di Roma,* n.ed., Roma, 2015.

G. Schreiber, *Deutsche Kriegsverbrechen in Italien. Täter, Opfer, Strafverfolgung.* München 1996

G. A. Shepperd, *La Campagna d'Italia : 1943-45,* tr.it. Milano, 1970.

N. Short, *German Defences in Italy in World War II,* Oxford, 2006.

G. Tessin, *Verbände und Truppen der Deutschen Wehrmacht und Waffen-SS im Zweiten Weltkrieg 1939–1945. Band 3. Die Landstreitkräfte 6–14. 2. Auflage,* Bissendorf, 1974.

G.Tessin: *Verbände und Truppen der deutschen Wehrmacht und Waffen-SS im Zweiten Weltkrieg 1939–1945. Band 14. Die Landstreitkräfte. Namensverbände. Die Luftstreitkräfte. Fliegende Verbände. Flakeinsatz im Reich 1943–1945,* Bissendorf 1980.

E. Theil: *Kampf um Italien: Von Sizilien bis Tirol, 1943-1945,* München 1983.

K. von Tippelskirch, *Geschichte des II Weltkrieges,* Bonn, 1951.

W. Terdoslavich, "Nothing Goes Right in Italy", in B. Fawcett (cur.), *How to Lose WWII,* New York, 2000.

H. Umbreit: *Der Kampf um die Vormachtstellung in Westeuropa,* in *Das Deutsche Reich und der Zweite Weltkrieg. Band 2,* Stuttgart 1979.

W. Vaughan-Thomas, *Anzio,* tr.it., Milano, 1963.

H. Wilhelmsmeyer, *Der Krieg in Italien 1943-1945,* Graz, 1995.

G. Williamson, *German Commanders of World War II (1). Armyy,* Oxford, 2005

G. Williamson, *German Commanders of World War II (2). Waffen- SS, Luftwaffe & Navy,* Oxford, 2006.

S. V. Zaloga, *Anzio 1944. The Belargued Beachhead,* Oxford, 2005.

CREDITI FOTOGRAFICI
Bundesarchiv, archivio Colloredo Mels.

www.ingramcontent.com/pod-product-compliance
Lightning Source LLC
LaVergne TN
LVHW081541070526
838199LV00057B/3745